ID SIÐ MAÐOLAD

The Exeter Anthology folio 84v (the end of Vainglory and the beginning of Widsith) *Photo by John Saunders*

THE
EXETER ANTHOLOGY
OF OLD ENGLISH
POETRY

AN EDITION OF
EXETER DEAN AND CHAPTER
MS 3501

Volume I
TEXTS

EDITED BY

BERNARD J. MUIR

UNIVERSITY
of
EXETER
PRESS

First published in 1994 by
University of Exeter Press
Reed Hall, Streatham Drive
Exeter, Devon EX4 4QR
UK

British Library Cataloguing in Publication Data
A catalogue record of this book
is available from the British Library

ISBN 0 85989 436 3
(for set of two volumes)

Printed in Great Britain
by Short Run Press Ltd, Exeter

This work is dedicated to the memory of three young friends who are dearly missed: Waldek, Noël and David.

Contents

Foreword

In order to prepare this edition I have gathered together every major edition of the texts in the Exeter manuscript (D&C 3501) and virtually everything that has been written about them since the anthology first attracted the attention of critics at the beginning of the nineteenth century. I say "virtually" because inevitably I shall have missed some things. The Bibliography records everything that I have consulted in completing this project. The extensive and impressive array of works it contains reflects the extent to which critical attention has been focused on this one manuscript. And rightly so, since it is the earliest and largest anthology of English poetry, containing poems commonly regarded by students of our language as literary classics. The rough treatment it has been subject to at times during its thousand year history is testament to the fact that it was not always regarded with the esteem with which it is held today; there were, of course, historical and linguistic reasons for this, as is well known.

During the past thirty or forty years many of the poems have appeared singly or grouped generically in excellent editions and studies — the editions of Blake (*The Phoenix*), Campbell (*The Advent Lyrics*), Dunning and Bliss (*The Wanderer*), Klinck (*The Elegies*), Leslie (*Three Old English Elegies*), Roberts (*The Guthlac Poems*), Williamson (*Riddles*) and Woolf (*Juliana*) spring to mind readily. Some excellent editions prepared as doctoral dissertations unfortunately remain unpublished and consequently are undeservedly less well-known — Berkhout's work on *The Maxims* falls into this category. There has not been a comprehensive edition of the poems as an anthology, however, for nearly sixty years, since the appearance of Krapp and Dobbie's *Anglo-Saxon Poetic Records* III.

I was prompted to undertake this new edition by a feeling that it was time to focus attention on the collection as an anthology. I have found in my own study of the texts that there is much to be gained by reading the manuscript from beginning to end, and recent scholarship suggests that the anthologist's design and intention can sometimes be perceived in the texts as they are preserved today. I also felt that more recent critical opinion ought to be added to the body of critical views found in the annotations and textual commentaries of earlier editions, and that these critical views should stand shoulder to shoulder with their literary-critical ancestors. Commentaries in earlier editions still have much to offer, but they are now sadly out of date and in need of reassessment.

Many impressive volumes of a more technical nature which have also appeared during these decades will be standard reference works in our discipline for many years to come. Chief among these are Campbell's *Old English Grammar,* Mitchell's *Old English Syntax, The Dictionary of Old English* (in progress) and other publications relating to it, Ker's *Catalogue of Manuscripts containing Anglo-Saxon* and Greenfield and Robinson's *Bibliography.*

This brief review and the Commentary here accompanying the poems indicate that the past two generations of Anglo-Saxonists have carried on ably and creatively from their predecessors, sometimes investigating previously unexplored areas, and at other times reviewing and revising earlier assumptions. Often, however, we find that the insights and conclusions of early editors and critics still stand firm and are the base upon which the discipline continues to build. At times I felt that it would be impossible to do justice in a single and comprehensive edition of all the poems to the depth of learning shown by these people in their more narrowly focused work. For example, is it possible, necessary or desirable to include here all the work on *The Wanderer* by Leslie, Dunning and Bliss, Mitchell, and numerous others? The answer to this question, I suppose, is found in my Commentary. I have expanded and updated the commentary on readings adopted in the texts, and drawn material from all the early editions. I have corrected a small number of errors I found in reports of the views of their authors. Thorpe, in particular, has never received his due, partly, I believe, because Krapp and Dobbie (for whatever reason) did not consult his edition directly, depending, rather, on other editions for their knowledge of his work. When the

critical discussion relating to a reading or a passage is too extensive
to be included comprehensively, it has been summarized and
references are cited so that readers can pursue the arguments, should
they wish to do so.

This edition includes a complete and updated Bibliography. At
the end of the textual commentary on each poem there is a "Sources
and Analogues" section, a feature absent from any other
comprehensive edition. The discussion of liturgical, biblical and
patristic material found there should be particularly useful to younger
scholars and students who, because of shifting ideological and
cultural priorities, may be unfamiliar with these things. The
apparatus to the text itemizes hundreds of alterations to the text never
before noted or discussed. Failure to consider these alterations has
led to false conclusions about such matters as the way in which the
scribe worked, the condition of the manuscript, its readers and
reception, and the spellings of the manuscript and what they can tell
us about the tendency towards standardized spelling in the tenth
century.* An explanation of the formats used in referring to works
cited from the Bibliography is found in the introductory note to the
Commentary.

The title of this edition, *The Exeter Anthology of Old English
Poetry,* reflects my own understanding of the codex and its contents,
and the way I believe it can be approached most profitably; others, of
course, will continue from habit to refer to the anthology as *The
Exeter Book.* I have, in addition, revived older titles for some poems
and assigned new ones to texts which did not seem well served by
their former titles. I have renumbered poems accepted by the
majority of critics as separate identities (e.g. the *Christ* and *Guthlac*
poems); this on occasion reflects the discovery of "ill-matched
couples", brought together by the loss of a leaf in the manuscript (i.e.

---

* Even the most recent study of the codicology of the manuscript (Conner,
1993) fails to note the presence and significance of the hundreds of newly
discovered corrections and alterations to the manuscript; I first drew attention to
them in a paper published in *Scriptorium* 43 (1989, pp. 273-88). A preliminary
examination of the Cædmon MS (Oxford, Bodleian MS Junius 11) made in
December 1993 revealed that it too contains hundreds of previously unnoticed
corrections and other alterations; I am preparing a comparative study of it and the
Exeter manuscript for publication later this year.

Contrition A and *B* and *Riddles 69* and *70*). When the numbering of a poem has been restarted, however, the continuous numbering is also given in order to facilitate reference to earlier critical writings.

This edition has been produced from camera-ready copy, prepared using conventional word-processing software. Occasionally a slight aberration in spacing occurs which could not be rectified or adjusted (especially when numbers are combined with letters: e.g. 511b etc. in the commentary). It is hoped that such minor irregularities are not too distracting for the reader.

In closing I should like to acknowledge my debt to all those whose work has been drawn upon in the preparation of this edition and to express my hope that this volume will serve other scholars and readers of these poems as well as earlier editions have served me.

B. J. M.,
The University of Melbourne,
7 March 1994.

Acknowledgements

I should like to thank those who have supported me in this endeavour: Michael Swanton, Professor of Medieval English Studies, University of Exeter; Peter Thomas, Assistant Librarian, Dean and Chapter Library, Exeter Cathedral; Simon Baker, Secretary to the University of Exeter Press; John Stirling, Head Librarian, University of Exeter; the Committee of the University of Exeter Press; and Sue Guy, Head of Reader Services, University of Exeter Library. I am also grateful to Roberta Frank, The University of Toronto, for her continuing support for this project and other related research. The British Library, The Bodleian Library, and Lambeth Palace Library allowed me to consult manuscripts in their collections and to publish material from them.

Closer to home, I should like to thank Ken Ruthven of the English Department at The University of Melbourne for his strong and continuing suppport of my research, and also Stephen Knight, formerly of my department and now at De Montfort University. Stephanie Trigg, also of my department, read the Introduction for me and suggested a number of improvements. Joy Muir was my sub-editor and research assistant. Ross Millward and Phil Leverton of the Information Technology Services at The University of Melbourne were always available to offer advice and assistance when it was needed.

I am grateful to the Committee on Research and Graduate Studies of The University of Melbourne for its generous support of this project over the past five years. The Department of English at The University of Melbourne and The Australian Academy of the Humanities also provided financial assistance for this project in the form of publication subsidies. Research assistance was also subsidized by a three-year grant from The Australian Research Council. In 1992 The University of Melbourne awarded me a sabbatical year which provided sufficient time to complete the edition.

Introduction

The Manuscript

DATE, PROVENANCE AND SUBSEQUENT HISTORY

The Exeter Anthology of Old English Poetry is MS 3501 in the Library of the Dean and Chapter of Exeter Cathedral. The combined codicological and literary evidence indicates that the anthology was designed and copied out *circa* 965-75, making it perhaps the oldest surviving book of vernacular poetry from Anglo-Saxon England.[1] Recent work on the Exeter scriptorium by Conner, Drage, Hill and myself suggests that it is one of a number of extant manuscripts which can be confidently associated with each other.[2] It has been at Exeter at least since the time of Bishop Leofric, who was responsible for moving the episcopal see from Crediton to Exeter in 1050; he died on

---

[1] The relative dating of the poetic codices is notoriously difficult and controversial, since they all originate within a period of approximately fifty years (965-1015): see Ker (1957), items 334 and 394 (pages 406 and 460 respectively) for the dating of MS Junius 11 and the Vercelli manuscript; for a review of the controversy surrounding the dating of the *Beowulf* manuscript, see Kevin Kiernan, *Beowulf and the Beowulf Manuscript* (New Brunswick, N.J.: Rutgers UP, 1981, *passim*) and Colin Chase (ed.), *The Dating of Beowulf* (Toronto: Univ. of Toronto Press, 1981), pp. 3-32. It is possible that the Vercelli codex may be slightly older than the Exeter manuscript. Sisam (1953, p. 102) observes (in commenting on the orthography of the Exeter MS): "The difference [in the spelling of the pronoun *hi-hy-hie*] is not due to relative date, since paleographically the Exeter Book has claims to be reckoned rather earlier than the rest [of the surviving poetic codices]".

[2] The first detailed study of the scriptorium was made by Elaine Drage (1978) in a doctoral dissertation which, sadly, was never published as a monograph or in article form. In Chapters II-IV she discusses the manuscripts either given to the Cathedral by Leofric or added to in its scriptorium during his episcopacy. Conner (1993, pp. 33-47) presents a detailed analysis of the manuscripts associated with the Exeter scriptorium, adding to conclusions arrived at earlier by Ker, Sisam and Drage; his work is referred to *passim*. Hill (*ANQ* 24, 112-16) re-examines the evidence for associating Lambeth Palace MS 149 with Exeter and *The Exeter Anthology*. My own previous work (reviewed in detail below) argues that the scribe who copied out *The Exeter Anthology* was also responsible for two Latin manuscripts which have survived.

10 February 1072.[3] The inventory of 1327 (D&C Charter 3671) makes no specific mention of *The Exeter Anthology* — it was most likely covered by the entry, "Many other books in French, English and Latin, worn out by age, which are not assigned a value because they are considered to be worthless".[4] The inventory of 1506 also makes no mention of the manuscript.[5] This is not surprising since the condition of the manuscript suggests that it has survived only because it could be put to practical use in the scriptorium: it was used as a cutting board (as the slashes on its front leaves show); a messy pot (perhaps of glue) was placed on its exposed first folio on at least one occasion; a fiery brand was placed upon its exposed back with apparent indifference; and sheets of gold leaf were often stored between its folios, leaving a sparkling residue of gold on many of its leaves.[6] Sometime before his death Leofric had a donation list drawn up which itemizes the books and religious objects he intended to leave to the Cathedral and its community.[7] Scholars today identify *The*

---

[3] Sketches of Leofric's life and career are given by Barlow (1972, pp. 1-16), Chambers (1933, pp. 5-9), Drage (Chapters I and VI), Lloyd (1972, pp. 32-42) and Conner (1993, pp. 1-32). For a discussion of Leofric's episcopal dates and the date of his death see Barlow (pp. 15-6, "Appendix").

[4] The inventory is printed by Oliver (1861, pp. 301-10); the passage quoted here is on p. 309 — the translation is by Erskine (1972, p. 46). D&C MS 3720 is a fragment in poor condition which appears to be a copy of the 1327 inventory (see Poole, 1907, pp. 24-5 and Erskine, 1972, p. 44 and fn. 1).

[5] The inventory is printed by Oliver (1861, pp. 330-4). Erskine (1972, p. 43) notes that this inventory is now missing. Erskine describes the subsequent history of the library on pp. 43-55. Poole (1907, pp. 25) lists three other fourteenth and fifteenth century inventories, but they are less comprehensive than those already cited and do not mention D&C MS 3501. It is mentioned, however, in Dean Lyttelton's short catalogue of 1751 as item 26: "Miscellanea Leofrici etc. charactero Saxonico". The Chapter Clerk, Ralph Barnes, describes the manuscript with the same phrase in his inventory of September 1811.

[6] For an analysis of where traces of gold leaf are found in the manuscript see Muir (*Scriptorium* 43, 284-8, column 10).

[7] Internal evidence suggests it was drawn up in the period 1069-72; see Förster (1933, pp. 14-5). There is a second contemporary copy of the donation list in Oxford, Bodleian Library MS Auct. D. 2.16, folios 1-2v; it was copied independently from the same exemplar as the witness for the list in D&C MS 3501, with which it shares some identical interlinear corrections, suggesting that they were inserted after both copies had been made. There is also a Middle English version dating from the fifteenth century, in Exeter Dean and Chapter Charter no. 2570 — for an edition of this text see Förster (1933, pp. 14, 30-2); see also Conner (1993, pp. 239-42) for further discussion. Drage (pp. 43-6) argues that "donation list" is the most appropriate way of describing the document

Exeter Anthology with the volume described in that list as *'i' mycel englisc boc be gehwilcu(m) þingu(m) on leoðwisan geworht* (on folio 1v of MS 3501); though it is impossible to be absolutely certain of this identification, it seems reasonable. The combined evidence — the dating of the manuscript, its affiliation with other Leofric / Exeter manuscripts, and its inclusion in the donation list — suggests that the manuscript was written at either Crediton or Exeter.[8]

CODICOLOGY

The previous binding of the MS, which dates from *circa* 1700 and was removed in 1930 in order to make the photographs for the facsimile, is kept in the manuscript's (travelling) case in the vault of the Dean and Chapter Library; it is described briefly by Förster (1933, p. 55). The original patches (dating from the nineteenth century) from the damaged folios at the back of the codex, which were replaced by new ones during the rebinding process in 1930, are also kept in this case, along with some correspondence relating to Förster's examination of the manuscript. *The Exeter Anthology of Old English Poetry* comprises folios 8-130 of the present manuscript. Folios 1-7 contain Leofric's donation list, notice of other gifts and legal documents in various hands. These folios properly belong to Cambridge University Library MS Ii. 2. 11 (a Gospel Book), but were probably removed from that codex and bound with *The Exeter Anthology* when the former manuscript was given to Archbishop Parker in 1566.

TRANSCRIPTS, CATALOGUE DESCRIPTIONS, FACSIMILES AND MAJOR EDITIONS

A number of transcripts have been made of *The Exeter Anthology*. In 1830 Nikolai Grundtvig made one in the Library at Exeter as part of his plan to publish a *Bibliotheca Anglo-Saxonica* in ten volumes. He claims to have completed the transcript (1840, p. 14), but it has since

---

recording the gift; others have referred to it as a "will", "memorandum", "grant" or "catalogue". The best published descriptions and editions of the list are by Förster (1933, pp. 10-32), Lapidge (1985, pp. 64-9) and Conner (1993, pp. 226-35); Drage discusses the list in Chapter II of her dissertation.

[8] See Conner (1993, pp. 48-94).

disappeared; his edition of *The Phoenix* is the first edition of a long Anglo-Saxon poem. The next transcript of the manuscript was made for the British Museum by Robert Chambers in 1831-32; in the latter year it was collated with the manuscript by Sir Frederic Madden.[9] In 1832 Benjamin Thorpe went to Exeter and transcribed the manuscript for his edition (which has a facing-page translation), which appeared ten years later in 1842. It is regrettable that Christian Grein, whose edition of the manuscript appeared in 1857-58 (with a translation into German: *Dichtungen,* 1857-59), never had the opportunity to travel to Exeter to examine the manuscript — he had to depend on Thorpe's edition for his knowledge of the manuscript and its readings — since he was a more exacting and professional scholar than any of his predecessors. Grein would certainly have dealt more perceptively with the texts, and in particular with those damaged sections which Thorpe generally passed over. Jacob Schipper went to Exeter in 1870-71 to collate Grein's edition with the manuscript; his corrections were published in 1874.[10] Richard Wülker, with the assistance of Bruno Assmann, was responsible for a revised edition of Grein's *Bibliothek,* which appeared during the period 1883-98. Both he and Assmann made collations against the manuscript; Wülker, moreover, consulted Chambers' transcript for the poems for which he was responsible. The next complete edition of the manuscript was undertaken by Sir Israel Gollancz for The Early English Text Society, but he lived to publish

---

[9] The transcript is now known as BL Additional MS 9067. Inside the front cover of the old binding of *The Exeter Anthology* is the following note: "In 1831 this Book was entrusted to the British Museum for the Purpose of being copied for the Institution, and returned October 1832 — Ralph Barnes, Chapter Clerk". In BL Add. 9067 there is the annotation, "The whole of the present transcript has been collated by me with the original MS. belonging to the Dean and Chapter of the Cathedral of Exeter. Febr. 24th, 1832. (signed) Frederic Madden, Assist. Keeper of the MSS., Brit. Mus^m". This transcript was made when there were no patches on the damaged leaves at the end of the manuscript; patches of vellum were subsequently affixed to the damaged folios, obscuring many letters around the holes. Consequently, until the patches were once again removed in 1930, Chambers' transcript remained the best account of the readings in the latter part of the manuscript.

[10] He could actually determine fewer readings at the end of the manuscript than Chambers had been able to do because the vellum patches were now in place; he did not have the opportunity to examine Chambers' transcript in the British Museum.

only volume one (in 1893, containing *Advent Lyrics-Precepts*);
volume two was edited by W. S. Mackie and appeared in 1934.[11]
Gollancz proposed a third volume, "containing notes, introductions,
indexes" (Prefatory Note), which, however, never appeared. The last
major edition was by George P. Krapp and Elliott van Kirk Dobbie as
volume III of the *Anglo-Saxon Poetic Records,* and appeared in
1936 — Krapp died in 1934, but had by then edited a considerable
amount of the manuscript. Krapp and Dobbie did not examine the
manuscript for their edition, but worked instead from the facsimile
edition published by R. W. Chambers, Max Förster and Robin Flower
in 1933; they did, however, have access to an ultra-violet photograph
of folio 8r of the manuscript (*ASPR* VI, p. vi). Several editions of
individual poems or groups of poems have reproduced photo-
graphically selected folios and details from the manuscript, as have
numerous articles.

Work on the present edition began in earnest in 1987. In 1988 I
spent six weeks examining the manuscript in Exeter and subsequently
published two papers summarizing some of my observations.[12] In
1992 I spent ten months of a sabbatical year in the Exeter Dean and
Chapter Library studying the manuscript and compiling this edition.[13]
Early in that same year I published the *Bibliography* of *The Exeter
Anthology* with University of Exeter Press as a separate monograph.[14]

The first modern catalogue description of the manuscript appears
in Wanley (1705, pp. 279-81). He identifies it with the book of
English poetry in Leofric's donation list; his comments on its condition
indicate that he is led to assume (by the use of the adjective *mycel* in
the donation list) that it had once been a much larger codex:

Nam dum Codex esset perfectus & inviolatus, recte
disceretur liber Grandis; nunc autem, illi jam truncato codici,
tam initio quam in fine, ea quæ restant folia, una cum foliis

---

[11] From what he says on p. vii of his Preface, it appears that he consulted the
manuscript in 1932 while it was in London.
[12] See *Scriptorium* 43, 273-88 and *Manuscripta* 35, 3-22.
[13] A copy of my transcript and other notebooks, papers and publications relating
to the edition are now kept in an archive in the D&C Library.
[14] The Bibliography in the present edition is a revised, corrected and indexed
expansion of that text.

septem aliis libro præmissis in Volumen mediocriter
crassum à Bibliopego jam denuo rediguntur. (p. 279)[15]

However, the adjective *mycel* may have been meant to indicate that the
manuscript was of folio rather than a quarto or octavo size, and not to
describe its thickness.

The most detailed and comprehensive descriptions of the
manuscript to date are in the introductions to the 1933 facsimile and to
ASPR III, and in studies by me (1989, 1991) and Conner (1993). A
standard reference description is found in Ker (1957, item 116,
p. 153). A number of competent descriptions have appeared in
editions of individual poems during the past thirty years, though many
of these are derived from the works already mentioned and are not
based on an *in situ* codicological examination. Conner discusses a
number of letter forms and ligatures in his account of the composition
of the manuscript.[16] In two recent articles (see note 12 above) I have
reviewed and updated much codicological and paleographical
information relating to the manuscript, and discussed its relationship
with Lambeth Palace MS 149 and Oxford, Bodleian Library MS 319,
which I believe were copied out by the same scribe. Some of that
material will be repeated here.[17]

The present observations on the composition and condition of
the manuscript are primarily descriptive, though at times they raise
theoretical issues. In recent years Conner developed the proposition
that the manuscript is a composite volume made up of three booklets
written by the same scribe over a considerable period of time in an
order other than as they are presently bound (viz., 2-3-1), arguing that
The Advent Lyrics-Guthlac (B) were copied (and perhaps composed)
last. His discussions are both thoughtful and stimulating and are
reviewed here. I have expressed reservations about accepting his

---

[15] Wanley's division of the manuscript into sections is discussed below.

[16] *Scriptorium* 40, 233-42; he elaborates upon this material in his recent study
(1993, pp. 60-80, 112-19).

[17] Though Conner had read my codicological study (of 1991) of the relationship
between Oxford, Bodleian MS 319, Lambeth Palace MS 149 and Exeter D&C MS
3501, he was unable to consider it in his recent volume, since it was apparently
already in an advanced stage of preparation for printing.

theory, since codicological data suggest to me that the texts in the manuscript were copied out from start to finish in the order in which they are found today (allowing for the loss of folios and gatherings discussed below). During the course of preparing this edition, supplementary data — codicological, literary and linguistic — have come to my attention which confirm my reservations about Conner's booklet theory; this information will be found throughout the Introduction and Commentary. Recent work by Megginson on the spelling systems of the Anglo-Saxon poetic codices both supports and argues against Conner's theory, although favouring it overall; [18] it must be added, however, that at this stage the field of evidence in Megginson's study is of necessity restricted to an examination of fifty words, and his conclusions will be reviewed below.

It is my contention that the anthologist who compiled the present collection drew his material from other collections available to him and arranged it in a meaningful manner.[19] There is evidence (codicological and literary) to suggest that the anthologist at times adapted his material to give the collection cohesion.[20] If this manipulation of the material was not carried out during the preparation of the present manuscript (D&C MS 3501), then it is to be attributed to the anthologist of its exemplar(s).

Conner defines the boundaries of his proposed booklets thus: booklet 1 consists of Gatherings I-VI, booklet 2 of VII-XII, and booklet 3 of XIII-XVII; he proposes that they were written in the order 2-3-1.[21] The beginnings of each of the proposed divisions (folios 83, 53 and 98) correspond to a place in the manuscript where it is agreed that at least one folio has been lost. In support of this theory he notes that the first folio of the second booklet is soiled (and damaged by having a 70 mm wide strip cut away across its top), which suggests that the booklet existed as a separate unit without a cover for some time before being bound with the first and third booklets to form the

---

[18] His arguments are outlined in his doctoral dissertation (1992).
[19] Whether the anthologist might also have been the scribe is considered below.
[20] See the discussion below which considers recent work by Williamson, Berkhout and Liuzza.
[21] *Scriptorium* 40, 233-4, with further discussion in 1993, pp. 95-147.

manuscript as it exists today. The first folio of the third booklet (98r), however, does not exhibit similar signs of wear or exposure; its mutilation — some text has clearly been lost at its beginning — may account for the absence of a soiled folio. Folio 53r, however, appears to be no more soiled or worn than its conjugate, f. 60v; the shading on the top of f. 54r (which corresponds to the strip excised on f. 53) is to be expected where there is such an irregularity on a facing folio, and need not have been caused by exposure as the booklet lay for a period without a cover.[22]

GATHERINGS

[Note: line-counts in the following discussion allow for lines left blank to set off the beginning of sections.]

I (comprising the present folios 8-14): The conjugate of the present folio 14 has been lost at the beginning of the manuscript. Burlin (1968, pp. 52-4) and Pope (1972, 30-2) argue that this lost folio probably contained three short poems (comprising 60-70 lines of verse) which would have recast the antiphons "O Sapientia", "O Adonai" and "O Radix Jesse". There are no singletons in this gathering. Each folio has 23 lines of text. The distance between the top and bottom rulings is 240 mm (on an "average" or representative folio).

II (comprising the present folios 15-21): The structure of this gathering has been described by a number of critics.[23] A folio has been lost from the gathering between the present folios 15 and 16, after *frætwum* in l. 117 of *Ascension* (see the textual note to this line). The lost folio was a singleton; thus Gathering II had the same structure as XVI, comprising three bifolia and two singletons, in second and sixth positions, the latter of which is the present folio 19 (its folded tab is

---

22 Other evidence presented by Conner in support of his theory is discussed in the appropriate sections below.

23 In particular, see Pope (1969, pp. 210-19), Muir (*Scriptorium* 43, 284) and Conner (1993, pp. 98-9)

visible between folios 16 and 17). Each folio has 22 lines of text. The distance between the top and bottom rulings is 242 mm.

III (comprising folios 22-29): This gathering is a regular quaternio. Each folio has 22 lines of text. The distance between the top and bottom rulings is 236 mm.

IV (comprising folios 30-37): This gathering is a regular quaternio. Each folio has 22 lines of text. The distance between the top and bottom rulings is 245 mm.

V (comprising the present folios 38-44): Förster (1933, p. 57) notes that the conjugate of folio 44 has been cut out of the MS by a clumsy hand (the remnant of the fold is uneven), but that otherwise "gathering v was originally a complete and regular quaternio". Gathering XV is also missing one half of its outer bifolium. Each folio has 22 lines of text. The distance between the top and bottom rulings is 241 mm.

VI (comprising folios 45-52): This gathering has the same structure as that proposed for Gathering XV — three bifolia and two singletons, folios 47 and 51, in third and seventh positions. Each folio has 23 lines of text. The distance between the top and bottom rulings is 244 mm.

VII (comprising folios 53-60): This gathering is a regular quaternio. Each folio has 22 lines of text. The distance between the top and bottom rulings is 243 mm.

VIII (comprising folios 61-68): This gathering is a regular quaternio. Each folio has 22 lines of text. The distance between the top and bottom rulings is 243 mm.

IX (comprising the present folios 69-74): This gathering was originally a regular quaternio, but the second bifolium has been lost, accounting for gaps in *Juliana* at lines 288 and 558 (after folios 69 and 73 respectively). Each folio has 22 lines of text. The distance between the top and bottom rulings is 245 mm.

X (comprising folios 75-82): This gathering is a regular quaternio. Each folio has 22 lines of text. The distance between the top and bottom rulings is 238 mm.

XI (comprising folios 83-90): This gathering is a regular quaternio. Each folio has 21 lines of text. The distance between the top and bottom rulings is 237 mm.

XII (comprising the present folios 91-97): Folios 91r-93r have 21 lines of text and 93v-97v have 22. Each of the folios is ruled for 22 lines of text, but 91r-93r do not use the bottom set of prickings. The distance between the top and bottom rulings of folios 91r-93r is 235 mm, and on 93v-97v it is 240 mm. The scribe begins Gathering XII with 21 lines of text per folio so that it will match the layout of the text in Gathering XI and then surreptitiously reverts to 22 lines (his norm) on the verso of folio 93 where it will not be noticed so easily, the facing folios both having the same number of lines. The conjugate of folio 91, the second half of the outer bifolium, has been cut out, accounting for the loss of the ending of *Partridge* and the beginning of *Homiletic Fragment III*.

XIII (comprising folios 98-105): This gathering is a regular quaternio. Each folio has 22 lines of text. The distance between the top and bottom rulings is 241 mm.

XIV (comprising the present folios 106-111): The outer bifolium of this gathering has been lost, accounting for gaps in the *Riddles* at lines 20.36 and 40.108 (after folios 105 and 111 respectively). Originally the gathering was a regular quaternio. Each folio has 22 lines of text. The distance between the top and bottom rulings is 243 mm.

XV (comprising the present folios 112-118): This gathering is lacking the second half of its outer bifolium (thus resembling Gathering V which, however, lacks its first folio). Förster (1933, p. 59) did not realize that there was a gap in the text of *Contrition (Prayer / Resignation)* since it is possible to make sense of the text reading from folios 118 to 119; he concludes that folio 112 was a singleton ("which at present has no fold left") or, alternatively, that there were originally "two independent leaves" prefixed to this gathering. His analysis of this and the following gatherings has been shown to be incorrect. It is now recognized that there is a hiatus in the text of *Contrition (A)* after folio 118, though there is disagreement about whether or not the text on folio 119 is a continuation of that on the preceding folio or the ending of a different poem.[24]   The structure of this gathering is identical to that of VI, comprising three bifolia with singletons, folios 114 and 118, in third and seventh positions. Each folio has 22 lines of text. The distance between the top and bottom rulings is 235 mm.

XVI (comprising the present folios 119-125): Förster (1933, p. 59) believes that the first two folios of this gathering (11 and 120) are singletons with their folds turned to the right. He correctly notes that folio 124 is a singleton whose tab is visible between folios 121 and 122. Pope was the first critic to detect a hiatus caused by a missing folio (the conjugate of 119) in *Riddle* 69.4 after *gesceapo;*[25] previously all editors had treated *Riddles 69* and *70* as one poem (variously numbered). Pope notes that in addition to the textual *non sequitur* here the scale of the fire damage jumps inordinately at this point, thus confirming the loss of a folio, as can be seen readily in the facsimile. The structure of this gathering is identical to that of II, comprising three bifolia and two singletons, folios 120 and 124, in second and sixth positions. Each folio has 22 lines of text. The distance between the top and bottom rulings is 238 mm.

XVII (comprising the present folios 126-130): There are no gaps in the texts of this gathering; because the last folio of the preceding gathering

---

24 Bliss and Frantzen (*RES* ns 27, 385-402) were the first critics to propose that there is a hiatus in the text after f. 118; see the headnote to *Contrition (A and B)* for further discussion of the implications of such a loss.
25 *Speculum* 49, 617.

is missing it is impossible to tell (from textual evidence) whether a folio may also have been lost from the beginning of this gathering. Förster (1933, pp. 59-60) says that the gathering now consists of five single folios glued together, but that 127+130 and 128+129 originally made up one bifolium each. The codicological evidence supports this observation. Since the text to *Riddle 94* finishes in the last line of folio 130v, it is impossible to know how many (if any) folios have been lost after it. In summary, one folio (in addition to that lost at the end of Gathering XVI) may have been lost at the beginning of this gathering; but from one to three folios may have been lost at the end of the gathering (if it was originally a quaternio); however, it may have consisted of three bifolia only. Each folio has 22 lines of text (allowing for lines left blank to mark the beginning of sections). The distance between the top and bottom rulings is 236 mm.

LOST GATHERINGS?

A review of discoveries made about the structure of the codex in the sixty years since the facsimile appeared suggests that there are only two points in the MS at which complete gatherings have been lost — between Gatherings VI and VII (*Guthlac (B)-Canticles*) and between Gatherings XVI and XVII (at *Riddle* 69.4). Ker (*MÆ* 2, 227-8) and Pope (1978, pp. 35-7) rightly note that the bottoms of two letters can be seen above the capital *H* on folio 53. This indicates that there was no blank line before the first extant line on the folio, and suggests the beginning of a section rather than of a new poem. A gathering lost here would have provided ample space for the conclusion of *Guthlac (B)* and the opening of *Canticles.* Pope is certainly right in discounting Farrell's theory that nothing is missing except the 6-7 lines that would have been on the 70 mm strip cut from the top of folio 53.[26] In the second case, it is conceivable that one or more gatherings may have been lost after Gathering XVI. There is no way of determining this one way or the other, but the number of extant riddles suggests that the anthologist/scribe may have added the second group of riddles

---

[26] See Farrell (*MÆ* 41, pp. 5-6), Pope (1978, p. 37) and the headnote to *Canticles.*

in order to approximate a century of poems. As noted earlier, it seems likely that only one folio has been lost from the beginning of *The Advent Lyrics*. [27] *Riddle 94* ends at the bottom of folio 130v, and whether other texts followed it on folios now lost cannot be determined.

PREPARATION OF THE FOLIOS

Each gathering of the manuscript was prepared in the same way: the four bifolia were folded and pricked along a vertical ruling, then laid out flat and ruled horizontally. At the same time, the ruling frame for the writing area was set out. The rulings are often quite deeply impressed, and on a few occasions actually pierce the parchment. In other places the ink has run along the ruling grooves in little rivulets (e.g. f. 94r, ll. 1-3, especially noticeable at the line ends in *swegle, tofrof-, hyre*). [The measurements in the following description naturally vary slightly from page to page due to the irregular shape of the parchment.] A set of double vertical rulings approximately 10 mm apart mark off both the left and right boundaries of the writing space; where they are still visible, they run from the top of the folio to the bottom. At present the top horizontal ruling, which extends to the top pricking mark and sometimes beyond it, lies about 30 mm from the top of each folio; the distance of the last ruling from the bottom of the folio varies in the range of 35-55 mm. The scribe makes a conscious effort to observe the inner right margin, and often squeezes letters together at a line end so that they will not protrude in too unsightly a manner beyond the writing frame (see, however, the predicament he got himself into on f. 57r, l. 8, where he miscalculated how much space he would need to fit in some text after a wrap mark). Occasionally he writes one or more words at the right hand side of the lower margin below the last line of the frame. [28] On a few occasions the descender

---

[27] It could of course be speculated that any number of gatherings may have been lost at the beginning and end of the manuscript, but there is little to be gained from this.

[28] See the following folios: 15r [2 letters], 27r [1 word], 29v [1 wd.], 31r [1 syllable], 36r [2 syll.], 38v [1 syll.], 43r [2 syll.], 55r [2 lett.], 99v [1 syll.], 114v [1 syll.].

of a large capital intrudes into the lower margin (e.g. *wynn* on f. 49r ends 23 mm below the ruling). In some gatherings, where the parchment was quite thick and coarse (e.g. VII and XIII), there is evidence of supplementary ruling (on an *ad hoc* basis, as Coveney notes — see *Scriptorium* 12, 54). Förster (1933, p. 61) accepts the earlier description by the *New Palæographical Society* of the prickings as "near the edges", but even after trimming they are nearly 20 mm from the outer edge of the parchment (e.g. on folio 44). Though a line was not drawn or incised for the scribe to follow in making the prickings, their vertical alignment indicates that a straight edge was used as a guide. Coveney notes that Lambeth Palace MS 149 displays the same pricking procedure.[29]

Conner notes the use of different grades of parchment in the manuscript. It consists largely of insular parchment; he quotes Julian Brown's description of this as "rather thick, with a rough, suede-like finish, with hair side and flesh side very alike in surface as well as colour". There is a small admixture of a thinner and smoother continental-style membrane used throughout the manuscript, "with hair sides more yellow in color... [and] flesh sides more white than insular membrane" [again quoting Brown]. Conner argues that there are three different types of this limp membrane, each used exclusively in one of his three booklets.[30]

DEFECTIVE AND DAMAGED FOLIOS

The following folios were defective at the time they were selected for use in making the manuscript (the text is written around the damaged areas). This description does not include lost corners, since it is impossible to tell whether they were damaged originally or subsequently:

13, 23 and 28 (triangular pieces missing from bottom, slanting down from left to right); 31 (medium sized hole in upper outer margin opposite l. 5, now patched); 40 (medium size hole in mid-outer margin opposite ll. 13-14); 43 (two small holes — one in the

---

[29] *Scriptorium* 12, 55.
[30] *Scriptorium* 40, 234-5.

lower outer margin opposite l. 19 and another in the lower margin on the right-hand side); 44 (medium sized hole in mid-outer margin opposite ll. 12-13); 56 (there is an almond-shaped hole in the bottom margin, crossed by the outside double vertical rulings, and a piece cut away from the bottom of the folio to the inside of this); 62 (a long arced strip of parchment missing from the centre of the bottom of the folio); 66 (several holes in the last line of writing and the central area of the lower margin); 69 (a small, almond-shaped hole in the bottom margin towards the inside); 74 (a small hole directly below the s of stod, the second word in the last line of writing); 78 (a large, thumb-shaped hole extending from the bottom of the folio up towards the last line of writing); 80 (a series of holes in ll. 8-10 of the text area near the inner margin; a hole directly below these in l. 19 of the text); 106 (a large egg-shaped hole at the end of the last line of writing and extending into the outer margin); 110 (a large, irregularly shaped oval hole in the middle of ll. 18-19 of the text); 112 (a medium sized, egg-shaped hole in the outer margin opposite l. 13); 113 (a medium size, egg-shaped hole, now patched, in the lower margin, crossed over by the outer vertical rulings, indicating that the patch was applied during preparation of the parchment); 114 (several small holes in the centre lower margin, some of which are patched); 116 (two small holes, now patched, in the lower outer margin; one small hole in the lower margin towards the inside); 127 (a few worm holes at the top of this folio which seem to have been there before the gathering was made up, since there are no corresponding holes on the preceding and following folios).

Elsewhere, I have noted that defective parchment has been used throughout the manuscript; inferior/defective parchment was also used in the preparation of Lambeth Palace MS 149 and Oxford, Bodleian MS 319.[31]

The following folios were damaged after the manuscript was made up — only folios where the text has been affected are mentioned: 8r (stitched on the left side across ll. 20-21; with a glue-pot [?] ring-

---

[31] *Manuscripta* 35, 11-2.

shaped stain in the top centre of the writing area; there is also a large dark stain down the left side of the text area), 8r-12v (stained, decreasingly — most of the text is legible), 53 (a strip of parchment approximately 70 mm wide containing the first four MS lines of text has been cut away at the top), 117 (a small hole, now patched, in the outer margin opposite ll. 7-8 — this is the innermost extent of the fire damage to the closing folios of the manuscript). The extent of the damage escalates from here to the end of the manuscript.

DRYPOINTS

A number of drypoint drawings, decorative patterns and letter forms are incised on various folios of the manuscript. Förster (1933, p. 60) lists the drypoints on folios 64v, 78r, 80r, 87v, 95v and 123r; he does not mention the series of diagonal slashes on f. 59v since they are not "decorative". He says that the ornamental drypoints were "incised at a later date" and "have no connection with the original scribe". Conner rightly points out, however, that in four instances (folios 59v, 64v, 95v, 123r) the writing passes over part of the drypoint, indicating that they were incised before the text was copied out.[32] He argues that there are no drypoints in the first of his booklets, and that their distribution and the quality of their execution in the rest of the codex support "the tripartite division of the manuscript" (p. 237). But in fact there are also drypoint etchings on folios 24v, 47v (in his first booklet) and 96r,[33] and yet another in the bottom margin of folio 62v beneath the words *in eorþan fæðm* (just to the right of the cracks in the parchment visible in the facsimile) which is perhaps best described as an oval-shaped rosette.[34]

---

[32] *Scriptorium* 40, 237, and 1993, pp. 123-4.

[33] *Scriptorium* 43, 277-8. In his recent study (1993, p. 122, fn. 60 and 61) Conner states that he finds the drypoint etchings on folios 24v and 96r "too indistinct for identification"; however, it is not clear whether he had opportunity to examine the manuscript between the appearance of my article and the publication of his book, which may account for his state of uncertainty.

[34] Incised letters and punctuation are discussed separately below.

MARGINALIA, INTERLINEAR GLOSSES AND FOLIATION

The marginalia and interlinear glosses in the manuscript are mostly sixteenth century and later. Flower identified the hand which added the fragmentary interlinear glosses on folios 9r (6 lines) and 10r (4 lines) as that of Laurence Nowell, Dean of Lichfield from 1560 until his death in 1576.[35] Nowell also supplied descriptive titles for three of the poems.[36] Single words (usually drawing attention to names, and added at a later date) appear occasionally; these are of little interest, but where they occur have been noted in the apparatus. George Hickes marked annotations in pencil beside some of the runic passages in the manuscript which he had selected for use as illustrations in his *Grammaticæ Icelandicæ Rudimenta*; these can be seen clearly in the facsimile.[37] A few runes, some written in ink and some incised with a stylus, appear in the space between texts and in the margins beside them (mostly in *Riddles*); their significance (if any) is discussed in the commentary to the texts beside which they appear.[38] Little need be said concerning the foliation of the manuscript. There is one reliable set of folio numbers, probably dating from the late seventeenth or early eighteenth century, which all editions cite. An earlier series, probably dating from the sixteenth century, is incomplete, having been cropped off at times by binders.[39] Another fragmentary series appears at the

---

[35] 1933, p. 91; see also *PBA* 21: "I was so fortunate as to identify his hand in the sixteenth-century versions of certain passages in the Exeter Book of poetry" (p. 70).

[36] For *Christ in Judgement* (f. 20v, in Latin) and the two *Guthlac* poems (f. 32v and 44v, both in English).

[37] See Chambers (1933, p. 34 and fn. 9) and the headnote to *Riddle 75* in the commentary here.

[38] Knowledge about the names of runes and their significance would most likely have been commonplace in Anglo-Saxon scriptoria; Förster (1933, p. 63) notes that "lists of runes were probably found in many monasteries". Indeed, Exeter D&C MS 3507 (which is contemporary with *The Exeter Anthology*) lists various alphabets on folios 65r-66r; there are Greek and Hebrew alphabets with annotations and three runic alphabets in the order of the Latin alphabet, with the corresponding Latin letter written above each rune. After the last of these runic alphabets the scribe has written out "Pax vobiscum et salus pax" in runes (with the Latin above). This page is reproduced in *Exeter Cathedral: A Celebration*, ed. Michael Swanton (Exeter: Dean and Chapter, 1991) on p. 197, pl. 276.

bottom of some folios. As is customary, the foliation adopted here (numbering the folios from 8-130) does not take into consideration the first folio, which precedes the seven folios of preliminary matter.

THE ANTHOLOGIST, THE TEXTS AND THEIR SECTIONAL DIVISIONS

A discussion of the anthologist leads necessarily to a consideration of the textual boundaries and sectional divisions in the manuscript (as the ensuing discussion demonstrates). Not all critics, however, are convinced that the anthologist invested much thought in his organizing of the manuscript. Sisam, for example, observes that the placing of *Christ in Judgement* after *Ascension* "can be explained as a modest power of arrangement in a compiler".[40] And Blake comments: "The Exeter Book differs from the other three poetic codices in that it is a poetic miscellany in which there does not appear to have been a recognisable principle of selection".[41] A number of questions can be raised concerning the identity and rôle of the anthologist who compiled the present collection of poems. Is he the same person as the scribe? If so, did he mechanically copy out the texts exactly as he found them in a single exemplar, or did he occasionally edit and alter them, thus creating a new anthology with a structure reflecting a plan of his own? Did he select the poems from a number of pre-existing poetic collections? And again, if so, did he edit and alter them to suit his purpose? Did he copy out three separate booklets at different times which were subsequently bound together (not in chronological order) to produce the codex we have today? Was the anthologist a patron who selected the texts but was otherwise not involved in the production of the manuscript? Was there more than one anthologist?

    We cannot know the answers to all these questions, and more could be framed along similar lines. Some observations about the codex as an anthology have been made by others and to these I shall

---

39 The dating assigned the foliation is suggested by Förster (1933, p. 62). Conner tabulates and discusses the two foliations in considerable detail (1993, pp. 244-9).
40 1953, p. 11. Such opinions are challenged in the discussion which follows here.
41 *The Phoenix*, p. 2.

add my own views and conclusions. Discussions of the anthologist inevitably merge at times with discussions of the scribe, since it is impossible to know to what extent each of them — if indeed they are different people — may have been responsible for determining the layout of the manuscript, the use of sectional divisions, and such related matters as spacing and decorative and capital initials.

The sectional divisions in the manuscript are usually clearly marked by a combination of initials and/or large capitals, blank lines and other areas of blank space, and the placement of text. They have been reproduced here because they may be authentic, early evidence for the way the texts were intended to be read; it is well known, however, that on a few occasions the scribe (or the scribe of the exemplar) has inadvertently run texts together which are now treated as discrete entities. On other occasions paleographical evidence suggests that he has separated into two texts lines which originally comprised a single poem. Most of these irregularities are confined to the *Riddles,* where the enigmatic nature of the texts and the dramatic differences in their lengths might easily give rise to confusion. The paleographical evidence suggests, for example, that the scribe may have considered the last group of riddles to have begun with *Riddle 30b.* The spacing, punctuation and capitals in the text of *The Husband's Message* indicate that the scribe considered it to be three short poems, and the presence of runes in the third of these sections would probably reinforce his conviction that this text was a riddle; similarly, *The Ruin* is short, enigmatic, and has a rune in one of its verses.

In spite of considerable discussion by critics and editors of the nature and function of the sectional divisions in the four major poetic codices — especially with respect to the two with numbered sections (i.e. the Junius MS and the *Beowulf* MS) — few significant conclusions have been reached. Questions discussed include: Are they authorial or the work of scribes? What is their purpose? Are they fitts? Is there an average size or norm for sectional divisions which is common to the major codices? Are they a reflection of aesthetic considerations?

ASPR III (pp. xvii-viii) notes that "sectional divisions of the manuscript correspond closely to natural divisions of thought".[42]   In his Introduction to the facsimile edition of the Junius MS, Gollancz concludes that the "sectional divisions ... were originally structural divisions due to the poet, influenced by general considerations as to the approximate length of a reading".[43]   He argues that when they are placed incorrectly it is the fault of the scribe; the fact that some fall in the middle of long speeches he takes to indicate "methods of thought differing from our own". Timmer argues that the divisions go back to the exemplars from which the surviving codices were copied, and that it is "fairly certain that some sort of the division in the MSS. is due to the original poet".[44] He thinks that because the sections correspond to creative spurts they are naturally of varying length (p. 322).   He suggests that they might be called "psychological units because they agree with the momentary inspiration of the poet". In spite of what he claims, nothing is "fairly certain" in any of this, and the idea that all the longest poems are the product of sudden fits of inspiration and impromptu composition is both naïve on his part and demeaning to the poets.

Eliason suggests, in discussing *Beowulf,* that the fitts "may be due to scribe rather than poet, that they represent scribal stints".[45] This thesis argues against the assumption that the sections correspond to natural divisions of thought.   And arguments proposing that there is a length-norm in the divisions of the manuscripts undermine the psychological and scribal theories.   Wells links the sectional boundaries in the Junius MS to aesthetic considerations, arguing that at times they were deliberately shifted "to places which afforded the decorator greater opportunity to exercise his talent".[46]   J. R. R.

---

[42] The sectional divisions are tabulated on pp. lxxiv-v. In the Junius MS and the *Beowulf* MS there are a few occasions where the sectional breaks fall in unnatural places; see below.

[43] Sir Israel Gollancz, *The Caedmon Manuscript* (Oxford: OUP, 1927), p. xxxii.

[44] *MLR* 47, 321.

[45] In his review of R. D. Stevick's *Suprasegmentals, Meter, and the Manuscript of 'Beowulf'* (*Speculum* 45, 175-8).

[46] *YES* 6, 4.

Tolkein, in his lecture notes to *Exodus*,[47] argues that "these section divisions derive from the scribe, not the poets"; this is contradicted by Cavill, who tabulates the various length of sections in the major codices and concludes from their irregularity that they are authorial, thus siding with Timmer and Gollancz (and presumably *ASPR* III).[48]

This brief recapitulation demonstrates that there is clearly no agreement among editors and critics about how to interpret the manuscript evidence. Most of the arguments have centred on the codices with numbered sections. The comments I offer are relevant only for the sectional divisions in *The Exeter Anthology*. Some evidence suggests that the sections in our manuscript are authorial in provenance (or at least go back to the exemplar): first, a new section is clearly marked in *Canticles* on f. 54v where the song/prayer begins (l. 73 of the printed text), and there is a corresponding sectional division in the Junius MS on p. 191 (l. 362 of the text); secondly, there is a sectional division (inevitably) on f. 100r at the end of *Soul and Body II,* and another one after the line corresponding to this in *Soul and Body I* in the Vercelli MS on f. 103r (before l. 127 of the text).[49] Furthermore, I should agree with Krapp and Dobbie that the sections do for the most part "correspond to natural divisions of thought". It should be noted, however, that the beginnings of only four of the eleven *Advent Lyrics* are specially marked by the use of spacing and large initials;[50] the openings of *Riddles 3, 43* and *48* are also not indicated clearly. Thus far the manuscript evidence suggests (to me) that the scribe was reproducing sectional divisions as he found them in his exemplar(s), though this does not necessarily mean that they are authorial.[51] There is no "norm" for their length, and it cannot be argued that they derive from aesthetic considerations, since we should

---

[47] These were published posthumously as *The Old English Exodus,* ed. J. Turville-Petre (Oxford: OUP, 1981), pp. 33-4.

[48] *Neophil.* 69, 156-9.

[49] This point has been made by Cavill (*Neophil.* 69, 158).

[50] I say eleven rather than twelve, of course, because the first lyric lacks its beginning.

[51] Cf. my earlier suggestion that the scribe treats *The Husband's Message* as three separate poems. I suggest below that many of the peculiar spellings and "non-words" found in the manuscript may have been copied from the exemplar(s) also.

then expect to find some regularity or system in their use, perhaps one on each opening (of a verso facing a recto), or one on every other opening, or that in each instance initials and capitals would be used in a uniform manner.

The early cataloguers and editors of the manuscript interpreted the divisions very differently from modern editors. Wanley describes the poem as having "ten books". His *Liber I* is *The Advent Lyrics*. Wherever the beginning of a lyric is clearly marked he assumes that a new poem has begun; thus he indicates that the first book consists of five poems. *Liber II* is *The Ascension*; each section of the poem is identified as a separate poem. He treats *Libri III-V* (corresponding to *Christ in Judgement* and the *Guthlac* poems) in the same manner, except that he takes *Canticles* to be the ending of *Guthlac (B)*. *Liber VI* is *The Phoenix,* and its sections are treated as earlier. *Liber VII* is *Juliana,* which he takes to include *The Wanderer*. *Liber VIII* includes *Gifts* to *Vainglory;* he does not describe the poems in this grouping individually, though their clearly marked beginnings resemble sectional openings in the longer poems. *Liber IX* includes *Widsith* to *Homiletic Fragment III*; this section is treated in the same manner as the preceding one. He includes in his *Liber X* all the texts from *Soul and Body II* to the end of the manuscript, referring to them collectively as riddles, and noting that Hickes deals with their runic passages in his volume of the catalogue.[52]

Thorpe is influenced by Wanley's perception of the structure of the manuscript. He edits *The Advent Lyrics* as six poems;[53] he divides *The Ascension* into four poems, truncating it after l. 339 so that the passage containing Cynewulf's runic signature comes at the beginning of *Christ in Judgement;*[54] and he partitions *Christ in Judgement* into nine poems on the themes of Judgement and the

---

[52] 1706, pp. 280-1.

[53] Pp. 1-27; he assigns each poem its own title ("To Jesus Christ", "To the Virgin Mary", etc.).

[54] Pp. 28-48. It is not unreasonable for him to think that a major section of the poem ends here, since the paleographical signs are reinforced by the text — the next section begins with a large initial (though only half the preceding line is blank) and ll. 338b-339 are clearly a closing formula with a strong liturgical echo: *Si him lof symle, // þurh woruld worulda, / wuldor on heofnum.*

Crucifixion, the last of these being ll. 1-29 of *Guthlac (A)* as edited here.[55] Thorpe's definition of the boundaries of *Christ in Judgement* is accepted by Dietrich.[56] Grein divides the three Christ poems into twenty-two untitled sections, ignoring the manuscript evidence for the major divisions between poems; he is also the last editor to treat ll. 1-29 of *Guthlac (A)* as the ending of *Christ in Judgement*.[57] Gollancz, in both his first edition of 1892 and his EETS volume of 1893, divides the three Christ poems and affiliates lines 1-29 of *Guthlac (A)* as in the present edition.[58]

Although the division of the first four poems in the manuscript as printed by Gollancz is now accepted as canonical,[59] critics continue to discuss the best way to interpret ll. 1-29 of *Guthlac (A)* .[60] This issue is essentially textual and interpretative rather than codicological or paleographical, since the scribe clearly indicates on f. 32r by every device available to him that he is at the end of a major poem: he leaves three lines blank at the bottom of the folio; he begins *Guthlac (A)* at the top of the verso with a dramatic row of squared capitals; he has a "heavy" combination of punctuation at the end of *Christ in Judgement*; and, seeing that he has more than enough room to finish up while he is still copying f. 31v, he spaces out the words even more generously than usual on f. 32r.[61]

Liuzza thinks that the scribe (or the anthologist) ordered the poems as they are in the manuscript because they fit together sensibly. He notes further that *The Ascension* links together thematically *The Advent Lyrics* and *Christ in Judgement* too well to be accidental, and

---

[55] Pp. 49-103. The first section contains the runic signature.

[56] *ZfdA* 9, 193-214. *ASPR* (pp. xxvii-viii) discusses the divisions as found in Dietrich without realizing that they are derived from Thorpe, since Krapp and Dobbie did not consult Thorpe's edition at first hand.

[57] I, 7-191.

[58] 1892, pp. 2-141; 1893, pp. 2-103.

[59] Liuzza (*RES* ns 41, 3) rightly notes that *ASPR* is disingenuous in its "assertion of the primacy of the scribe's judgement" in indicating sectional divisions, "since they override it on several occasions (*Riddles* 3, 43, 48) and do not note the secondary division of *Ascension* at f. 15a (l. 517)".

[60] See Calder (1975, pp. 65-80), Lipp (*MS* 33, 57-9), Roberts (*MÆ* 42, 43-6 and edition, pp. 29-31), Shippey (1972, pp. 130-1), Shook (*MS* 23, 294-304), Stevick (*Viator* 13, 15-48) and R. Woolf (1966, p. 56).

[61] See also Philip (*PMLA* 55, 903-9).

concludes that "the middle poem [was] designed to join the two ends".[62] Lines 1-29 arguably have an *apo koinou* function, referring as much to the end of the preceding poem as to the one following.[63] Roberts, however, believes that the similarities between the end of *Christ in Judgement* and ll. 1-29 of *Guthlac (A)* are fortuitous — probably the poems were already as they appear here when the scribe received them, and he needed merely the perspicacity to put them in this order.[64] Liuzza argues that the use of *nu* as the opening word of *The Ascension,* indicates "an awareness of the serial reading of poems in a manuscript, and a deliberate effort to create such a series, not only by juxtaposition, but perhaps by textual alteration", even if it is no more than a single word added by the scribe to an existing poem.[65] It has been noted on a number of occasions that the wording of l. 30 of *Guthlac (A)* is identical to the opening line of *The Panther,* which suggests that ll. 1-29 were at some time attached to a poem which already had a traditional opening. This is evidence that either the anthologist or the scribe participated actively in the manipulation and transmission of the texts as we have them. It should perhaps be of greatest interest to readers today, since it tells us more than other divisions and transitions do about how the poems were intended to be read at the moment they were anthologised. It follows that at some stage in the transmission of these texts someone wrote this linking passage to develop thematic unity in the opening sequence of poems. Liuzza notes, in concluding, that "manuscript divisions and stylistic differences are less important than thematic concatenations that bind the poems together".[66] In another manuscript context these same poems might have received different treatment at the hands of a different anthologist or scribe.

There is other evidence in the manuscript for the organizing hand of the anthologist. It has been observed that the most apparent

---

[62] *RES* ns 41, 6; this had previously been argued by Chase (*ASE* 3, 87-101).
[63] Liuzza (*RES* ns 41, 6-7), Roberts (ed., pp. 29-31) and Shook (*MS* 23, 294-304 and *MP* 58, 1-10) argue to this effect.
[64] Edition, p. 49.
[65] *RES* ns 41, 8.
[66] *RES* ns 41, 10.

organizational feature of the codex is that the long poems all come at the beginning, though not much more can be said about its structure.[67] I would argue, however, that there is more to it than this. I believe that the first eight poems were placed together because they are related thematically in their concern with different models for Christian living.[68] Christ's life comes first, in a trinity of poems defining his rôles as Almighty God, Son, Saviour, King, and Judge; his life is the model for all Christians, whose lives are ordered by the Liturgical Year (itself an annual re-enactment of the events of Christ's life). The *Guthlac* poems and *Juliana* respectively offer exemplary models for contemporary male and female Christian witnesses to emulate. *Canticles* shows how the Christian faith was practised and adhered to by a representative group of the Old Testament Just in time of trial. And *Phoenix* describes the afterlife promised to all the Faithful, which they will receive for honouring the Covenant established when God's people were first chosen.

There is further evidence that the anthology was arranged thoughtfully. Critics have often wondered why there should be two groups of riddles in the manuscript, separated by a considerable number of other texts; this seems to support the notion that the ordering of the poems is haphazard, the second set being added merely because they happened to turn up after the intervening texts had already been copied out. But the fact that the second set was indeed added, so that the number of surviving riddles suggests a century was intended, is in itself evidence of the anthologist at work. James Anderson's edition/study of 1986 argues that two groups of poems — *Soul and Body II-Wulf and Eadwacer* and *The Wife's Lament-The Ruin* — have been arranged systematically to develop specific themes. Though I do not accept his readings unreservedly, I believe he has shown that a

---

[67] Sisam goes further, suggesting that the organization of the anthology is unplanned: "the collection was put together by tacking on new groups or items as codices or single pieces came to hand"; he argues, moreover, that its "stately, even style indicates that it was transcribed continuously from a collection already made" (*RES* 10, 340).

[68] The Old English word *had* occurs throughout, being used primarily to describe these different states. The argument outlined here implicitly opposes the booklet theory proposed by Conner.

good case can be made for the systematic organization of some of the shorter poems in the manuscript.

I myself detect a strong thematic link in the series of poems from *Judgement Day I* to *Homiletic Fragment II*, all of which are concerned with aspects of the Easter liturgical season.[69] It is a time for reflection, penance and renewal. *Judgement Day I* reminds Christians of their ultimate accountability for past deeds when they are called to judgement on the Last Day. *Contrition (A)* and *(B)* offer immediate instruction on how Christians ought to prepare themselves here and now, and the opening verses of *Contrition (A)* provide a vernacular formula for penance based on the liturgical *Confiteor*. It is charac - terized by direct petitions to the Deity, asking for help, guidance and fostering in these fleeting times. Through its direct evocation of the Easter liturgy, *The Descent into Hell* associates the Resurrection with the rebirth which every Christian receives through Baptism. They are reminded that every person can share in the life-giving experience of Christ's baptism in the Jordan and of his Resurrection through the sacrament of Baptism. *Almsgiving* extends the themes introduced thus far by pointing out that Christians have the opportunity to help save others less fortunate than themselves, who are already dead, through the generous and salutary giving of alms. *Pharaoh* speaks of Pharaoh's great army and of how it was destroyed by the very waters which gave life to the Israelites. The story of the Exodus is central to the Easter liturgy and its typological structure. The positioning of *Pharaoh* at this point in the manuscript must be considered the work of an anthologist with a purpose— it recalls that, throughout Salvation History, for Christians life has been renewed repeatedly through water (crossing the Red Sea [Ex. 15:21-31]; springing from the rock struck by Moses in the desert [Ex. 17: 1-7]; through Christ's baptism [John 1: 29-34]; and from the pierced side of Christ [John 19: 34-37]). *The Lord's Prayer I* deals with similar themes and emphasizes God's continual watching over his people when they humble themselves and request his help (he is called *helpend wera*, an epithet without

---

[69] In this context it is also interesting to note that the story recounted in *Canticles* is one of the passages read during the Easter Vigil service, as is Baruch 3, which I identify as a major source for *Wanderer*.

equivalent in the *Paternoster*). It also mentions the continuing threat of evil in the world, which Christians must gird themselves against. The reference to "our daily bread" (*Syle us to dæge / domfæstne blæd, // hlaf userne,* ll. 6-7a), which recalls the manna received in the desert [Ex. 16: 13-36], is particularly apposite in this context. The final poem in this unified series, *Homiletic Fragment II,* is a prayer calling upon Christians to rejoice in their faith during their stay in this transitory world. Its central verses are clearly a rendering of the essential elements of the Creed: "There is one belief, one living God, one Baptism, one eternal Father, one Prince of (all) peoples, who created this world, its blessings and joys". The sequence moves from a call to penitence to a statement or reaffirmation of beliefs.

My final example of anthologising which is apparently the result of careful deliberation is the juxtaposition of *Riddle 60* and *The Husband's Message,* a case well known to Anglo-Saxonists. The thematic appropriateness of this juxtaposing is evidenced by the fact that the two texts have on occasion been edited as one poem. [70]

The foregoing discussion of the structure and divisions of the manuscript suggests that the manuscript is clearly an anthology with a purpose and that there is much to be gained from reading it as such.

THE SCRIBE AND SCRIPT

Flower believes that "despite the general identity of letter forms, [there is] such variety in the quality of the script that we must suppose several scribes to have been employed on the writings".[71] Ker and Sisam disagree with Flower's conclusion, and no one today argues that more than one scribe copied out the manuscript.[72] Flower and Hill agree that the script is very similar to that of Lambeth Palace MS 149.[73] Sisam, Ker, Conner and I believe that they are identical,[74] and I have

---

[70] See the headnote to *The Husband's Message* for further discussion of the editorial treatment of these texts.

[71] 1933, p. 85.

[72] 1957, p. 153 and 1953, p. 97 respectively.

[73] 1933, p. 85 and *ANQ* 24, 113 respectively.

[74] Ker (1957, p. 153) says that they are "probably [in] the same hand". For Sisam's views, see *MÆ* 2, 230-1. Conner, however, argues further: "One scribe

argued that the same hand copied out Oxford, Bodleian MS 319 (again following Ker and Sisam).[75] Coveney argues that the Lambeth manuscript and *The Exeter Anthology* were written in the same scriptorium.[76] There is an excellent description of details of the scribal hand of the manuscript by Flower in the facsimile (1933, pp. 83-90), to which can be added both Ker's and Sisam's observations in their respective reviews of it.[77] The most detailed and comprehensive analysis of the script appears in Conner's recent monograph;[78] to this

probably did write the manuscript, but at different times" (*Scriptorium* 40, 235, and 238 for the quotation). The manuscript is listed in the Exeter inventories of 1327 and 1506 (as no. 53 in the latter) — see Oliver (1861, pp. 303, 367). There is doubt among scholars as to whether the Lambeth manuscript is to be identified with the *Expositio Bede super apocalipsin* in Leofric's donation list; Förster (1933, p. 29, fn. 109), Robertson (*Anglo-Saxon Charters*, Cambridge, Cambridge UP, 2nd ed., 1956, p. 479), Ker (1957, p. 340) and Conner (1993, p. 6) support the identification; Drage (1978, p. 376) says it is probably the same manuscript, and Lapidge (1985, p. 68) says the identification is possible. See Conner (1993, pp. 33-94 *passim*) for a comprehensive review of the various arguments concerning which surviving manuscripts are to be identified with those listed in Leofric's donation, and for a discussion of the memorandum mentioning Æthelweard and Leofric on the last folio of Lambeth MS 149; see also Förster (1933, pp. 85-90).

[75] *Manuscripta* 35.1, 3-22. For Ker's view, see his *Catalogue* (1957, p. 153). In his review of the facsimile, Sisam describes MS Bodley 319 as "also written in this script" (*MÆ* 2, 230-1). The manuscript is identifiable in the Exeter inventory of 1506 (Oliver, 1861, p. 367) and was given to the Bodleian Library in 1602. Blake (*Neophil.* 46, 316-9) argues that the language of the gloss on folios 74-5 is different from that of *The Exeter Anthology,* which suggests that the "scribe could produce two different texts written in different standardized versions of English with some different orthographical features ... If either language is the scribe's own, it is that of the gloss. If neither is his, it shows that he could copy out different standardized versions of English without substantially altering them". It is not clear from Ker's description in the *Catalogue* (p. 360), however, that he thinks that *the gloss* is by the scribe of *The Exeter Anthology;* it depends on what the antecedent of *which* is, "copy" or "De miraculis christi". We know for certain from his review of 1933 (p. 230) that he considers *the main text* of Bodleian MS 319 at least to be by the same scribe. Once again, there is some doubt among scholars as to whether this manuscript is to be identified with the *Liber Isidori de miraculis Christi* mentioned in the donation list; Ker (1957, p. 360) thinks that the identification is probable; Robertson (1959, p. 479), Drage (1978, p. 402-3) and Lapidge (1985, p. 68) think that Bodleian MS 394 is to be identified with the manuscript in the donation list. Drage dates Bodleian MS 394 to the second half of the tenth century; Lapidge and Gneuss (1981, p. 37, no. 575) date it to the eleventh century.

[76] *Scriptorium* 12, 55.

[77] For Sisam's review see *RES* 10, 338-42.

[78] 1993, pp. 60-80.

should be added his analysis of the certain letter forms and ligatures in his earlier codicological analysis,[79] and my own study.[80]

Flower's description of the general appearance of the script deserves to be reproduced here:

> The script achieves a liturgical, almost monumental, effect by the stern character of its design and the exact regularity of its execution. The letter forms have a tendency to angularity and the strokes preserve a uniform thickness. The line of writing, by the marked flattening of certain letters, has the effect of being level along the top, but the danger of monotony is avoided by the strong ascenders and descenders which necessarily abound in Anglo-Saxon script. These combine with narrow treatment of such letters as *u, m, n* to give the whole page of script a marked up-and-down character which contributes greatly to the set, archaic aspect of the writing. But this impresssion is to some extent alleviated by certain calligraphic delicacies such as the use of fine hair-lines as decorative adjuncts or finishing strokes to certain letters ... And the variety of forms employed for a number of the letters makes it clear that the manuscript was produced in a scriptorium in which the art of writing was carefully studied and where many older manuscripts in insular hands were available for study and imitation.[81]

The use of small capitals in the MS has been tabulated in *ASPR* III (pp. lxxvi-lxxxi). The scribe uses accents throughout the MS (there are nearly 600 of them), usually placing them on etymologically long vowels; their appearance is reported in the apparatus here rather than in tabular form (as in *ASPR* III, pp. lxxxii-viii), making it is easier to see how and when they are used. Only a small range of abbreviations is used by the scribe, but with considerable regularity. These include: the crossed *thorn* for *þæt*, 7 for *ond*; the macron (or tilde) over a vowel or consonant (less frequently) to indicate the omission of one or more following letters; and a few standard abbreviations for Latin words

---

[79] *Scriptorium* 40, 237-40.
[80] *Scriptorium* 43, 282-3 and Table 1, pp. 284-8, cols. 23-8; col. 26 records the occurrences of the *oc* form of *a* — to these I would add three more instances: 87v, l. 20 *brondas*; 122r, l. 13 *halgad* (2nd *a*); and 126v, l. 16 *weard*.
[81] 1933, p. 83.

(e.g. *scs* for *sanctus*). Abbreviations are expanded silently in this edition.

ORNAMENTAL INITIALS

In support of his argument that the "booklets" were written in the chronological order 2-3-1, Conner argues that the ornate initial *eth* on f. 51v of the first booklet is made with skill and confidence not seen in, for example, the first *eth* in the second booklet (on f. 57r).[82] He refers to the ornamentation of the *eth* on f. 58v as "the heavy-handed attempt at ornamentation". This seems to me to be using the evidence selectively and forcing it to support the theory. As I have argued previously,[83] a comparison of any number of large initials in the first (and third) booklet shows the scribe using exactly the same decorative motifs as in the *eth* on f. 58v — compare, for example, *þ* on f. 23v and *h* on f. 38v. Moreover, the *eth* on f. 58v is executed much better than that on f. 18r. In response to his suggestion that the scribe may have been unused to drawing *eth*'s if his "copying tasks were dominated by Latin texts" (p. 236), I have pointed out that in fact the scribe does his best work when copying vernacular texts.[84] The form of *þ*, another letter which the scribe might be expected to be inexpert at making if he was not used to copying vernacular texts, might also be compared in this discussion: the decoration of the *þ* on f. 70v is almost identical to that of the one on f. 23v (except that it is on a slightly larger scale, being approximately 10 mm taller). This size of each initial (in mm) and its position on the page is noted in the apparatus.[85]

PUNCTUATION

Förster discusses the punctuation of the texts in the manuscript in some detail, offering statistics for the frequency with which lines are single

---

[82] *Scriptorium* 40, 236-7.
[83] See *Scriptorium* 43, p. 280.
[84] This was argued further in *Manuscripta* 35.1, 3-22.
[85] The distribution and size of the initials in the manuscript are tabulated in *Scriptorium* 43, pp. 284-8, cols. 12 and 13.

or double pointed (i.e. both medially and at the end of the verse line).[86] He notes that "as Anglo-Saxon poetry was written continuously like prose, such metrical points were a great help for the reader". Förster observes that in approximately fifty cases the point occurs in the middle of a verse, but that this happens mostly at the end of a folio; the other instances he takes to be aberrations. Lines which are abnormally long (esp. in *Widsith* and *Wanderer*) sometimes have a third point reflecting pauses in recitation. Elsewhere I have tabulated further statistics regarding the distribution and use of punctuation in the manuscript.[87] Points are usually placed before and after runes and Roman numerals when they occur, and on occasion before and after a proper name. When the abbreviation sign for *ond* appears before pointed proper names, it is appended to the name and the point is placed before the grouping (e.g. ·7azarias· in *Canticles* 1. 153b). The other punctuation in the manuscript occurs at the end of sections of poems and at the ends of the poems themselves. Final punctuation consists of a combination of colons, points, slashes, and a hook or dash (resembling the abbreviation sign for *ond*); the most common configurations of these are: i) :7 ii) :— iii) ./ iv) :~[88] These are used singly or in combinations: i) :7 :— ii) :— :7 iii) :~ :7 iv) 7: 7: v) : 7 ·— Triple and quadruple combinations are also used on occasion (e.g. on f. 20v, l. 6). "Wrap marks" are sometimes used at line ends, marking off words that belong with either the preceding or following line of text (wrap marks are reported in the apparatus).[89]

McGovern draws attention to previously unnoticed scratched or incised punctuation marks in the manuscript; he suggests that some may also have been made with a lead or silver point and argues that there are three different kinds of marks.[90] This implies that they were made by different readers or, if by the same reader, then at different

---

[86] 1933, pp. 61-2.

[87] *Scriptorium* 43, 282 and Table 1, pp. 284-8, cols. 9, 20-2.

[88] Ker (*MÆ* 2, p. 228) notes that the slight upward turn at the end of the horizontal stroke of the configuration :— is scarcely sufficient to justify printing it in some cases as :~, which is quite true.

[89] Elsewhere I have noted that the scribe uses the same wrap mark in Lambeth Palace MS 149 and Bodley MS 319 (*Manuscripta* 35.1, 11).

[90] *MÆ* 52, 90-1.

times; in either case, the placement of the marks, predominantly at the end of poetic verses, suggests that they were made by readers who understood the poetry (p. 95). Curiously, he notes that these marks sometimes occur in spaces occupied by points. These marks consist of vertical and oblique strokes, sometimes occurring in pairs. They are found principally on folios 14r-44v, with a few additional occurrences on folios 56v and 66r-v. McGovern speculates (pp. 94-5) that these punctuation marks (which should perhaps more properly be understood as "guides to reading") may well be early and reflect a particular interest on the part of the manuscript's readers in *Ascension* and *Guthlac (A)*, both of which describe an ascension into heaven by the central figure. It seems less likely to him that the marks were made by a post-1540 reader, and virtually impossible that they were made between 1200 and 1540 (p. 95).

SPELLING AND LANGUAGE

The Exeter Anthology contains a large number of spellings which have been normalized in varying degrees by editors in the past, seldom with any consistency. It has been my practice in this edition to retain all manuscript spellings which do not appear to be overt errors. There is no agreement among linguists about when the inflexional system of Old English began to break down, and little work has been done on the spelling of Old English as witnessed by the major surviving poetic codices.[91] Thus there is great risk that normalization of the manuscript forms will serve only to obliterate or obfuscate what little evidence survives for the state of (poetic) Old English in the tenth century and perhaps impede further constructive analysis. The large number of deliberate alterations and corrections made to the texts in *The Exeter Anthology* and brought to light for the first time here indicates that the scribe is a much more conscientious and systematic worker than has

---

[91] Megginson (1992) is the first major study of this sort (all references to David Megginson's work are to a copy of the thesis in its pre-defence form, which he kindly let me consult). On the break-down of the Old English inflexional system see Mustanoja (pp. 67ff.) and Yerkes (*NM* 83, 260-5).

previously been thought.[92] He (and others) made numerous alterations to the text, sometimes systematically, indicating that what appears in the manuscript is for the most part what he (or they) wanted to be there.[93]

A number of prominent linguists and editors have expressed concern in the past about normalizing the manuscript forms. Kemp Malone concludes from his study of the transition of Old English to Middle English that the process can already be seen to be underway in the tenth century.[94] Quirk and Wrenn have this to say about the reduced endings found in Anglo-Saxon manuscripts:

> In late OE therefore the unstressed short vowels *a, e, o* and *u* of final syllables began from about the tenth century to be weakened to a common sound called *schwa* ... [I]n addition final *m* tended to be pronounced as [n] in late OE ....[95]

They observe that consequently the final endings -*um, -an, -on* would have had identical pronunciation. Brook (1959, pp. 280-91) expresses concern that many forms which are now recognized as characteristic of late Old English have been normalized out of existence. Interestingly, the early editors (e.g. Thorpe, Grein and Gollancz) are more inclined to retain the MS forms as long as they make sense and are identifiable.[96] Blake (1964, pp. 4-5) points out that emendations such as the

---

[92] In his influential volume of 1953, Sisam, for example, observes: "In fact there is hardly a trace of intelligent scrutiny [in the poetical manuscripts by Anglo-Saxon readers]. It is a curious feature of the great poetical codices that no early reader seems to have noticed the most glaring errors left by the scribe" (p. 38). These views will be reconsidered below in the discussion of the corrections in the manuscript.

[93] In his review of the facsimile Sisam says as much in commenting on the quality of the collotype facsimiles: "If they lack detail in the erasures, they give clearly what the scribe intended to be read ..." (*RES* 10, p. 338). Yerkes (*NM* 83, 260-265) describes comparable systematic revision of one witness to the translation of Gregory's *Dialogues*.

[94] 1930, p. 117.

[95] *An Old English Grammar* (London: Methuen, 1977), p. 11. They conclude that traditional orthography "came to lag a great deal behind pronunciation".

[96] In his Preface Gollancz says that he has made "no attempt to normalize the spelling of the text". Among more recent editors, Blake, Roberts, Rugg and Woolf give due consideration to the orginal readings of the manuscript; as detailed in the textual commentary here, *ASPR* is inconsistent in its treatment of the linguistic data, including the adoption of corrections.

restoration of *h* on MS *remig,* "are not the result of an unintelligible text, but represent an attempt to standardize the language". He further points out that, "it has never been clear in the past what standard is to be applied and previous editors have not agreed as to how much ought to be emended in this way". Megginson's recent investigation of the spelling systems in the major poetic codices has confirmed that there is considerable evidence for a tendency towards conformity, as Blake had suggested earlier. Campbell (*OEG* §572) expresses reservations about the significance of these "early" examples of levelled spellings, but Mitchell (*OES* §15), while respecting the depth of Campbell's learning and his authority, notes that his objections can be addressed quite satisfactorily. Blake's conclusions on this important matter are worth quoting in full:

> Furthermore these forms, as Professor Brook pointed out, are extremely valuable in determining the development of language and orthography in the tenth century. As spelling variants are generally preserved in modern editions of the Old English prose texts, it would seem sensible and helpful to the student to bring the poetic texts into line with them. The language of the poems could then more easily be compared with the prose texts of the transition period from Old to Middle English, which are full of many similar variant spellings. (p. 5)

Notes in the apparatus of the present edition will assist less experienced readers in identifying forms with non-standardized spellings; discussions of critical treatments of many of these forms are found in the Commentary following the texts.

As for the question of whether the scribe himself made an attempt to normalize the texts, Sisam observes, "How far and when the scribe of the Exeter Book normalized as he copied, it is hard to say".[97] Blake notes, "The standardised language in the codex is not by any means uniform, and we cannot always tell now what variant spellings were tolerated then".[98] The discussion of the corrections which follows here shows in some detail to what extent the scribe (or

---

[97] *RES* 10, p. 340. This matter will be discussed further below.
[98] *The Phoenix,* p. 5.

subsequent correctors) were actively attempting to standardize the spellings of the texts.

The following linguistic features have been retained in the present edition because they are considered to be representative of the state of Old English at the time the manuscript was copied out:

- the levelling of inflexions, including the free interchange of *n* and *m* in final position: e.g. *motum* appears for *motun* on several occasions in *Guthlac (A)* and *Phoenix*; *Juliana* ll. 521 and 723 has *miclam* for *miclan*, and l. 630 has *flean* for *fleam*; for examples of the restoration of reduced/levelled endings, see below;
- the loss of final nasals (perhaps indicative of Northern influence, though loss of final nasals is also found in early West-Saxon texts): e.g. *Advent* l. 206 (*tirfruma*), *Juliana* l. 555 (*gewinna*);
- the loss of a medial consonant in a group of three: e.g. *Phoenix* l. 243 (*wæsmas*) and l. 625 (*strenðu*), *Juliana* l. 400 (MS *ge fæsnad*, with *n* altered, suggesting that the scribe/corrector paid special attention to this form);
- the (illogical) doubling of consonants: e.g. *Christ in Judgement* l. 712 (*onnettan*), *Riddles* 14.17 (*wrappum*), 15.6 (*grenne*), 15.15 (*biddan*), 32.8 (*fella*);
- the loss of a dental consonant after a spirant or a liquid: e.g. *Phoenix* l. 199 (*swetes*);
- *c* appears in final positions for *cg* : e.g. *Gifts* l. 70 (MS *wic cræfta*), *Riming Poem* l. 7 (*wic* for *wicg*), and *Riddles* 85.5 (*hryc*); note also *Order* l. 70 where the MS has *gar seces*, with a small *g* crowded in after *c*;
- the confusion of *eo* and *ea* (which may be either a Northumbrian feature or a general feature of late Old English): e.g. *Wanderer* l. 64 (*wearpan*), *Phoenix* l. 248 (*gefeon*);
- the reduction of vowels in unstressed positions observable principally in levelled inflexions throughout the codex;
- the loss of medial unstressed vowels: e.g. *Phoenix* l. 330 (*fægran*);

- the doubling of vowels to indicate length: e.g. *Canticles* l. 88 (*good*), *Fates of Mortals* l. 70 (*tiir*), *Hom. Frag. III* l. 3 (*tiid*), *Riddles* 34.6 (*aa*), 36.5 (*wiif*), 56.7 (*biid-*), 79.10 (*good*), 80.3 (*foot*);
- unstable *h* (often restored by a corrector when omitted by the scribe — see below): *h* is both added and omitted in unexpected situations, and is occasionally substituted for *g* (*Phoenix* ll. 124 and 421 have *toheanes* for *togeanes*).[99] Examples of the loss or absence of *h* initially or before a stressed vowel include: *Juliana* l. 171 (*yldo*), l. 577 (*bilænan*), l. 586 (*æleð*), *Seafarer* l. 63 (*wælweg*), *Maxims I (B)* l. 47 (*adl*), *Order* l. 91 (*eorðwerud*), *Soul & Body II* l. 20 (*won*), *Judgement Day I* l. 95 (*gewylc*), *Riddles* 5.8 (*ondweorc*), 8.8 (*nigende*), 33.3 (*leahtor*). Examples of the (non-standard) addition or presence of *h* before an initial or stressed vowel: *Chr. in Jud.* l. 19 (*healle*), *Guthlac (A)* l. 271 (*hus*), *Juliana* l. 545 (*his*). At *Riddle* 6.7 and 35.11 there are examples of *hw* alliterating with *w*.[100] At *Riddle* 58.13, the scribe began to write *lafordes*, but caught himself *in progress* and altered *l* to *h* as he copied the text; this suggests either that his exemplar had the *h*-less form (which he almost copied out mechanically), or that he read *hlaford* but almost wrote the *h*-less form because it was natural for him to do so. At *Riddle* 54.4 the scribe wrote *rand* for *hrand*. At *Canticles* l. 22 the manuscript has *to worfne* with *h* squeezed in interlinearly above; in l. 61 the original reading *hofne* has initial *h* underpointed for deletion. Another telling form is *hneccan* in *Riddles* 80.4, where the scribe has altered initial *h* from *n*, indicating that he probably did not pronounce the *h* in this environment.
- [Northern lexical features are also retained: e.g. *eðpa* for *oððe* in *Riddles* 43.15]

---

[99] Many of these features occur also in the MS Junius 11 and the Vercelli Manuscript. A succinct discussion of most of these features is found in Blake's edition of *Phoenix* (pp. 5-8); see also Brook (1959, pp. 280-91). For further discussion of "unstable" *h*, see Blake (*N&Q* ns 8, 165-6; *N&Q* 207, 45-7) and Scragg (*Anglia* 88, 165-96).

[100] For further discussion of *hw* in Old English, see Blake (*N&Q* ns 8, 165-66).

CORRECTIONS, ALTERATIONS AND THE STANDARDIZING OF SPELLING

It is important to note that all the changes made to the manuscript are not corrections of perceived errors by the scribe or a subsequent reader/corrector; some are alterations intended to standardize the spelling of the codex. Ker notes in his review of the facsimile the need for a full account of the alterations to the text, particularly since in the facsimile it is normally impossible to distinguish between various kinds of blank spaces (i.e. whether they are spaces originally left blank, or are the result of defects in the vellum, or are erasures).[101]

Förster is not very attentive in his examination of the alterations in the manuscript, devoting little more than five lines to the subject. He notes that there are few corrections in the scribe's own hand: "Also a corrector who, at a later date went through the whole manuscript, did not find much to do. So there are remarkably few corrections in the

---

[101] *MÆ* 2, p. 226. I have discussed elsewhere the techniques used by the scribe and corrector(s) to alter the readings of the manuscript: see Muir (*Scriptorium* 43, 280-81). In view of my announcement in 1989 that there are hundreds of previously unnoticed alterations to the texts of the manuscript and that a new edition of the complete anthology was in progress, it seems peculiar to me that Conner (1993, p. 254) should conclude his codicological study of the manuscript with these words:

> The publication of the facsimile represents the latest important development in the history of the manuscript. The project was so successful ... that no one has since attempted to make a full-scale study of the manuscript. There are two reasons for this: one is the fact that the scholars who undertook the work were at the time the very best qualified for the job; the second is that they made so through [*sic*] a study of the manuscript that few problems have surfaced which have demanded that their pioneering work be reconsidered. ... Consequently, the 1933 facsimile has remained the most important modern development in the history of the 'Exeter Book'. It as served as an adequate basis for several critical editions, it has promulgated generally accurate textual information, and it has, above all, taken a great deal of strain off the manuscript itself. ... Today, there is usually no need to disturb the manuscript to make a decision on a reading, with the exceptions of the mutilated first folio of 'Christ' and perhaps the burnt sections in the Riddles'.

The discoveries detailed throughout the present edition demonstrate the inaccuracy of these conclusions.

codex".[102] The discussion which follows here will demonstrate the extent to which he misinterpreted the situation. Sisam argues that "little was done by later readers to remove even crude errors from the text", concluding that this is most likely because, "not many in the eleventh century understood the harder poetry well enough to read it critically".[103]

Every identifiable alteration to the original text of the manuscript has been noted in the Apparatus and Commentary accompanying the texts here; what follows is a summary review and analysis of the alterations. It is not always possible to declare with confidence whether a particular alteration was made by the scribe or a subsequent corrector, though on the basis of paleographical evidence it is observable that some corrections were made "in progress" (as the text was being copied out for the first time), and these have been noted in the Commentary. It is also impossible to determine precisely how many readers may have contributed to the alterations to the text; as stated earlier, there is evidence that at least one corrector, whether it was the original scribe making revisions or a corrector working some time later, attempted to standardize the spellings of the manuscript (discussion of this follows below).[104]

Perhaps the most perplexing question arising from a consideration of the evidence for extensive activity by various correctors and readers of the present manuscript (and of the other poetic codices) is why so many unintelligible forms (or *non*-words) still remain in the codex.[105] Are we to believe that there was such veneration of authority or an exemplar among Anglo-Saxon scribes and readers that they were reluctant to tamper with the received text? The presence of many hundreds of corrections elsewhere in the codex

---

[102] 1933, p. 65 and fn. 36. He says that there are only thirty-one in all of *Christ* (1664 lines of text).

[103] *RES* 10, p. 341.

[104] An examination of the orthography of the major poetic codices is the subject of Megginson's thesis (1992). Inevitably, my observations here are often identical to his since we are analysing the same material. However, his detailed and thorough study was limited in that he had to work with the facsimile (1930) and *ASPR* III, and so did not have details of the hundreds of alterations to the texts of the manuscript noted for the first time in the apparatus to this edition.

[105] This is an issue which also troubles Sisam (see fn. 89 above).

suggests not; they also indicate that both the scribe and subsequent readers of the texts were reading closely and (often) attentively. And if the scribe was also the anthologist of the codex in its present form, then (as demonstrated above) he was working in a deliberate and thoughtful manner. So we are left with the question with which we began. One possibility is that the readers/correctors attempted to restore the accuracy of the text (and to modernize or standardize it) to the extent that they were confident in their activity, but that they left off when confronted by a *locum desperandum*. Another possibility, which has not been entertained previously, is that one scribe, involved somewhere (and perhaps latterly) in the chain of transmission of the texts, may have been a non-native (which is not to say non-Germanic). This is not inconceivable, given that the poems were copied out (perhaps repeatedly) during the period of the Monastic Reform when many foreigners were summoned from overseas to assist in the programme of restoring regular life in the monasteries and a higher level of intellectual life in general. Such a scribe, less confident than a native-speaker with the text before him, might have been inclined to misread the original, especially given the irregularity of spacing between words and the non-standardized spelling system. The participation of such a scribe in the process of textual transmission might also account for the number of forms that have been altered, yet which remain incorrect or unintelligible. An equally puzzling and related question is why common and everyday forms such as *warena* and *fæst* repeatedly give the scribe so much trouble (see, for example, *Juliana* ll. 322, 437 and 544 and examples below).

To begin with, the scribe regularly confuses a number of letters having similar forms, especially *þ-wynn*, *p-wynn*, *s-wynn*, *n-h*, *s-f* and *d-ð*.[106] Of particular interest is his trouble with *f-s*: for example, in *Advent* l. 12 he writes *cræstga* for *cræftga*, and in *Riddles*, *swistne* for *swiftne* (19.3), *efne* for *esne* (27.8) and *swistre* for *swiftre* (84.3). A

---

[106] Blake retains the evidence of interchange of *d-ð/þ* as indicative of the fluid orthography in the tenth century (*The Phoenix*, pp. 5-7); Megginson (1992, pp. 196-7) comments with respect to the *d-ð* confusion in the MS: "This confusion is so frequent that it might be better to classify it as a (possibly inadvertent) part of the scribal spelling system, possibly reflecting the development of the sound [ð] in a scribe's dialect".

significant factor in most of these and other similar instances is that the scribe wrote out an unacceptable word and left it to stand. On the other hand, at *Riddle* 15.2 he has *swift*, with *f* corrected from *s*, and at *Descent* (l. 20) *onfeng*, with *f* altered from *s*. In *Gifts* (l. 109), the MS has *peaw fæft ne*, written over an erased area, so that though altered the "corrected" reading is still an unacceptable Old English word; a similar situation is found at *Phoenix* l. 15, where the MS has *fnæft*, with *n* over an erasure. (The scribe writes *fæft-* for *fæst-* on a number of occasions elsewhere in the codex; e.g. *Riddle* 56.7 [*biid fæft*]).

He also writes *m* for *ni* on a number of occasions, though the recorded forms are clearly nonsensical (see *Advent* l. 361, *Chr. in Jud.* l. 463, *Guthlac (A)* l. 696, *Juliana* ll. 128 and 464, *Wanderer* l. 29, *Soul & Body II* l. 40, apparatus and notes).

Certain other corrections and errors indicate at least two stages of transmission for the texts in which they occur; for example, at *Advent* l. 419 the MS has *niht* for *wiht*, suggesting an earlier (Northumbrian) form *uiht* which has been misconstrued as *niht*. (A similar [though more complicated] explanation has been proposed by Williamson to account for *hwylc* in *Riddle* 42.11 — see the note to that line.) In *Chr. in Jud.* lines 9a and 33b have *onsyne beorg* in the MS, suggesting that the scribe may have mistaken "on Mount" for the more common word "face" (*onsyne* < *onsiene* < *onsione*). In *Juliana* l. 482a the scribe writes *hyra dreorge*, which Grein suggests is for *heorudreorge*, apparently substituting *hyra* for *heoru*, which he thought was for *heora* from *he* (*ASPR* III and some other editors retain the MS forms here); and *gesingan* in *Juliana* l. 54 suggests the development *gesinhigan* > *gesinigan* > *gesingan*. In *Riddle* 26.12 the MS has *hype* for *hyde*, suggesting an earlier form *hyðe* (mistakenly for *hyde*) which was subconsciously changed to *hype* during transmission.

Megginson rightly notes (1992, pp. 195-201) that the scribe (or a corrector) is concerned to achieve a certain uniformity of spelling across the whole codex, at least with respect to some lexical items. For example: the scribe uses *halg-* forms of *halig* before *e*-inflexions almost exclusively (thirty-three out of thirty-five times), including *Juliana* l. 533, where the MS has *halige* with *i* underpointed for deletion. *Dryhtn-* is the scribe's usual form of inflected *dryhten*; at

Whale 1. 83 the form *dryhtene* appears, but the scribe/corrector has subsequently underpointed the first *e* for deletion, thus achieving uniformity throughout. Likewise, *ealdor* is preferred exclusively to *aldor*, whereas *waldend* is used to the total exclusion of *wealdend*, suggesting that in the Exeter manuscript, "this consistency, especially in the more common nouns, suggests that spellings were standardised for each word rather than for a general phonological environment". [107] In another instance the scribe/corrector has altered a unique spelling to achieve utter consistency across the codex: there are twenty-seven occurrences of *sægd-*, but one of *sæde* (*Panther* 1. 34); the scribe/corrector has subsequently squeezed in a *g* after the *æ* in the exceptional form. Similarly, *þam* is found throughout the codex (two hundred and eighty-nine times), though at *Whale* 1.6 the scribe began to write *þæm*, but pulled himself up when he began to make the bow of the *e* component of the *æ*, leaving a small hook projecting from the *a*. The important point here is that he *almost* wrote *þæm*, suggesting that the form was recognized as acceptable, though it is not his preferred form. The scribe uses the spelling *swylc* throughout (fifty-five times), with the exception of *swilc* at *Guthlac (A)* 1. 756; however, the scribe/corrector has subsequently added a small *y* beneath the *i* of this form, once again, to achieve uniformity. [108] In two poems, *Soul and Body II* and *Descent*, the scribe/corrector has erased final *c* on forms of the personal pronoun (viz., *mec, þec, usic*); there are a few other sporadic instances of this alteration throughout the manuscript. Megginson (1990, pp. 200-01) notes that the scribe's general practice in the codex is to use *-c* forms for the accusative to distinguish them from the dative, making it unlikely that these erasures were made by him.

Many other similar alterations to less frequently used words are noted throughout in the apparatus. The scribe/corrector often underpoints a letter which is to be ignored in order to achieve the

---

[107] Megginson (1992, p. 179).

[108] Similarly, *Guthlac (A)* 1. 751 has *selfe*, with a small *y* added below; *e*-spellings of this word subsequently occur only twice elsewhere in the manuscript, against one hundred and twenty-three occurrences of *sylf-* spellings (obviously the norm or preferred spelling of the scribe) — see the apparatus note to that line.

required form: this is interesting in that underpointing does not obliterate the original form, and so announces even more overtly the attempt to standardize the spellings than if the original had been erased and re-written.[109]   *Widsith* 1. 49 has *heaðo bearna,* with *d* added interlinearly above after the *r,* to restore a consonant lost in a group of three. And *Juliana* 1. 72 has *modsifan,* with *i* being formed by scraping away part of the loop of earlier *e.* Examples of *y* altered from original *i* include: *Panther* 1. 43 (*wynsumast*), *Judgement Day I* 1. 51 (*byman*), *Soul and Body II* 1. 116 (*gerymeð*), *Riddle* 26.3 (*dyfde*). *Ruin* 1. 9 has *wag,* altered from earlier *wæg* by erasing the bow of the *e* component of the *æ.*

Many levelled inflexions have been restored to "standard" forms — these changes are numerous and largely "invisible" in photographic reproductions; they include: *Juliana* 1. 508, MS *gewordun* with *-un* altered from *-um; Seafarer* 1. 10 has *seofedun* altered from *-um; Riddle* 27.3 has *wægun* (< *-um*) and 40.100 has *brucan* (< *-am*).[110] A dramatic example of the tendency to level the inflexions occurs at *Riddle* 83.8, where the scribe began to write a final *m* on *mæge-n,* but stopped mid-way through (this is visible even in the facsimile). In *Judgement Day I* 1. 113 the scribe wrote *foldun,* but then joined the tops of the minims and added a tail to the *u* to transform it into an *a.*

Similarly, many forms have been corrected/altered, but remain unacceptable; these include: *Maxims I (B)* 1. 30, where the MS has *behlið* (for *belihð*); *Riddle* 6.10 has *betan* for *bete*; *Lord's Prayer I* 1. 10 has *freo don* (for *freodom*), with *-don* over an erasure.

There is considerable evidence for corrections made "in progress"; these include: *Juliana* 1. 270, *stapelian* with *e* altered from *i*; 1. 432, *wigprist* with *þ* altered from *wynn* (numerous letters altered in this fashion are detectable because of residual "tell-tale" serifs — all occurrences are noted in the apparatus); *Descent* 1. 50 has *bi locen* with

---

109 Examples include *Chr. in Jud.* 1. 529 (*sceapan* > *scapan*), *Canticles* 1. 143 (*heofon fugulas* > *heofon fuglas*) and *Phoenix* 1. 333 (*mearmstane* > *marmstane*).

110 At *Seafarer* 1. 75 the scribe made a mental error, writing *fremman* for *fremum,* which suggests that the two forms may have sounded identical to him.

l altered from *b*, part of which is used to form the following *o*; another example of *b* altered to *l* is found in *Lord's Prayer I* 1. 7 *(helpend)*.

Uncorrected nonsense-forms remain in abundance; they include: *Juliana* 1. 338, MS *neod cyrreð* for *ne oðcyreð*; *Precepts* 1. 53 MS *geogum* for *geongum*; *Vainglory* 1. 21 has *beane* for *beame*, and in 1. 43 *brondas pencan* for *brand aswencan*; and in *Riddles*, 40.77 has *onflonde* for *on flode*; 66.1 has *mindangeard* for *middangeard*, 73.24 has *hrægnlocan* for *brægn-*.

Other forms are corrected, but the pre-correction form was nonsensical; for example: *Gifts* 1. 112, where MS *leoht* is corrected from earlier *leont*

A final kind of error is where the scribe has made a mental slip and substituted one form of a word for another; for example, in *Riddle* 84.5 he has written *yrnan*, though *rinnan* is required by the alliteration.

From this synopsis of the activity of the scribe and/or corrector(s) of the manuscript, it can be concluded that the scribe was not copying what he found in his exemplar(s) mechanically or *literatim*. However, the evidence of the alterations to the original texts and of the text left to stand after alteration — presumably after it had been read quite carefully — leaves many questions unanswered and raises others not previously entertained. It may not be possible to arrive at a more satisfactory understanding of the surviving manuscript evidence for scribal activity until a complete review of the phonology and spelling *of the recorded forms* of the other principal codices is concluded in conjunction with a thorough analysis of all changes (whatever the source) to their original texts.

The Texts

AUTHORSHIP AND DATING

Little can be said about who first composed the poems transmitted in *The Exeter Anthology*, except that *Ascension* and *Juliana* contain Cyn(e)wulfian runic signatures, and that *Deor* may recount the experiences of a real poet-philosopher. Otherwise the texts are anonymous and even lack titles in the manuscript. It has been pointed out in the

Commentary to the texts that a number of poems have a considerable concentration of northern features, suggesting either a Northumbrian or Mercian origin for them. I am in agreement with Blake (1977, pp. 14-27) in concluding that there is little reason to believe that any of the poems in the anthology dates from much before the Alfredian period, perhaps with the exception of the three lists embedded in *Widsith*. Blake observes,

> Scholars have been too prone to present Old English poetry in a finely descending curve of excellence, though there is little concrete evidence to support such a view. (p.15)

He points out that if there had been a decline in Old English poetry in the tenth century, it would have been peculiar for Ælfric to adopt the alliterative style in writing his homilies; he concludes,

> The most reasonable explanation is that in Ælfric's time the alliterative style was a recognized medium of religious instruction, which in its turn implies that the use of vernacular poetry for religious ends was a common feature in the tenth century. (p.18)

The burden of establishing an earlier dating for the poems lies with critics who wish to develop that thesis. [111]

---

[111] In his Chapter VI ("Poetry and Cultural History" [1993, pp. 148-64]), Conner presents a brief outline of his case for associating particular datable poetic styles and influences with each of his proposed booklets, arguing that there is no reason to date any of the poetry to the pre-Alfredian period, including the Cynewulfian poems. His analysis foreshadows a more detailed monograph-length literary study of the poems of the manuscript. Thus it seems prudent to wait for the appearance of that study before attempting to address his arguments in detail.

Texts

A NOTE ON EDITORIAL PROCEDURES AND CONVENTIONS

Words supplied by the editors are enclosed in square brackets; other restorations and emendations are not marked in the text, but are noted at the foot of each page. The dots indicating lost text in the damaged sections of the manuscript do not correspond on a one-to-one basis to the number of letters lost since — given the varying width of letters — it is impossible to calculate such things with any certainty when the gaps are large; the length of each gap, however, is given in the notes in millimetres. Abbreviations are expanded silently. Runic *wynn* is transliterated as Latin *w*. Roman numerals have been printed as proper Old English words in order to show how they participate in alliterative patterns. Runes have been treated variously, according to their immediate context and function, but the runes themselves have not been reproduced (though they are, of course, discussed). Some limited restoration of damaged words has been attempted when it seemed a likely reading could be restored without taking undue liberty with the texts; more extensive restorations, mostly conjectured by nineteenth-century editors, have been noted in the textual Commentary. Proper names have been capitalized, though epithets for the Deity have not. Where there is uncertainty as to whether a form is a proper or a common noun, it has been noted in the Commentary. Notes on the MS describing capitalization, punctuation, spacing, accents, illustration, marginalia and damage are placed at the foot of each page; notes on modern interlinear annotations are found in the apparatus and the Introduction. In the apparatus note to the opening line of each *Riddle* we have given the number assigned to that text by *ASPR* and William-son in the form "*ASPR - 00, W - 00*"; the numbers are more at variance for the series 61-94 than for *Riddles* 1-59.

The Advent Lyrics

LYRIC ONE

O Rex gentium et desideratus earum, lapisque angularis qui facis utraque unum: veni et salva hominem quem de limo formasti. "O King of the people and their hearts' desire; O Cornerstone, who makes both things one: come and save humanity whom you have fashioned from clay."

8r
　　　　　　　　　　　　　… cyninge.
　Ðu eart se weallstan　þe ða wyrhtan iu
3　wiðwurpon to weorce.　Wel þe geriseð
　þæt þu heafod sie　healle mærre
　ond gesomnige　side weallas
6　fæste gefoge,　flint unbræcne,
　þæt geond eorðb[yrg] eall　eagna gesihþe
　wundrien to worlde　wuldres ealdor.
9　Gesweotula nu þurh searocræft　þin sylfes weorc,
　soðfæst, sigorbeorht,　ond sona forlet
　weall wið wealle.　Nu is þam weorce þearf
12　þæt se cræftga cume,　ond se cyning sylfa,

---

1 *This folio is defaced by slash marks made with a sharp instrument (one of which has pierced the parchment) and is extremely worn, making the text difficult to ascertain at times. In addition to the large stain across the centre of lines 9-18, there are also a number of rust-coloured marks on its surface. Within the text writing area there are four holes of different size. Many of the readings on folio 8r-v have been recovered using ultra-violet photography. The openings of some of the lyrics (4, 7, 9, and 11) are visually set off from the preceding section by the special use of a combination of punctuation, spacing and capitalisation. However, in the majority of cases (lyrics 2, 3, 5, 6, 8, 10 and 12) the scribe has not drawn any attention to the beginning of a new lyric. Naturally, nothing can be said about the beginning of the first lyric, which has been lost. See the notes at the beginning of each lyric for details concerning its treatment.*
2 iu] *accented.*
4 heafod] *MS* heafoð.
7 eagna] n *is erased after the final* a.
10 forlet] *The* e *is hooked.*
12 cræftga] *MS* cræstga.

ond þonne gebete,   nu gebrosnad is,
hus under hrofe.   He þæt hra gescop,
15   leomo læmena.   Nu sceal liffrea
þone wergan heap   wraþum ahreddan,
earme from egsan,   swa he oft dyde.

LYRIC TWO

*O clavis David, et sceptrum domus Israel, qui aperis et nemo
claudit; claudis et nemo aperit: veni et educ vinctum de domo
carceris, sedentem in tenebris et umbra mortis.* "O Key of
David and Sceptre of the House of Israel; you who opens
and no one closes; who closes and no one opens: come and
lead the captive sitting in darkness and the shadow of death
from his prison-house."

18   Eala þu reccend   ond þu riht cyning
se þe locan healdeð,   lif ontyneð,
eadgu[m] upwegas,   oþrum forwyrneð
21   wlitigan wilsiþes,   gif his weorc ne deag.
Huru we for þearfe   þas word sprecað,
ond m[y]ndgiað   þone þe mon gescop
24   þæt he ne læte   [to l]ose weorðan
cearfulra þing,   þe we in carcerne
sittað sorgende,   sunnan wenað,
27   hwonne us liffrea   leoht ontyne,
weorðe ussum mode   to mundboran
ond þæt tydre gewitt   tire bewinde,
30   gedo usic þæs wyrðe,   þe he to wuldre forlet,

---

14 hus] *accented.*
18 a þu] *MS* þa.   ond] *The abbreviation sign for* ond *is visible with ultra-violet
light. This section begins in the middle of the first line of the folio (9v) and is not
specially marked; see note to line 1 above.*
20 eadgan] *MS damaged.*   forwyrneð] *The final letter is visible in the MS and in
the ultra-violet photograph; ASPR (p. 248) rightly reports that it cannot be seen in
the facsimile. See the commentary for a discussion of the readings in ll. 18-24.*
23 myndgiað] *MS damaged.*   gescop] *accented.*
24 to lose] *MS damaged.*

þa we heanlice hweorfan sceoldan
on þis enge lond, eðle bescyrede.

33 Forþon secgan mæg se ðe soð spriceð
þæt he ahredde, þa forhwyrfed wæs,
frumcyn fira. Wæs seo fæmne geong,

8v mægð manes leas, þe he him to meder geceas;
þæt wæs geworden butan weres frigum,
þæt þurh bearnes gebyrd bryd eacen wearð.

39 Nænig efenlic þam ær ne siþþan
in worlde gewearð wifes gearnung —
þæt degol wæs, dryhtnes geryne.

42 Eal giofu gæstlic grundsceat geondspreot;
þær wisna fela wearð inlihted
lare longsume þurh lifes fruman

45 þe ær under hoðman biholen lægon,
witgena woðsong, þa se waldend cwom,
se þe reorda gehwæs ryne gemiclað

48 ðara þe geneahhe noman scyppendes
þurh horscne had hergan willað.

LYRIC THREE

O Hierusalem, civitas Dei summi: leva in circuitu oculos tuos, et vide Dominum tuum, quia jam veniet solvere te a vinculis. "O Jerusalem, city of God most High: raise up your eyes to heaven and behold your Lord, who comes now to release you from your shackles."

---

31 we] *MS* þe.
32 enge lond] *These words have been noted in the margin in a modern hand, perhaps because they were interpreted as a reference to "England"; see the note to l. 50 below.*
33 ðe] *This is followed by a small abrasive area where 1-2 letters are erased (a part of an ascender is visible).*
36 he / him] *8v begins.*
47 gemiclað] ð *is altered from* d.
49 horscne] *MS* hosc ne.

Eala sibbe gesihð,   sancta Hierusalem,
51 cynestola cyst,   Cristes burglond,
engla eþelstol,   ond þa ane in þe
saule soðfæstra   simle gerestað,
54 wuldrum hremge.   Næfre wommes tacn
in þam eardgearde   eawed weorþeð,
ac þe firina gehwylc   feor abugeð,
57 wærgðo ond gewinnes.   Bist to wuldre full
halgan hyhtes,   swa þu gehaten eart.
Sioh nu sylfa,   þe geond þas sidan gesceaft,
60 swylce rodores hrof   rume geondwlite
ymb healfa gehwone,   hu þec heofones cyning
siðe geseceð   ond sylf cymeð,
63 nimeð eard in þe,   swa hit ær gefyrn
witgan wisfæste   wordum sægdon,
cyðdon Cristes gebyrd,   cwædon þe to frofre
66 burga betlicast.   Nu is þæt bearn cymen,
awæcned to wyrpe   weorcum Ebrea
bringeð blisse þe,   benda onlyseð
9r niþum genedde.   Nearoþearfe conn,
hu se earma sceal   are gebidan.

LYRIC FOUR

O Virgo virginum, quomodo fiet istud, quia nec primam
similem visa es nec habere sequentem? Filiae Jerusalem,
quid me admiramini? Divinum est mysterium hoc quod
cernitis. "O Virgin of virgins, how shall this come about?
For one like you has never been seen before, nor will there
be a successor. O daughters of Jerusalem, why are you

50 Hierusalem] hierusalem *is also written in the left margin opposite in a modern*
hand. This section begins with the third last word in the ninth line of the folio (8v)
and is not specially marked; see note to line 1 above.
60 geondwlite] *MS* geondwlitan.
64 wordum] d *is altered from* ð.
69 genedde] *MS* geneðde.   nearo- / þearfe] *9r begins.*
70 *Punctuation:* :-:7

amazed by my situation? The mystery which you perceive is
divine in nature."

    "Eala wifa wynn   geond wuldres þrym,
72 fæmne freolicast ofer ealne foldan sceat
    þæs þe æfre sundbuend secgan hyrdon,
    arece us þæt geryne þæt þe of roderum cwom,
75 hu þu eacnunge æfre onfenge
    bearnes þurh gebyrde ond þone gebedscipe
    æfter monwisan mod ne cuðes.
78 Ne we soðlice swylc ne gefrugnan
    in ærdagum æfre gelimpan,
    þæt ðu in sundurgiefe swylce befenge,
81 ne we þære wyrde wenan þurfon
    toweard in tide. Huru treow in þe
    weorðlicu wunade, nu þu wuldres þrym
84 bosme gebære, ond no gebrosnad wearð
    mægðhad se micla. Swa eal manna bearn
    sorgum sawað, swa eft ripað,
87 cennað to cwealme." Cwæð sio eadge mæg
    symle sigores full, sancta Maria:
    "Hwæt is þeos wundrung þe ge wafiað
90 ond geomrende gehþum mænað
    sunu Solime somod his dohtor?
    Fricgað þurh fyrwet hu ic fæmnan had,
93 mund minne geheold, ond eac modor gewearð
    mære meotudes suna? Forþan þæt monnum nis
    cuð geryne ac Crist onwrah

---

71 *MS* EAla... *This section is preceded by one blank line — note that this*
gathering is ruled for 23 lines. The initial is half in the margin, and intrudes into
the first three lines of text; initials: 34 mm and 11.5 mm. A modern hand has
written Hymnus in laude virginis Mariæ *before the section, and the first seven*
lines have an interlinear modern English translation.
74 geryne] *Final* e *is altered from* o.
80 ðu] *The crossbar of* ð *has a unique form (which is difficult to see in the*
facsimile because of the dark stain on this folio).   befenge] *The* f *is crowded as*
if added later; compare the spacing of sundurgiefe.
91 Solime] *The* e *is hooked.*

96   in Dauides dyrre mægan
       þæt is Euan scyld eal forpynded,
       wærgða aworpen, ond gewuldrad is
99   se heanra had. Hyht is onfangen
       þæt nu bletsung mot bæm gemæne,
       werum ond wifum, a to worulde forð
102   in þam uplican engla dreame
9v   mid soðfæder symle wunian."

LYRIC FIVE

O Oriens, splendor lucis aeternae et sol justitiae: veni et
illumina sedentem in tenebris et umbra mortis. "*O Morning*
Star, Splendor of eternal Light and Sun of Justice: come and
shine upon humanity sitting in darkness and the shadow of
death."

       Eala earendel, engla beorhtast,
105   ofer middangeard monnum sended,
       ond soðfæsta sunnan leoma,
       torht ofer tunglas, þu tida gehwane
108   of sylfum þe symle inlihtes.
       Swa þu, god of gode gearo acenned,
       sunu soþan fæder, swegles in wuldre
111   butan anginne æfre wære,
       swa þec nu for þearfum þin agen geweorc
       bideð þurh byldo, þæt þu þa beorhtan us
114   sunnan onsende ond þe sylf cyme

---

98 wærgða] *The* g *has been squeezed in below the line of writing in a slightly*
smaller script, probably by the same hand. aworpen] a *accented.*
99 had] *accented.*
101 a] *accented.*
102 dreame / mid] *9v begins.*
104 eala] *This section begins in the middle of the first line of the folio (9v) and is*
not specially marked; see note to line 1 above.
108 symle] e *is over an erased letter.*
113 byldo] b *is altered from* h.

      þæt ðu inleohte   þa þe longe ær,
      þrosme beþeahte   ond in þeostrum her,
117   sæton sinneahtes;   synnum bifealdne
      deorc deaþes sceadu   dreogan sceoldan.
      Nu we hyhtfulle   hælo gelyfað
120   þurh þæt word godes   weorodum brungen,
      þe on frymðe wæs   fæder ælmihtigum
      efenece mid god   ond nu eft gewearð
123   flæsc firena leas,   þæt seo fæmne gebær
      geomrum to geoce.   God wæs mid us
      gesewen butan synnum;   somod eardedon
126   mihtig meotudes bearn   ond se monnes sunu
      geþwære on þeode.   We þæs þonc magon
      secgan sigedryhtne   symle bi gewyrhtum
129   þæs þe he hine sylfne us   sendan wolde.

      LYRIC SIX

*O Emmanuel, Rex et Legifer noster, exspectatio gentium et
salvator earum: veni ad salvandum nos, Dominus Deus
noster.* "O Emmanuel, our King and Lawgiver, Expectation
of the peoples of the earth and their Saviour: O Lord, our
God, come to save us."

      Eala gæsta god,   hu þu gleawlice
      mid noman ryhte   nemned wære
132   Emmanuhel,   swa hit engel gecwæð
      ærest on Ebresc.   Þæt is eft gereht,
      rume bi gerynum: "Nu is rodera weard,

---

115 ær] *accented.*
118 sceadu] d *is altered from* ð.
124 to geoce] *The ink of* to geo *is blurred slightly, as if this area had still been
damp from making a correction when these letters were added.*
128 sigedryhtne] ne *is over erased letters.*
130 *This section begins with the second word in the eighteenth line of the folio
(9v) and is not specially marked; see note to line 1 above.* gleawlice] ea *is over
erased letters.*
133 eft] *MS* est.

135 god sylfa mid us." Swa þæt gomele gefyrn
ealra cyninga cyning ond þone clænan eac
sacerd soðlice sægdon toweard,
138 swa se mæra iu , Melchisedech,
10r gleaw in gæste godþrym onwrah
eces alwaldan. Se wæs æ bringend,
141 lara lædend, þam longe his
hyhtan hidercyme swa him gehaten wæs,
þætte sunu meotudes sylfa wolde
144 gefælsian foldan mægðe
swylce grundas eac gæstes mægne
siþe gesecan. Nu hie softe þæs
147 bidon in bendum hwonne bearn godes
cwome to cearigum. Forþon cwædon swa
suslum geslæhte: "Nu þu sylfa cum,
150 heofones heahcyning. Bring us hælo lif
werigum witeþeowum, wope forcymenum,
bitrum brynetearum. Is seo bot gelong
153 eal æt þe anum [her for] oferþearfum.
Hæftas hygegeomre hider ges[ec]es
ne læt þe behindan, þonne þu heonan cyrre,
156 mænigo þus micle, ac þu miltse on us
gecyð cynelice, Crist nergende,
wuldres æþeling, ne læt awyrgde ofer us
159 onwald agan. Læf us ecne gefean
wuldres þines, þæt þec weorðien
weoroda wuldorcyning, þa þu geworhtes ær
162 hondum þinum. Þu in heannissum
wunast wideferh mid waldend fæder."

---

137 toweard] d *is altered from* ð.
139 gleaw] ea *over scraped letters.* on- / wrah] 10r begins.
140 æ] accented.
153-54 *MS damaged — see commentary.*
163 *Punctuation:* :7

LYRIC SEVEN

O Joseph, quomodo credidisti quod antea expavisti? Quid enim? In ea natum est de Spiritu Sancto quem Gabrihel annuncians Christum esse venturum. " O Joseph, why did you believe what before you feared? Why indeed? The One whom Gabriel announced would be the coming, Christ, is begotten in her by the Holy Spirit."

[M] "Eala Ioseph min, Iacobes bearn,
165 mæg Dauides, mæran cyninges,
nu þu freode scealt fæste gedælan,
[J] alætan lufan mine." "Ic lungre eam
168 deope gedrefed, dome bereafod,
forðon ic worn for þe worda hæbbe
sidra sorga ond sarcwida,
10v hearmes gehyred, ond me hosp sprecað,
tornworda fela. Ic tearas sceal
geotan geomormod. God eaþe mæg
174 gehælan hygesorge heortan minre,
afrefran feasceaftne. Eala fæmne geong,
[M] mægð Maria." "Hwæt bemurnest ðu,
177 cleopast cearigende? Ne ic culpan in þe,
incan ænigne, æfre onfunde,
womma geworhtra, ond þu þa word spricest
180 swa þu sylfa sie synna gehwylcre
[J] firena gefylled." "Ic to fela hæbbe
þæs byrdscypes bealwa onfongen.
183 Hu mæg ic ladigan laþan spræce

164 *MS* EAla... *This section is preceded by one blank line. The initial has a rounded form, is half in the margin, and intrudes into the first two lines of text; initials: 25 mm and 11.5 mm. There is a partial interlinear gloss in modern English above the first four lines.*
167 alætan] *1st a accented.*
169 worda] *MS* worde; *see commentary.*
170 sarcwida] *1st a accented.*
171 me / hosp] *10v begins.*
174 Maria *has been written in the left margin in a modern hand next to this line.*

oþþe ondsware ænige findan
wraþum towiþere? Is þæt wide cuð
186 þæt ic of þam torhtan temple dryhtnes
onfeng freolice fæmnan clæne,
wommá lease, ond nu gehwyrfed is
189 þurh nathwylces [man]. Me nawþer deag,
secge ne swige. Gif ic soð sprece,
þonne sceal Dauides dohtor sweltan
192 stanum astyrfed. Gen strengre is
þæt ic morþor hele; scyle manswara
laþ leoda gehwam lifgan siþþan
195 fracoð in folcum." Þa seo fæmne onwrah
ryhtgeryno, ond þus reordade:
[M] "Soð ic secge þurh sunu meotudes,
198 gæsta geocend, þæt ic gen ne conn
þurh gemæcscipe monnes ower,
ænges on eorðan, ac me eaden wearð
201 geongre in geardum, þæt me Gabrihel,
heofones heagengel, hælo gebodade.
Sægde soðlice þæt me swegles gæst
204 leoman onlyhte, sceolde ic lifes þrym
geberan, beorhtne sunu, bearn eacen godes,
torhtes tirfruma. Nu ic his tempel eam
207 gefremed butan facne, in me frofre gæst
11r geeardode, nu þu ealle forlæt
sare sorgceare. Saga ecne þonc
210 mærum meotodes sunu þæt ic his modor gewearð,
fæmne forð seþeah, ond þu fæder cweden
woruldcund bi wene; sceolde witedom
213 in him sylfum beon soðe gefylled."

---

187 clæne] e is altered from a by scraping away the tail and adding a medial arm.
189 man] add. ed.
201 Gabrihel has been written in the left margin in a modern hand next to this manuscript line.
206 tirfruma] see commentary.
208 ge- / eardode] 11r begins.

LYRIC EIGHT

O Rex pacifice, tu ante saecula nate, per auream egredere portam: redemptos tuos visita et eos illuc revoca unde ruerunt per culpam. "O King of Peace, you who were born before the ages: come forth through the golden gate, visit those you have redeemed, and summon them back to that place from which they rushed headlong through sin."

Eala þu soða   ond þu sibsuma
ealra cyninga cyning,   Crist ælmihtig,
216   hu þu ær wære   eallum geworden
worulde þrymmum   mid þinne wuldorfæder
cild acenned   þurh his cræft ond meaht.
219   Nis ænig nu   eorl under lyfte
secg searoþoncol,   to þæs swiðe gleaw
þe þæt asecgan mæge   sundbuendum,
222   areccan mid ryhte,   hu þe rodera weard
æt frymðe genom   him to freobearne.
Þæt wæs þara þinga   þe her þeoda cynn
225   gefrugnen mid folcum   æt fruman ærest
geworden under wolcnum,   þæt witig god,
lifes ordfruma,   leoht ond þystro
228   gedælde dryhtlice,   ond him wæs domes geweald,
ond þa wisan abead   weoroda ealdor:
"Nu sie geworden forþ   a to widan feore
231   leoht, lixende gefea,   lifgendra gehwam
þe in cneorissum   cende weorðen."
Ond þa sona gelomp,   þa hit swa sceolde,
234   leoma leohtade   leoda mægþum,
torht mid tunglum,   æfter þon tida bigong.
Sylfa sette   þæt þu sunu wære

214 *This section begins with the first word in the fifth line of the folio (11r) and is not specially marked; see note to line 1 above.*
219 nu] *accented.*
225 gefrugnen] *The* g *added below the line of writing in a smaller script.*

237 efeneardigende mid þinne engan frean
    ærþon oht þisses æfre gewurde.
    Þu eart seo snyttro þe þas sidan gesceaft
240 mid þi waldende worhtes ealle.
    Forþon nis ænig þæs horsc, ne þæs hygecræftig,
11v þe þin fromcyn mæge fira bearnum
243 sweotule geseþan. Cum nu, sigores weard,
    meotud moncynnes, ond þine miltse her
    arfæst ywe. Us is eallum neod
246 þæt we þin medrencynn motan cunnan,
    ryhtgeryno, nu we areccan ne mægon
    þæt fædrencynn fier owihte.
249 Þu þisne middangeard milde geblissa
    þurh ðinne hercyme, hælende Crist,
    ond þa gyldnan geatu, þe in geardagum
252 ful longe ær bilocen stodan,
    heofona heahfrea, hat ontynan,
    ond usic þonne gesece þurh þin sylfes gong
255 eaðmod to eorþan. Us is þinra arna þearf.
    Hafað se awyrgda wulf tostenced,
    deor dædscua, dryhten, þin eowde,
258 wide towrecene. Þæt ðu, waldend, ær
    blode gebohtes, þæt se bealofulla
    hyneð heardlice, ond him on hæft nimeð
261 ofer usse nioda lust. Forþon we, nergend, þe
    biddað geornlice breostgehygdum
    þæt þu hrædlice helpe gefremme
264 wergum wreccan, þæt se wites bona
    in helle grund hean gedreose,
    ond þin hondgeweorc, hæleþa scyppend,

---

242 from- / cyn] *11v begins.*
244 miltse] *MS* milstse.
251 gyldnan] y *is written over an erased letter.*
252 longe] o *is altered from* u.
257 dædscua] *For* dædscuan; *see commentary.* eowde] wynn *is altered from* r
and d *from* ð: *the MS originally had* eorðe.
265 gedreose] *3rd* e *is over an erased letter.*

267   mote arisan   ond on ryht cuman
      to þam upcundan   æþelan rice,
      þonan us ær þurh synlust   se swearta gæst
270   forteah ond fortylde,   þæt we, tires wone,
      a butan ende   sculon ermþu dreogan,
      butan þu usic þon ofostlicor,   ece dryhten,
273   æt þam leodsceaþan,   lifgende god,
      helm alwihta,   hreddan wille.

LYRIC NINE

*O mundi Domina, regio ex semine orta, ex tuo jam Christus
processit alvo, tanquam sponsus de thalamo; hic jacet in
praesepio qui et sidera regit.*   "O Lady of the universe,
sprung from royal seed: Christ has now come forth from
your womb like the groom from the bridal chamber; He lies
in a manger who also rules the stars."

      Eala þu mæra   middangeardes
12r   seo clæneste   cwen ofer eorþan
      þara [þ]e gewurde   to widan feore,
      hu þec mid ryhte   ealle reordberend
279   hatað ond secgað,   hæleð geond foldan,
      bliþe mode,   þæt þu bryd sie
      þæs selestan   swegles bryttan.
282   Swylce þa hyhstan   on heofonum eac,
      Cristes þegnas,   cweþað ond singað
      þæt þu sie hlæfdige   halgum meahtum
285   wuldorweorudes,   ond worlcundra
      hada under heofonum   ond helwara.

---

274 *Punctuation:* :7
275 *MS* EAla... *There is no blank line before this section (almost half the
previous line, however, is blank). The initial is half in the margin and rounded in
shape; initials: 19 mm and 9 mm.* mæra] *see commentary.*
276 cwen / ofer] *12r begins.* eorþan] eo *is over erased letters.*
277 þe] *A letter has been scraped away where the* þ *is supplied here.*
285 worlcundra] *For* worldcundra; *see commentary.*

Forþon þu þæt ana   ealra monna
288   geþohtest þrymlice,   þristhycgende,
þæt þu þinne mægðhad   meotude brohtes
sealdes butan synnum.   Nan swylc ne cwom
291   ænig oþer   ofer ealle men,
bryd beaghroden,   þe þa beorhtan lac
to heofonhame   hlutre mode
294   siþþan sende.   Forðon heht sigores fruma
his heahbodan   hider gefleogan
of his mægenþrymme   ond þe meahta sped
297   snude cyðan,   þæt þu sunu dryhtnes
þurh clæne gebyrd   cennan sceolde
monnum to miltse,   ond þe, Maria, forð
300   efne unwemme   a gehealden.
Eac we þæt gefrugnon,   þæt gefyrn bi þe
soðfæst sægde   sum woðbora
303   in ealddagum,   Esaias,
þæt he wære gelæded   þæt he lifes gesteald
in þam ecan ham   eal sceawode.
306   Wlat þa swa wisfæst   witga geond þeodland
oþþæt he gestarode   þær gestaþelad wæs
æþelic ingong.   Eal wæs gebunden
309   deoran since   duru ormæte,
wundurclommum bewriþen.   Wende swiðe
þæt ænig elda   æfre [ne] meahte
312   swa fæstlice   forescyttelsas
on ecnesse   o inhebba,
oþþe ðæs ceasterhlides   clustor onlucan,

---

290 swylc] swy *is over an erasure.*
292 beaghroden] *MS* beaga hroden.
300 a gehealden] *MS* age healden; see commentary.*
302 soðfæst] st *is over erased letters: a* g *is visible beneath* t, *as is part of a descender beneath* s.
304 gelæded] *This is preceded by an erased letter (still partly visible).*
306 wisfæst] *MS* wis fæft.
311 ne] *add. ed.*
313 inhebba] *see commentary.*

12v ær him godes engel þurh glædne geþonc
   þa wisan onwrah ond þæt word acwæð:
   "Ic þe mæg secgan þæt soð gewearð
318 þæt ðas gyldnan gatu giet sume siþe
   god sylf wile gæstes mægne
   gefælsian, fæder ælmihtig,
321 ond þurh þa fæstan locu foldan neosan,
   ond hio þonne æfter him ece stondeð
   simle singales swa beclysed
324 þæt nænig oþer, nymðe nergend god,
   hy æfre ma eft onluceð."
    Nu þæt is gefylled þæt se froda þa
327 mid eagum þær on wlatade.
   Þu eart þæt wealldor, þurh þe waldend frea
   æne on þas eorðan ut siðade
330 ond efne swa þec gemette, meahtum gehrodene,
   clæne ond gecorene, Crist ælmihtig.
   Swa ðe æfter him engla þeoden
333 eft unmæle ælces þinges
   lioþucægan bileac, lifes brytta.
   Iowa us nu þa are þe se engel þe,
336 godes spelboda, Gabriel brohte.
   Huru þæs biddað burgsittende
   þæt ðu þa frofre folcum cyðe,
339 þinre sylfre sunu. Siþþan we motam
   anmodlice ealle hyhtan,
   nu we on þæt bearn foran breostum stariað.
342 Geþinga us nu þristum wordum
   þæt he us ne læte leng owihte
   in þisse deaðdene gedwolan hyran,
345 ac þæt he usic geferge in fæder rice,

---

315 him / godes] *12v begins.*
318 siþe] þ *is altered from* wynn *by adding an ascender to it — a tell-tale serif is visible at the top of the bow. The alteration was made later by a different pen (the flag is finer and has sharper angles).*
322 stondeð] *see commentary.*
339 motam] *see commentary.*

þær we sorglease siþþan motan
wunigan in wuldre mid weoroda god.

LYRIC TEN

O cœlorum Domine, qui cum Patre sempiternus, es una cum
Sancto Spiritu, audi nos famulos: veni ad salvandum nos;
jam noli tardare. "O Lord of the heavens, you who are
eternal with the Father, and one with the Holy Spirit, hear
your servants: come and save them now; do not delay."

348   Eala þu halga heofona dryhten,
      þu mid fæder þinne gefyrn wære
      efenwesende in þam æþelan ham.
351   Næs ænig þa giet engel geworden
      ne þæs miclan mægenþrymmes nan
      ðe in roderum up rice biwitigað,
13r   þeodnes þryðgesteald ond his þegnunga,
      þa þu ærest wære mid þone ecan frean
      sylf settende þas sidan gesceaft,
357   brade brytengrundas. Bæm inc is gemæne
      heahgæst hleofæst. We þe, hælend Crist,
      þurh eaðmedu ealle biddað
360   þæt þu gehyre hæfta stefne,
      þinra niedþiowa, nergende god,
      hu we sind geswencte þurh ure sylfra gewill.
363   Habbað wræcmæcgas wergan gæstas,

---

347 wunigan] *The* g *was added later in a slightly smaller script at the foot of the* i
below the line of writing.
348 *This section begins with the first word in the twentieth line of the folio (12v)*
and is not specially marked; see note to line 1 above.
352 nan] *accented.*
353 *The scribe has written* uprice, *either ignoring or not noticing the caesura here.*
354 þryðgesteald / ond] *13r begins.*
359 eaðmedu] *MS* eadmedu, *with a crossbar added to the 1st* d *to form* ð.
361 niedþiowa] *MS* med þio wa (*with* wa *at the beginning of the next manu-*
script line).

hetlen helsceaþa, hearde genyrwad,
gebunden bealorapum. Is seo bot gelong
366 eall æt þe anum, ece dryhten.
Hreowcearigum help, þæt þin hidercyme
afrefre feasceafte, þeah we fæhþo wið þec
369 þurh firena lust gefremed hæbben.
Ara nu onbehtum ond usse yrmþa geþenc,
hu we tealtrigað tydran mode,
372 hwearfiað heanlice. Cym nu, hæleþa cyning,
ne lata to lange. Us is lissa þearf,
þæt þu us ahredde ond us hælogiefe
375 soðfæst sylle, þæt we siþþan forð
þa sellan þing symle moten
geþeon on þeode, þinne willan.

LYRIC ELEVEN

*"Laudemus Dominum quem laudant angeli, quem Cherubim
et Seraphim: Sanctus, Sanctus, Sanctus proclamant.* "Let us
praise the Lord, whom the angels praise, whom the
Cherubim and Seraphim proclaim, 'Holy, holy, holy.'"

*"Sanctus, sanctus, sanctus dominus deus sabaoth; pleni
sunt cœli et terrae gloria tuae; hosanna in excelsis.
Benedictus qui venit in nomine domini. Hosanna in
excelsis.* "Holy, holy, holy Lord God of Hosts. Heaven
and earth are filled with your glory. Hosanna in the highest.
Blessed is he who comes in the name of the Lord. Hosanna
in the highest."

---

364 hetlen helsceaþa] *see commentary.* genyrwad] *Interestingly, the scribe
originally had the correct reading here, but subsequently added a crossbar to the* d
to form an ð.
371 we] *MS* þe. *The scribe joined the preceding* hu *to the MS* þe, *producing a
recognisable Anglo-Saxon word, which may account for this error. However, had
he been reading the poem intelligently as he copied, he would have known that the
word "booty" made no sense in this context.*
377 Punctuation: :7

378   Eala seo wlitige, weorðmynda full,
      heah ond halig, heofoncund þrynes,
      brade geblissad geond brytenwongas
381   þa mid ryhte sculon reordberende
      earme eorðware ealle mægene
      hergan healice, nu us hælend god
384   wærfæst onwrah þæt we hine witan moton.
      Forþon hy, dædhwæte, dome geswiðde,
      þæt soðfæste seraphinnes cynn,
387   uppe mid englum a bremende
13v   unaþreotendum þrymmum singað
      ful healice hludan stefne,
390   fægre feor ond neah. Habbaþ folgoþa
      cyst mid cyninge. Him þæt Crist forgeaf,
      þæt hy motan his ætwiste eagum brucan
393   simle singales, swegle gehyrste,
      weorðian waldend wide ond side,
      ond mid hyra fiþrum frean ælmihtges
396   onsyne wreað, ecan dryhtnes,
      ond ymb þeodenstol þringað georne
      hwylc hyra nehst mæge ussum nergende
399   flihte lacan friðgeardum in.
      Lofiað leoflicne ond in leohte him
      þa word cweþað, ond wuldriað
402   æþelne ordfruman ealra gesceafta:
      "Halig eart þu, halig, heahengla brego,

---

378 *MS* EAla... *This section is preceded by one blank line. The initial is half in the margin, minuscule and rounded in form, and intrudes into the first two lines of text; initials: 23 mm and 7 mm. Although the 'Sanctus' is given as the source for this lyric here, lines 378-99 are clearly inspired by some other yet undiscovered source. Some elements may derive from the 'Common Preface' from the Mass — see commentary.*
384 moton] *2nd* o *is altered from* a.
386 cynn] *accented.*
388 þrymmum / singað] *13v begins.*
396 wreað] *MS* wearð.
403 brego] e *is altered from* o.

soð sigores frea;   simle þu bist halig,
405   dryhtna dryhten.   A þin dom wunað
eorðlic mid ældum   in ælce tid
wide geweorþad.   þu eart weoroda god,
408   forþon þu gefyldest   foldan ond rodoras,
wigendra hleo,   wuldres þines,
helm alwihta.   Sie þe in heannessum
411   ece hælo,   ond in eorþan lof,
beorht mid beornum.   þu gebletsad leofa,
þe in dryhtnes noman   dugeþum cwome
414   heanum to hroþre.   þe in heahþum sie
a butan ende   ece herenis."

LYRIC TWELVE

*O admirabile commercium, Creator generis humani
animatum corpus sumens, de virgine nasci dignatus est, et
procedens homo sine semine, largitus est nobis suam
deitatem.* "O wonderful exchange: the Creator of the human
race, assuming a living body, deigned to be born from a
Virgin; and, becoming man without seed, bestowed on us
His divinity."

Eala hwæt, þæt is wrætlic wrixl   in wera life,
417   þætte moncynnes   milde scyppend
onfeng æt fæmnan   flæsc unwemme,
ond sio weres friga   wiht ne cuþe,
420   ne þurh sæd ne cwom   sigores agend
monnes ofer moldan;   ac þæt wæs ma cræft
þonne hit eorðbuend   ealle cuþan
423   þurh geryne,   hu he, rodera þrim,

404 frea] *accented.*   simle] im *is written over erased letters.*
408 rodoras] a *is altered from* u *(note the tell-tale serif atop the first minim).*
416 *This section begins with the third word from the end of the seventeenth line
of the folio (13v) and is not specially marked; see note to line 1 above.*
419 wiht] *MS* niht.

heofona heahfrea, helpe gefremede
14r monna cynne þurh his modor hrif.
426 Ond swa forðgongende folca nergend
his forgifnesse gumum to helpe
dæleð dogra gehwam, dryhten weoroda.
429 Forþon we hine domhwate dædum ond wordum
hergen holdlice. Þæt is healic ræd
monna gehwylcum þe gemynd hafað,
432 þæt he symle oftost ond inlocast
ond geornlicost god weorþige.
He him þære lisse lean forgildeð,
435 se gehalgoda hælend sylfa,
efne in þam eðle þær he ær ne cwom,
in lifgendra londes wynne,
438 þær he gesælig siþþan eardað,
ealne widan feorh wunað butan ende. Amen.

---

424 gefremede] *Final* e *is written over an erased letter.*
425 þurh / his] *14r begins.*
426 nergend] *A letter has been erased after this.*
430 healic] *This is preceded by an erased letter which had an ascender and a descender.*
439 *The* a *of* Amen *is a tall minuscule form with a pinched bow. Punctuation:*
:7

The Ascension

	Nu ðu geornlice gæstgerynum,
	mon se mæra, modcræfte sec
3	þurh sefan snyttro, þæt þu soð wite
443	hu þæt geeode, þa se ælmihtiga
	acenned wearð þurh clænne had,
6	siþþan he Marian, mægða weolman,
446	mærre meowlan, mundheals geceas,
	þæt þær in hwitum hræglum gewerede
9	englas ne oðeowdun, þa se æþeling cwom,
449	beorn in Betlem. Bodan wæron gearwe
	þa þurh hleoþorcwide hyrdum cyðdon,
12	sægdon soðne gefean, þætte sunu wære
452	in middangeard meotudes acenned,
	in Betleme. Hwæþre in bocum ne cwið
15	þæt hy in hwitum þær hræglum oðywden
455	in þa æþelan tid, swa hie eft dydon
14v	ða se brega mæra to Bethania,
18	þeoden þrymfæst, his þegna gedryht
458	gelaðade, leof weorud. Hy þæs lareowes
	on þam wildæge word ne gehyrwdon,
21	hyra sincgiefan. Sona wæron gearwe,
461	hæleð mid hlaford, to þære halgan byrg,
	þær him tacna fela tires brytta
24	onwrah, wuldres helm, wordgerynum,
464	ærþon up stige ancenned sunu

1 *MS* NUÐUGEORNLICE GÆST. *This poem is preceded by one blank line. The ascender of the initial is in the margin and the first two lines of text are indented in order to accommodate the rest of the letter; initials: 63 mm and 9-10 mm (up to the end of* gæst *at the end of the manuscript line).*
5 had] *accented.*
11 cyðdon] on *is altered from* um *by scraping.*
14 hwæþre] æþ *is written over erased letters.*
17 brega] a *is altered from* o. Bethania / þeoden] *14v begins.*
25 ancenned] a *accented.*

efenece bearn, agnum fæder,
27 þæs ymb feowertig þe he of foldan ær
467 from deaðe aras, dagena rimes.
Hæfde þa gefylled, swa ær biforan sungon,
30 witgena word geond woruld innan
470 þurh his þrowinga. Þegnas heredon,
lofedun leofwendum lifes agend,
33 fæder frumsceafta. He him fægre þæs
473 leofum gesiþum lean æfter geaf,
ond þæt word acwæð waldend engla,
36 gefysed, frea mihtig, to fæder rice:
476 "Gefeoð ge on ferððe. Næfre ic from hweorfe,
ac ic lufan symle læste wið eowic,
39 ond eow meaht giefe ond mid wunige,
479 awo to ealdre, þæt eow æfre ne bið
þurh gife mine godes onsien.
42 Farað nu geond ealne yrmenne grund,
482 geond widwegas, weoredum cyðað,
bodiað ond bremað beorhtne geleafan,
45 ond fulwiað folc under roderum,
485 hweorfað to heofonum. Hergas breotaþ,
fyllað ond feogað, feondscype dwæscað;
48 sibbe sawað on sefan manna
488 þurh meahta sped. Ic eow mid wunige,
forð on frofre, ond eow friðe healde
15r strengðu staþolfæstre on stowa gehware."
491 Ða wearð semninga sweg on lyfte
hlud gehyred. Heofonengla þreat,
54 weorud wlitescyne, wuldres aras,

---

32 lofedun] *MS* lufedun.
36 gefysed] s *is altered from* r *by scraping.* frea] *accented.*
42 farað] *After beginning a lowercase f, the scribe decided to make it uppercase, probably because of the historical importance of the phrase.*
43 widwegas] d *altered from* ð *by scraping away the top part of the crossbar.*
47 ond feogað] ond feo *is written over an erasure.*
51 staþolfæstre / on] *15r begins.*
52 lyfte] *MS* lyste.

494   cwomun on corðre.   Cyning ure gewat
       þurh þæs temples hrof   þær hy to segun
57   þa þe leofes þa gen   last weardedum
497   on þam þingstede,   þegnas gecorene.
       Gesegon hi on heahþu   hlaford stigan,
60   godbearn of grundum.   Him wæs geomor sefa
500   hat æt heortan   hyge murnende,
       þæs þe hi swa leofne   leng ne mostun
63   geseon under swegle.   Song ahofun
503   aras ufancunde,   æþeling heredum,
       lofedun liffruman,   leohte gefegun
66   þe of þæs hælendes   heafelan lixte.
506   Gesegon hy ælbeorhte   englas twegen
       fægre ymb þæt frumbearn   frætwum blican,
69   cyninga wuldor.   Cleopedon of heahþu
509   wordum wrætlicum   ofer wera mengu
       beorhtan reorde: "Hwæt bidað ge,
72   Galilesce   guman on hwearfte?
512   Nu ge sweotule geseoð   soðne dryhten
       on swegl faran;   sigores agend
75   wile up heonan   eard gestigan,
515   æþelinga ord,   mid þas engla gedryht,
       ealra folca fruma,   fæder eþelstoll.

78   We mid þyslice   þreate willað

---

55 corðre] ð *is altered from* d *by adding the crossbar.*
57 weardedum] *MS* wearde dum, *with* dum *at the beginning of the next line;
see commentary.*
63 ahofun] a *accented.*
64 heredum] *see commentary.*
66 *There is a small cross in the margin next to* heafelan.
72 on hwearfte] *MS* onhwearfte, *with* h *altered from* n — *the original serif of
the 1st minim is visible on the ascender of* h.
74 agend] a *accented.*
77 eþelstoll] o *accented. Punctuation:* :7
78 *MS* WE. *This section is preceded by one blank line. The descender of the
initial is in the margin and its pointed bow intrudes into the first two lines of the
text; initials: 57 mm and 10 mm.*   mid] *The first minim of* m *is altered from an
ascender by scraping.*

518   ofer heofona gehlidu hlaford fergan

        to þære beorhtan byrg   mid þas bliðan gedryt,

15v   ealra sigebearna þæt seleste

521   ond æþeleste, þe ge her on stariað

        ond in frofre geseoð frætwum blican.

84   Wile eft swa þeah eorðan mægðe

524   sylfa gesecan side herge

        ond þonne gedeman dæda gehwylce

87   þara ðe gefremedon folc under roderum."

527   Ða wæs wuldres weard wolcnum bifangen,

        heahengla cyning, ofer hrofas upp,

90   haligra helm. Hyht wæs geniwad,

530   blis in burgum, þurh þæs beornes cyme.

        Gesæt sigehremig on þa swiþran hand

93   ece eadfruma agnum fæder.

533   Gewitan him þa gongan to Hierusalem

        hæleð hygerofe, in þa halgan burg,

96   geomormode, þonan hy god nyhst

536   up stigende eagum segun,

        hyra wilgifan. Þær wæs wopes hring;

99   torne bitolden wæs seo treowlufu

539   hat æt heortan, hreðer innan weoll,

        beorn breostsefa. Bidon ealle þær

102   þegnas þrymfulle þeodnes gehata

542   in þære torhtan byrig tyn niht þa gen,

---

79 gehlidu] d *has been altered from* ð — *the lower part of the hairline crossstroke is still visible.*

80 byrg] *There are traces of an erased letter after this word.*   gedryt] *see commentary.*

81 seleste / ond] *15v begins.* seleste] *The final* te *is in the bottom margin at the far right hand side below* seles.

84 þeah] h *is altered from* n; *the serif of the* n *is still visible half way up the ascender.*

88 bifangen] *MS* bifengun.

92 sigehremig] *MS* sige hre mig, *with a* g *erased after the 2nd* e; *its top horizontal stroke is still visible.*

100 hreðer] *MS* hreder.

101 beorn] *The* e *is added above a blank space where an* i *has been erased; it was too broad to fit in the space left by the* i.   bidon] *The* o *is added above an earlier* a.

swa him sylf bibead swegles agend,
105 ærþon up stige ealles waldend
545 on heofona gehyld. Hwite cwoman
eorla eadgiefan englas togeanes.
108 Ðæt is wel cweden, swa gewritu secgað,
548 þæt him albeorhte englas togeanes
in þa halgan tid heapum cwoman,
111 sigan on swegle. Þa wæs symbla mæst
551 geworden in wuldre. Wel þæt gedafenað
þæt to þære blisse, beorhte gewerede,
114 in þæs þeodnes burg þegnas cwoman,
554 weorud wlitescyne. Gesegon wilcuman
on heahsetle heofones waldend,
117 folca feorhgiefan, frætwum ...

[* * *]

16r   ... ealles waldend
557 middangeardes ond mægenþrymmes.

"Hafað nu se halga helle bireafod
120 ealles þæs gafoles þe hi geardagum
560 in þæt orlege unryhte swealg.
Nu sind forcumene ond in cwicsusle
123 gehynde ond gehæfte, in helle grund
563 duguþum bidæled, deofla cempan.
Ne meahtan wiþerbrogan wige spowan,
126 wæpna wyrpum, siþþan wuldres cyning,

106 gehyld] h *originally had two ascenders, the second of which has been scraped away.*
109 albeorhte] *The* a *has been written above earlier* æ — *see commentary.*
117 frætwum / ealles] *16r begins. There is a leaf missing from the manuscript at this point. A new line number has not been inserted when dividing the text here so as not to upset traditional line numbering. This lacuna is not noted in* ASPR III *(p.xii)*
121 unryhte] r *is altered; an original ascender has been erased and a descender added.*
125 ne meahtan] *MS* neahtan *with* me *added above in a smaller script; there is a faint insertion mark below the line of writing.*

566   heofonrices helm, hilde gefremede
       wiþ his ealdfeondum anes meahtum,
129   þær he of hæfte ahlod   huþa mæste
569   of feonda byrig, folces unrim,
       þisne ilcan þreat þe ge her on stariað.
132   Wile nu gesecan   sawla nergend
572   gæsta giefstol, godes agen bearn
       æfter guðplegan. Nu ge geare cunnon
135   hwæt se hlaford is se þisne here lædeð,
575   nu ge fromlice freondum togeanes
       gongað glædmode. Geatu ontynað.
138   Wile in to eow ealles waldend
578   cyning on ceastre, corðre ne lytle,
       fyrnweorca fruma, folc gelædan
141   in dreama dream, ðe he on deoflum genom
581   þurh his sylfes sygor. Sib sceal gemæne
       englum ond ældum a forð heonan
144   wesan wideferh. Wær is ætsomne
584   godes ond monna, gæsthalig treow,
       lufu, lifes hyht, ond ealles leohtes gefea."
147   Hwæt, we nu gehyrdan hu þæt hælubearn,
587   þurh his hydercyme hals eft forgeaf,
       gefreode ond gefreoþade folc under wolcnum,
150   mære meotudes sunu, þæt nu monna gehwylc
16v   cwic þendan her wunat, geceosan mot
       swa helle hienþu swa heofones mærþu,
153   swa þæt leofe leoht swa ða laþan niht,

---

128 anes] a *accented.*
129 ahlod] *with two accents.*
132 gesecan] s *is written over an erased letter, perhaps* r.
135 lædeð] ð *is altered from* d *by adding the crossbar.*
141 genom] *The scribe originally wrote* gem, *but erased the second shoulder of the* m *and added a loop to the right of the minim to produce a flat-sided* o.
143 a] *accented.*
147 nu] *accented.*
148 hals] *The scribe began either an* e *or an* o, *and finished by making an* a.
151 cwic / þendan] *16v begins.* wunat] *For* wunað; *see commentary, and note* bryttað *in l. 243, with* ð *altered from* t. mot] *accented.*
153 leofe] *MS* leohte; *see commentary.*

593   swa þrymmes þræce   swa þystra wræce,
      swa mid dryhten dream   swa mid deoflum hream,
156   swa wite mid wraþum   swa wuldor mid arum,
596   swa lif swa deað,   swa him leofre bið
      to gefremmanne,   þenden flæsc ond gæst
159   wuniað in worulde.   Wuldor þæs age
599   þrynysse þrym,   þonc butan ende.

      Ðæt is þæs wyrðe   þætte werþeode
162   secgen dryhtne þonc   duguða gehwylcre
602   þe us sið ond ær   simle gefremede
      þurh monigfealdra   mægna geryno.
165   He us æt giefeð   ond æhta sped,
605   welan ofer widlond,   ond weder liþe
      under swegles hleo.   Sunne ond mona,
168   æþelast tungla   eallum scinað,
608   heofoncondelle,   hæleþum on eorðan.
      Dreoseð deaw ond ren,   duguðe weccaþ
171   to feorhnere   fira cynne,
611   iecað eorðwelan.   Þæs we ealles sculon
      secgan þonc ond lof   þeodne ussum,
174   ond huru þære hælo   þe he us to hyhte forgeaf,
614   ða he þa yrmþðu   eft oncyrde
      æt is upstige   þe we ær drugon,
177   ond geþingade   þeodbuendum
617   wið fæder swæsne   fæhþa mæste,
      cyning anboren.   Cwide eft onhwearf
180   saulum to sibbe,   se þe ær sungen [wæs]

---

157 lif] *accented.*
160 *Punctuation:* :7
161 Ðæt] *MS* ÐÆT. *This section is preceded by one blank line. The initial is half in the margin and intrudes into the first two lines of the text; initials: 34 mm, 10 mm and 10 mm.*
165 æt] *accented.*
176 is] *For* his; *see commentary.*
178 fæhþa] þ *is altered from* wynn *by adding an ascender; a serif is still visible half way up the ascender of the* þ.
180 wæs] *add. ed.*

620 þurh yrne hyge ældum to sorge:
"Ic þec of eorðan geworhte on þære þu scealt yrmþum lifgan,
17r wunian in gewinne ond wræce dreogan,
623 feondum to hroþor fusleoð galan,
ond to þære ilcan scealt eft geweorþan,
186 wyrmum aweallen, þonan wites fyr
626 of þære eorðan scealt eft gesecan."
Hwæt, us þis se æþeling yðre gefremede
189 þa he leomum onfeng ond lichoman,
629 monnes magutudre. Siþþan meotodes sunu
engla eþel up gestigan
192 wolde, weoroda god, us se willa bicwom
632 heanum to helpe on þa halgan tid.
Bi þon giedd awræc Iob, swa he cuðe,
195 herede helm wera, hælend lofede,
635 ond mid siblufan sunu waldendes
freonoman cende, ond hine fugel nemde,
198 þone Iudeas ongietan ne meahtan
638 in ðære godcundan gæstes strengðu.
Wæs þæs fugles flyht feondum on eorþan
201 dyrne ond degol, þam þe deorc gewit
641 hæfdon on hreþre, heortan stænne.
Noldan hi þa torhtan tacen oncnawan
204 þe him beforan fremede freobearn godes,
644 monig mislic, geond middangeard.
Swa se fæla fugel flyges cunnode;
207 hwilum engla eard up gesohte,

---

182 of] *MS* ofer.
183 gewinne / ond] *17r begins.*
188 us] *accented.*
189 leomum] o *accented.*
192 us] *accented.*
193 tid] *accented.*
194 awræc] a *accented.*
199 strengðu] g *is added below in a smaller script, apparently by the same hand.*
201 degol] o *was added afterwards, and is slightly smaller than normal.*
205 mislic] 2nd i *accented. The space between* mislic *and* geond *is not generous, but the scribe has inserted a point to mark the caesura.*
206 fæla] *accented.*

647   modig meahtum strang, þone maran ham,
         hwilum he to eorþan eft gestylde,
210   þurh gæstes giefe grundsceat sohte,
650   wende to worulde. Bi þon se witga song:
         "He wæs upp hafen engla fæðmum
213   in his þa miclan meahta spede,
653   heah ond halig, ofer heofona þrym."
17v   Ne meahtan þa þæs fugles flyht gecnawan
216   þe þæs upstiges ondsæc fremedon,
656   ond þæt ne gelyfdon, þætte liffruma
         in monnes hiw ofer mægna þrym,
219   halig from hrusan, ahafen wurde.
659   Ða us geweorðade se þas world gescop,
         godes gæstsunu, ond us giefe sealde,
222   uppe mid englum ece staþelas,
662   ond eac monigfealde modes snyttru
         seow ond sette geond sefan monna.
225   Sumum wordlaþe wise sendeð
665   on his modes gemynd þurh his muþes gæst,
         æðele ondgiet. Se mæg eal fela
228   singan ond secgan þam bið snyttru cræft
668   bifolen on ferðe. Sum mæg fingrum wel
         hlude fore hæleþum hearpan stirgan,
231   gleobeam gretan. Sum mæg godcunde
671   reccan ryhte æ. Sum mæg ryne tungla
         secgan, side gesceaft. Sum mæg searolice
234   wordcwide writan. Sumum wiges sped
674   giefeð æt guþe, þonne gargetrum
         ofer scildhreadan sceotend sendað,

---

208 meahtum] *The 2nd minim of* u *is over an erasure.*
215 flyht] h *is added above in a smaller script, perhaps by the same hand; there is
a faint insertion stroke below. Cf.* gedryt, *l. 81.* gecnawan / þe] *17v begins.*
218 hiw] i *is over an erased letter which had a descender.*
219 from] *accented.*
223 snyttru] n *is over an erased letter.*
232 æ] *accented.*
234 sumum] *MS* sum, *with* um *added above.* sped] s *is altered from* wynn *by
scraping.*

237   flacor flangeweorc. Sum mæg fromlice
677   ofer sealtne sæ   sundwudu drifan,
        hreran holmþræce. Sum mæg heanne beam
240   stælgne gestigan. Sum mæg styled sweord,
680   wæpen gewyrcan. Sum con wonga bigong,
        wegas widgielle. Swa se waldend us
243   godbearn on grundum,   his giefe bryttað.
683   Nyle he ængum anum   ealle gesyllan
        gæstes snyttru,   þy læs him gielp sceþþe
246   þurh his anes cræft   ofer oþre forð.

18r   Ðus god meahtig   geofum unhneawum,
          cyning alwihta,   cræftum weorðaþ
249   eorþan tuddor;   swylce eadgum blæd
689   seleð on swegle,   sibbe ræreþ
          ece to ealdre   engla ond monna;
252   swa he his weorc weorþað. Bi þon se witga cwæð
692   þæt ahæfen wæren   halge gimmas,
          hædre heofontungol,   healice upp,
255   sunne ond mona. Hwæt sindan þa
695   gimmas swa scyne   buton god sylfa?
          He is se soðfæsta   sunnan leoma,
258   englum ond eorðwarum   æþele scima.
698   Ofer middangeard   mona lixeð,
          gæstlic tungol,   swa seo godes circe
261   þurh gesomninga   soðes ond ryhtes
701   beorhte bliceð. Swa hit on bocum cwiþ,
          siþþan of grundum   godbearn astag,

238 sæ] *accented.*
243 bryttað] ð *is altered from* t.
244 ængum] n *is over an erased letter.*
246 forð /ðus] *18r begins.*   forð] *This is the only word in the last line of 17v.*
Punctuation: :7
247 *MS* ÐVS. *The ascender of the initial* Ð *is in the margin; initials: 29 mm, 7 mm and 7 mm.*
253 ahæfen] a *accented.*
259 lixeð] *MS* lixed.
263 astag] *1st* a *accented.*

264 cyning clænra gehwæs, þa seo circe her
704 æfyllendra eahtnysse bad
under hæþenra hyrda gewealdum.
267 Þær ða synsceaðan soþes ne giemdon,
707 gæstes þearfe, ac hi godes tempel
brǽcan ond bǽrndon, blodgyte worhtan,
270 feodan ond fyldon. Hwæþre forð bicwom
710 þurh gæstes giefe godes þegna blæd
æfter upstige ecan dryhtnes.
273 Bi þon Salomon song sunu Dauiþes
713 giedda gearosnottor gæstgerynum
waldend werþeoda ond þæt word acwæð:
276 "Cuð þæt geweorðeð, þætte cyning engla,
716 meotud meahtum swið, munt gestylleð,
gehleapeð hea dune, hyllas ond cnollas
279 bewrið mid his wuldre, woruld alyseð,
18v ealle eorðbuend, þurh þone æþelan styll."
Wæs se forma hlyp þa he on fæmnan astag,
282 mægeð unmæle, ond þær mennisc hiw
722 onfeng butan firenum þæt to frofre gewearð
eallum eorðwarum. Wæs se oþer stiell
285 bearnes gebyrda, þa he in binne wæs
725 in cildes hiw claþum bewunden,
ealra þrymma þrym. Wæs se þridda hlyp,
288 rodorcyninges ræs, þa he on rode astag,
728 fæder, frofre gæst. Wæs se feorða stiell
in byrgenne, þa he þone beam ofgeaf,
291 foldærne fæst. Wæs se fifta hlyp
731 þa he hellwarena heap forbygde

---

264 her] *accented.*
265 æfyllendra] æ *accented.* bad] *accented.*
270 feodan] *There is a space between* o *and* d *where a letter (*n?*) has been erased.*
271 blæd] *MS* blæð; *cf.* Seafarer *l. 79b.*
274 Salom- *has been written in the right margin opposite this line in a modern hand.*
280 eorð- / buend] *18v begins.*
292 hellwarena] *MS* hell werena — *see commentary.*

in cwicsusle, cyning inne gebond
294 feonda foresprecan, fyrnum teagum
734 gromhydigne, þær he gen ligeð
in carcerne clommum gefæstnad,
297 synnum gesæled. Wæs se siexta hlyp,
737 haliges hyhtplega, þa he to heofonum astag
on his ealdcyððe. Þa wæs engla þreat
300 on þa halgan tid hleahtre bliþe
740 wynnum geworden; gesawan wuldres þrym,
æþelinga ord eðles neosan,
303 beorhtra bolda. Þa wearð burgwarum
743 eadgum ece gefea æþelinges plega.
Þus her on grundum godes ece bearn
306 ofer heahhleoþu hlypum stylde,
746 modig æfter muntum. Swa we men sculon
heortan gehygdum hlypum styllan
309 of mægne in mægen, mærþum tilgan
749 þæt we to þam hyhstan hrofe gestigan
halgum weorcum, þær is hyht ond blis,
312 geþungen þegnweorud. Is us þearf micel
752 þæt we mid heortan hælo secen,
19r þær we mid gæste georne gelyfað
315 þæt þæt hælobearn heonan up stige
755 mid usse lichoman, lifgende god.
Forþon we a sculon idle lustas
318 synwunde forseon, ond þæs sellran gefeon.
758 Habbað we us to frofre fæder on roderum
ælmeahtigne. He his aras þonan
321 halig of heahðu, hider onsendeð,
761 þa us gescildaþ wið sceþþendra
eglum earhfarum, þi læs unholdan

---

303 burgwarum] b *is altered from* u — *a serif is still visible half way up the ascender.*
314 georne / gelyfað] *19r begins.*
318 sellran] *The* r *is added above between the* l *and* a *in a smaller script.*
320 aras] *1st* a *accented.*
323 eglum] *MS* englum.

324   wunde gewyrcen, þonne wrohtbora
764   in folc godes forð onsendeð
       of his brægdbogan biterne stræl.
327   Forþon we fæste sculon wið þam færscyte
767   symle wærlice wearde healdan,
       þy læs se attres ord in gebuge
330   biter bordgelac under banlocan
770   feonda færsearo. þæt bið frecne wund,
       blatast benna. Utan us beorgan þa,
333   þenden we on eorðan eard weardien;
773   utan us to fæder freoþa wilnian,
       biddan bearn godes ond þone bliðan gæst
336   þæt he us gescilde wið sceaþan wæpnum,
776   laþra lygesearwum, se us lif forgeaf,
       leomu, lic ond gæst. Si him lof symle
339   þurh woruld worulda,   wuldor on heofonum.

779   Ne þearf him ondrædan deofla strælas
       ænig on eorðan ælda cynnes,
342   gromra garfare, gif hine god scildeþ,
782   duguða dryhten. Is þam dome neah
       þæt we gelice sceolon leanum hleotan,
345   swa we widefeorh weorcum hlodun
785   geond sidne grund. Us secgað bec
19v   hu æt ærestan eadmod astag
348   in middangeard mægna goldhord,

---

324 wrohtbora] wynn *is altered from* þ.
327 færscyte] *There is an insertion stroke below the* r. *The* r *is slightly narrower than normal and has been squeezed in.*
333 weardien] *MS* weardigen, *with* g *expuncted.*
338 si him] *MS* sehim, *with* i *added above the* e.
339 worulda] o *is written over an erased letter (perhaps* u). *Punctuation:* :7
340 Ne] *MS* NE. *The initial is half in the margin and intrudes into the first two lines of text. The* e *which follows is larger than a normal capital though minuscule in shape; initials: 24 mm and 7 mm.*
344 hleotan] *The* h *is squeezed in later in a slightly smaller script; there is an insertion stroke below it; cf. Juliana l. 622b,* leana hleotan.
345 hlodun] *accented.*
347 hu] *accented.* eadmod / astag] *19v begins.*

788   in fæmnan fæðm   freobearn godes,
       halig of heahþu.   Huru ic wene me
351   ond eac ondræde   dom ðy reþran,
791   ðonne eft cymeð   engla þeoden,
       þe ic ne heold teala   þæt me hælend min
354   on bocum bibead.   Ic þæs brogan sceal
794   geseon synwræce,   þæs þe ic soð talge,
       þær monig beoð   on gemot læded
357   fore onsyne   eces deman.
797   Þonne .C. cwacað,   gehyreð cyning mæðlan,
       rodera ryhtend,   sprecan reþe word
360   þam þe him ær in worulde   wace hyrdon,
800   þendan .Y. ond N. yþast meahtan
       frofre findan.   Þær sceal forht monig
363   on þam wongstede   werig bidan
803   hwæt him æfter dædum   deman wille
       wraþra wita.   Biþ se .W. scæcen
366   eorþan frætwa.   .U. wæs longe
806   .L. flodum bilocen,   lifwynna dæl,
       .F. on foldan.   Þonne frætwe sculon
369   byrnan on bæle;   blac rasetteð
809   recen reada leg,   reþe scriþeð
       geond woruld wide.   Wongas hreosað,
372   burgstede berstað.   Brond bið on tyhte,
812   æleð ealdgestreon   unmurnlice,
       gæsta gifrast,   þæt geo guman heoldan,
375   þenden him on eorþan   onmedla wæs.

815   Forþon ic leofra gehwone   læran wille

---

351 dom] *accented.* ðy reþran] *MS* dyreþran.
352 ðonne] *The abbreviation sign is over the 1st* n.
355 synwræce] y *is accented.*
356 læded] *MS* lædað.
357 fore] f *is over an erased letter.*
358 *Cyn(e)wulf's runic signature begins here* — *see commentary.*
359 ryhtend] *Though no space has been left after this word, a point has been inserted to mark the caesura.*
365 scæcen] cæ *is over an erasure.*

      þæt he ne agæle gæstes þearfe,

378 ne on gylp geote, þenden god wille

818 þæt he her in worulde wunian mote,

      somed siþian sawel in lice,

381 in þam gæsthofe. Scyle gumena gehwylc

821 on his geardagum georne biþencan

      þæt us milde bicwom meahta waldend

20r æt ærestan þurh þæs engles word.

824 Bið nu eorneste þonne eft cymeð,

      reðe ond ryhtwis. Rodor bið onhrered

387 ond þas miclan gemetu middangeardes

827 beheofiað þonne beorht cyning leanað

      þæs þe hy on eorþan eargum dædum

390 lifdon leahtrum fa. þæs hi longe sculon

830 ferðwerige onfon in fyrbaðe,

      wælmum biwrecene, wraþlic ondlean,

393 þonne mægna cyning on gemot cymeð,

833 þrymma mæste. þeodegsa bið

      hlud gehyred bi heofonwoman,

396 cwaniendra cirm, cerge reotað

836 fore onsyne eces deman,

      þa þe hyra weorcum wace truwiað.

399 Ðær biþ oðywed egsa mara

839 þonne from frumgesceape gefrægen wurde

      æfre on eorðan. þær bið æghwylcum

402 synwyrcendra on þa snudan tid

842 leofra micle þonne eall þeos læne gesceaft,

      þær he hine sylfne on þam sigeþreate

405 behydan mæge, þonne herga fruma,

845 æþelinga ord, eallum demeð,

---

384 æt / ærestan] *20r begins.*

388 beheofiað] *MS* be heofiað*; see commentary.*

390 fa] *accented.*

391 fyrbaðe] y *is altered from* i.

392 wraþlic] þ *is altered from* l.

396 cwaniendra] i *is added above without an insertion stroke, and in a smaller script.* cirm] r *is altered from* n; *the serif at the foot of the original* n *is still visible.*

leofum ge laðum,　lean æfter ryhte
408　þeoda gehwylcre.　Is us þearf micel
848　þæt we gæstes wlite　ær þam gryrebrogan
　　　on þas gæsnan tid　georne biþencen.
411　Nu is þon gelicost　swa we on laguflode
851　ofer cald wæter　ceolum liðan
　　　geond sidne sæ　sundhengestum
414　flodwudu fergen.　Is þæt frecne stream
854　yða ofermæta　þe we her on lacað
　　　geond þas wacan woruld,　windge holmas
417　ofer deop gelad.　Wæs se drohtað strong
20v　ærþon we to londe　geliden hæfdon
　　　ofer hreone hrycg.　Þa us help bicwom
420　þæt us to hælo　hyþe gelædde,
860　godes gæstsunu,　ond us giefe sealde
　　　þæt we oncnawan magun　ofer ceoles bord
423　hwær we sælan sceolon　sundhengestas,
863　ealde yðmearas,　ancrum fæste.
　　　Utan us to þære hyðe　hyht staþelian,
426　ða us gerymde　rodera waldend,
866　halge on heahþu,　þa he [to] heofonum astag.

407 laðum] ð *is altered from* d.
409 gæstes] *This is followed by an erased letter.*
410 þas] *There is a small scraped area above the* s.
413 sæ] *accented.*
415 her] *The ascender goes well below the line of writing as if a different letter had been begun before the scribe realized his mistake.*
418 geliden / hæfdon] *20v begins.*
419 hrycg] -cg *is written over erased letters.*
421 gæstsunu] t *is squeezed in later in a smaller script; there is an insertion stroke below the line.*
427 to] *add. ed.; cf. l. 298b. Punctuation:* :-:7:7:7

Christ in Judgement

	Ðonne mid fere foldbuende
	se micla dæg meahtan dryhtnes
3	æt midre niht mægne bihlæmeð,
870	scire gesceafte, swa oft sceaða fæcne
	þeof þristlice þe on þystre fareð
6	on sweartre niht, sorglease hæleð
873	semninga forfehð slæpe gebundne,
	eorlas ungearwe yfles genægeð.
9	Swa on Syne beorg somod up cymeð
876	mægenfolc micel, meotude getrywe,
	beorht ond bliþe — him weorþeð blæd gifen.
12	Þonne from feowerum foldan sceatum,
879	þam ytemestum eorþan rices,
	englas ælbeorhte on efen blawað
15	byman on brehtme. Beofað middangeard,
882	hruse under hæleþum. Hlydað tosomne
	trume ond torhte, wið tungla gong,
18	singað ond swinsiaþ suþan ond norþan,
885	eastan ond westan, ofer healle gesceaft.
	Weccað of deaðe dryhtgumena bearn,
21r	eall monna cynn, to meotudsceafte
888	egeslic of þære ealdan moldan, hatað hy upp astandan
	sneome of slæpe þy fæstan. Þær mon mæg sorgende folc
24	gehyran hygegeomor, hearde gefysed,
891	cearum cwiþende cwicra gewyrhtu,

---

1 *MS* ÐONNE MID FERE.... *This section is preceded by two blank lines.
The words* Diei Judicij descriptio *have been written in the blank space in a
modern hand. The initial is unusually large: approximately one third of it is in the
margin, and the rest intrudes into the first three lines of the text; initials: 58 mm
and 11-12 mm (up to and including* fere).
5 þystre] *This is followed by an erasure (approx. 2 letters).*
19 healle] *For* ealle; *see commentary.*
21 cynn / to] *21r begins.*

forhte afærde.   þæt bið foretacna mæst
27   þara þe ær oþþe sið æfre gewurde
894   monnum oþywed, þær gemengde beoð
onhælo gelac engla ond deofla,
30   beorhtra ond blacra; weorþeð bega cyme,
897   hwitra ond sweartra, swa him is ham sceapen
ungelice, englum ond deoflum.
33   Þonne semninga on Syne beorg
900   suþaneastan sunnan leoma
cymeð of scyppende scynan leohtor
36   þonne hit men mægen modum ahycgan,
903   beorhte blican, þonne bearn godes
þurh heofona gehleodu hider oðyweð.
39   Cymeð wundorlic Cristes onsyn,
906   æþelcyninges wlite, eastan fram roderum,
on sefan swete sinum folce,
42   biter bealofullum gebleod wundrum,
909   eadgum ond earmum ungelice.
He bið þam godum glædmod on gesihþe,
45   wlitig, wynsumlic, weorude þam halgan,
912   on gefean fæger, freond ond leoftæl,
lufsum ond liþe leofum monnum
48   to sceawianne þone scynan wlite,
915   weðne mid willum , waldendes cyme,
mægencyninges, þam þe him on mode ær
51   wordum ond weorcum wel gecwemdun.
918   He bið þam yflum egeslic ond grimlic
to geseonne, synnegum monnum,
21v   þam þær mid firenum cumað,   forð forworhte.

---

26 afærde] a *accented.*
30 cyme] *This is followed by an erased letter.*
32 englum] l *is over an erased letter.*
34 leoma] *This is followed by an erased letter.*
40 eastan] e *is over an erased letter.*
44 gesihþe] *MS* ongesihþewlitig, *with* ewli *over erased letters.*
49 weðne] we *is over an erasure.*
50 þam] m *is over an erased letter.*
54 cumað / forð] *21v begins.*

921 Þæt mæg wites to wearninga þam þe hafað wisne geþoht,
     þæt se him eallunga owiht ne ondrædeð,
57   se for ðære onsyne egsan ne weorþeð
924 forht on ferðe, þonne he frean gesihð
     ealra gesceafta ondweardne faran
60   mid mægenwundrum mongum to þinge,
927 ond him on healfa gehwore   heofonengla þreat
     ymbutan farað, ælbeorhtra scolu,
63   hergas haligra, heapum geneahhe.
930 Dyneð deop gesceaft, ond fore dryhtne færeð
     wælmfyra mæst ofer widne grund.
66   Hlemmeð hata leg, heofonas berstað,
933 trume ond torhte, tungol ofhreosað.
     þonne weorþeð sunne sweart gewended
69   on blodes hiw, seo ðe beorhte scan
936 ofer ærworuld ælda bearnum.
     Mona þæt sylfe þe ær moncynne
72   nihtes lyhte, niþer gehreoseð
939 ond steorran swa some stredað of heofone,
     þurh ða strongan lyft stormum abeatne.
75   Wile ælmihtig mid his engla gedryht,
942 mægencyninga meotod, on gemot cuman,
     þrymfæst þeoden. Bið þær his þegna eac
78   hreþeadig heap. Halge sawle
945 mid hyra frean farað, þonne folca weard
     þurh egsan þrea eorðan mægðe
81   sylfa geseceð. Weorþeð geond sidne grund
948 hlud gehyred heofonbyman stefn,
     ond on seofon healfa swogað windas
84   blawað brecende bearhtma mæste,
951 weccað ond woniað woruld mid storme,

---

61 gehwore] *see commentary.*
69 scan] *accented.*
76 meotod] *The 2nd o is malformed, indicating that the scribe began some other letter and then corrected himself and made an o (as happens elsewhere occasionally).*
85 storme / fyllað] *22r begins.*

22r fyllað mid fere   foldan gesceafte.
87 Ðonne heard gebrec, hlud, unmæte,
954 swar ond swiðlic, swegdynna mæst,
ældum egeslic, eawed weorþeð.
90 Þær mægen werge monna cynnes
957 wornum hweorfað on widne leg,
þa þær cwice meteð cwelmende fyr,
93 sume up, sume niþer, ældes fulle.
960 þonne bið untweo þæt þær Adames
cyn, cearena full, cwiþeð gesargad,
96 nales fore lytlum, leode geomre,
963 ac fore þam mæstan mægenearfeþum,
ðonne eall þreo on efen nimeð
99 won fyres wælm wide tosomne,
966 se swearta lig, sæs mid hyra fiscum,
eorþan mid hire beorgum, ond upheofon
102 torhtne mid his tunglum. Teonleg somod
969 þryþum bærneð þreo eal on an
grimme togædre. Grornað gesargad
105 eal middangeard on þa mæran tid.
972   Swa se gifra gæst grundas geondseceð;
hiþende leg heahgetimbro
108 fylleð on foldwong fyres egsan,
975 widmære blæst woruld mid ealle,
hat, heorogifre. Hreosað geneahhe
111 tobrocene burgweallas. Beorgas gemeltað
978 ond heahcleofu, þa wið holme ær

86 fere] *MS* feore.
87 unmæte] u *is accented.*
92 fyr] *accented.*
95 cyn] *accented.*   gesargad] *MS* gesargað. *Note that the scribe makes the same mistake in line 104 (970) below, though there he corrects it.*
103 an] *accented.*
104 gesargad] d *is altered from* ð; *see line 95 (962) above where the same mistake is not corrected.*
105 *Punctuation:* :7
106 *MS* SWA. *This section is preceded by one blank line. The initial is half in the margin; initials: 34 mm, 10 mm and 5 mm.*
112 þa] *MS* þu.

fæste wið flodum   foldan sceldun,
114 stið ond stæðfæst,   staþelas wið wæge,
981 wætre windendum.   þonne wihta gehwylce,
deora ond fugla,   deaðleg nimeð,
117 færeð æfter foldan   fyrswearta leg,
22v weallende wiga.   Swa ær wæter fleowan,
flodas afysde,   þonne on fyrbaðe
120 swelað sæfiscas;   sundes getwæfde
987 wægdeora gehwylc   werig swelteð,
byrneþ wæter swa weax.   þær bið wundra ma
123 þonne hit ænig on mode   mæge aþencan,
990 hu þæt gestun ond se storm   ond seo stronge lyft
brecað brade gesceaft.   Beornas gretað,
126 wepað wanende   wergum stefnum,
993 heane, hygegeomre,   hreowum gedreahte.
Seoþeð swearta leg   synne on fordonum,
129 ond goldfrætwe   gleda forswelgað,
996 eall ærgestreon   eþelcyninga.
Ðær bið cirm ond cearu,   ond cwicra gewin,
132 gehreow ond hlud wop   bi heofonwoman,
999 earmlic ælda gedreag.   þonan ænig ne mæg,
firendædum fah,   frið gewinnan,
135 legbyrne losian   londes ower,
1002 ac þæt fyr nimeð   þurh foldan gehwæt,
græfeð grimlice,   georne aseceð
138 innan ond utan   eorðan sceatas,
1005 oþþæt eall hafað   ældes leoma
woruldwidles wom   wælme forbærned.
141   Ðonne mihtig god   on þone mæran beorg
1008 mid þy mæstan   mægenþrymme cymeð,

---

113 foldan] *The scribe originally wrote* foldun, *but has tried to join the tops of the minims of* u *and add a tail to it so that it resembles an* a.   sceldun] *MS* scehdun.
115 wihta] h *is over an erased letter.*
117 leg / weallende] *22v begins.*
120 sæfiscas] æ *accented.*
124 se] s *is over an erased letter.*

     heofonengla cyning, halig scineð,
144   wuldorlic ofer weredum, waldende god,
1011 ond hine ymbutan æþelduguð betast,
     halge herefeðan, hlutre blicað,
147   eadig engla gedryht. Ingeþoncum
1014 forhte beofiað fore fæder egsan.
     Forþon nis ænig wundor hu him woruldmonna
150   seo unclæne gecynd, cearum sorgende,
23r   hearde ondrede, ðonne sio halge gecynd,
     hwit ond heofonbeorht, heagengla mægen,
153   for ðære onsyne beoð egsan afyrhte,
1020 bidað beofiende beorhte gesceafte
     dryhtnes domes. Daga egeslicast
156   weorþeð in worulde, þonne wuldorcyning
1023 þurh þrym þreað þeoda gehwylce,
     hateð arisan reordberende
159   of foldgrafum, folc anra gehwylc,
1026 cuman to gemote moncynnes gehwone.
     Þonne eall hraðe Adames cynn
162   onfehð flæsce, weorþeð foldræste
1029 eardes æt ende. Sceal þonne anra gehwylc
     fore Cristes cyme cwic arisan,
165   leoðum onfon ond lichoman,
1032 edgeong wesan. Hafað eall on him
     þæs þe he on foldan in fyrndagum,
168   godes oþþe gales, on his gæste gehlod,
1035 geara gongum, hafað ætgædre bu,
     lic ond sawle. Sceal on leoht cuman
171   sinra weorca wlite ond worda gemynd

---

150 unclæne] e *is altered from* a.
151 gecynd / hwit] 23r *begins.*
158 arisan] a *accented.*
164 arisan] a *is accented and* n *is over an erased letter.*
165 leoðum] d *is altered to* ð *by adding a crossbar.*
168 gehlod] *accented.*
169 bu] *accented.*
170 lic] *accented.*

1038 ond heortan gehygd fore heofona cyning.
    Ðonne biþ geyced ond geedniwad
174 moncyn þurh meotud. Micel ariseð
1041 dryhtfolc to dome, siþþan deaþes bend
    toleseð liffruma. Lyft bið onbærned,
177 hreosað heofonsteorran, hyþað wide
1044 gifre glede, gæstas hweorfað
    on ecne eard. Opene weorþað
180 ofer middangeard monna dæde.
1047 Ne magun hord weras, heortan geþohtas,
    fore waldende wihte bemiþan.
183 Ne sindon him dæda dyrne, ac þær bið dryhtne cuð
1050 on þam miclan dæge, hu monna gehwylc
    ær earnode eces lifes,
186 ond eall ondweard þæt hi ær oþþe sið
23v worhtun in worulde. Ne bið þær wiht forholen
    monna gehygda, ac se mæra dæg
189 hreþerlocena hord, heortan geþohtas,
1056 ealle ætyweð. Ær sceal geþencan
    gæstes þearfe, se þe gode mynteð
192 bringan beorhtne wlite, þonne bryne costað,
1059 hat, heorugifre, hu gehealdne sind
    sawle wið synnum fore sigedeman.
195   Ðonne sio byman stefen ond se beorhta segn,
1062 ond þæt hate fyr ond seo hea duguð
    ond se engla þrym ond se egsan þrea
198 ond se hearda dæg ond seo hea rod
1065 ryht aræred rices to beacne,

---

176 liffruma] *MS* liffruman.
179 weorþað] þ *is over an erased letter.*
181 weras] *MS* wera.
187 for- / holen] *23v begins.*
188 monna] *This is preceded by an erased* g *(the scribe had at first overlooked this word and begun to write* gehygda*).* gehygda…mæra] ygda…mæ *is poorly formed and darker, and looks as if it was written while the parchment was damp after an erasure was made.*
196 fyr] *accented.* hea] *accented.*
198 rod] *accented.*

      folcdryht wera biforan bonnað,
201 sawla gehwylce þara þe sið oþþe ær
1068 on lichoman leoþum onfengen.
      Ðonne weoroda mæst fore waldende,
204 ece ond edgeong, ondweard gæð
1071 neode ond nyde, bi noman gehatne,
      berað breosta hord fore bearn godes,
207 feores frætwe. Wile fæder eahtan
1074 hu gesunde suna sawle bringen
      of þam eðle þe hi on lifdon.
210 Ðonne beoð bealde þa þe beorhtne wlite
1077 meotude bringað. Bið hyra meaht ond gefea
      swiðe gesæliglic sawlum to gielde,
213 wuldorlean weorca. Wel is þam þe motum
1080 on þa grimman tid gode lician.

      Þær him sylfe geseoð sorga mæste,
216 synfa men, sarigferðe.
1083 Ne bið him to are þæt þær fore ellþeodum
      usses dryhtnes rod ondweard stondeð,
219 beacna beorhtast, blode bistemed,
1086 heofoncyninges hlutran dreore,
      biseon mid swate, þæt ofer side gesceaft
24r scire scineð. Sceadu beoð bidyrned
1089 þær se leohta beam leodum byrhteð.
      Þæt þeah to teonum [geteod] weorþeð,
225 þeodum to þrea, þam þe þonc gode

---

208 sawle] e *is altered from* a.
213 motum] *see commentary.*
214 *Punctuation:* :7
215 þær] MS ÞÆR. *This section is preceded by a line blank except for the word* lician *placed at the end of the line to the right. The vertical stroke of the initial is in the margin and its pointed bow intrudes into the first three lines of the text; initials: 61 mm, 8.5 mm, and 8 mm.* sorga] a *is altered from* e.
216 synfa] a *accented.*
218 rod] *accented.*
222 sceadu / beoð] *24r begins.* bidyrned] *MS* by dyrned, *with* i *written above the 1st* y.
224 geteod] *add. ed.*

1092 womwyrcende wihte ne cuþun,
      þæs he on þone halgan beam   ahongen wæs
228 fore moncynnes   manforwyrhtu,
1095 þær he leoflice   lifes ceapode,
      þeoden moncynne,   on þam dæge,
231 mid þy weorðe,   þe no wom dyde
1098 his lichoma   leahtra firena,
      mid þy usic alysde.   þæs he eftlean wile
234 þurh eorneste   ealles gemonian,
1101 ðonne sio reade   rod oferealle
      swegle scineð   on þære sunnan gyld.
237 On þa forhtlice   firenum fordone,
1104 swearte synwyrcend,   sorgum wlitað,
      geseoð him to bealwe   þæt him betst bicwom,
240 þær hy hit to gode   ongietan woldan.
1107 Ond eac þa ealdan wunde   ond þa openan dolg
      on hyra dryhtne geseoð   dreorigferðe,
243 swa him mid næglum þurhdrifan   niðhycgende
1110 þa hwitan honda   ond þa halgan fet,
      ond of his sidan swa some   swat forletan,
246 þær blod ond wæter   bu tu ætsomne
1113 ut bicwoman   fore eagna gesyhð,
      rinnan fore rincum,   þa he on rode wæs.
249 Eall þis magon him sylfe   geseon þonne,
1116 open, orgete,   þæt he for ælda lufan,
      firenfremmendra,   fela þrowade.
252 Magun leoda bearn   leohte oncnawan
1119 hu hine lygnedon   lease on geþoncum,
      hysptun hearmcwidum,   ond on his hleor somod
255 hyra spatl speowdon.   Spræcon him edwit,
1122 ond on þone eadgan   ondwlitan swa some

---

226 wihte] *MS* wita; *cf. l. 347b.*
227 ahongen] a *accented.*
231 no] *accented.*
234 gemonian] *MS* genomian.
235 rod] *accented.*
238 wlitað] ð *is altered from* t.

helfuse men   hondum slogun,

258   folmum areahtum   ond fystum eac,

1125   ond ymb his heafod   heardne gebigdon

24v   beag þyrnenne,   blinde on geþoncum,

261   dysge ond gedwealde.   Gesegun þa dumban gesceaft,

1128   eorðan ealgrene   ond uprodor,

      forhte gefelan   frean þrowinga,

264   ond mid cearum cwiðdun,   þeah hi cwice næron,

1131   þa hyra scyppend   sceaþan onfengon

      syngum hondum.   Sunne wearð adwæsced,

267   þream aþrysmed;   þa sio þeod geseah

1134   in Hierusalem   godwebba cyst

      þæt ær ðam halgan   huse sceolde

270   to weorþunga   weorud sceawian;

1137   ufan eall forbærst   þæt hit on eorþan læg

      on twam styccum.   Þæs temples segl,

273   wundorbleom geworht   to wlite þæs huses,

1140   sylf slat on tu,   swylce hit seaxes ecg

      scearp þurhwode.   Scire burstan

276   muras ond stanas   monge æfter foldan,

1143   ond seo eorðe eac,   egsan myrde,

      beofode on bearhtme,   ond se brada sæ

279   cyðde cræftes meaht   ond of clomme bræc

1146   up yrringa   on eorþan fæðm,

      ge on stede scynum   steorran forleton

282   hyra swæsne wlite.   On þa sylfan tid

1149   heofon hluttre ongeat   hwa hine healice

      torhtne getremede   tungolgimmum;

285   forþon he his bodan sende,   þa wæs geboren ærest

1152   gesceafta scircyning.   Hwæt, eac scyldge men

      gesegon to soðe,   þy sylfan dæge

---

260 þyrnenne / blinde] *24v begins.*
265 þa hyra] *MS* þa þe hyra.
271 ufan] *There is a cross stroke at the top of* u *so that it resembles an* a.
278 sæ] *accented.*
280 yrringa] *2nd* r *is altered from* n *by adding a descender.*

288   þe on þrowade,   þeodwundor micel,
1155 þætte eorðe ageaf   þa hyre on lægun.
      Eft lifgende up astodan
291   þa þe heo ær fæste   bifen hæfde,
1158 deade bibyrgde,   þe dryhtnes bibod
      heoldon on hreþre.   Hell eac ongeat,
294   scyldwreccende,   þæt se scyppend cwom,
1161 waldende god,   þa heo þæt weorud ageaf,
25r   hloþe of ðam hatan hreþre.   Hyge wearð mongum blissad,
297   sawlum sorge toglidene.   Hwæt, eac sæ cyðde
1164 hwa hine gesette   on sidne grund,
      tirmeahtig cyning;   forþon he hine tredne him
300   ongean gyrede,   þonne god wolde
1167 ofer sine yðe gan.   Eahstream ne dorste
      his fream fet flode bisencan,
303   ge eac beamas onbudon   hwa hy mid bledum sceop,
1170 monge, nales fea,   ða mihtig god
      on hira anne gestag   þær he earfeþu
306   geþolade fore þearfe   þeodbuendra,
1173 laðlicne deað   leodum to helpe.
      Ða wearð beam monig   blodigum tearum
309   birunnen under rindum   reade ond þicce;
1176 sæp wearð to swate.   Þæt asecgan ne magum
      foldbuende   þurh frod gewit,
312   hu fela þa onfundun   þa gefelan ne magun
1179 dryhtnes þrowinga   deade gesceafte.
      Þa þe æþelast sind   eorðan gecynda,

---

290 astodan] a *accented.*
292 bibyrgde] *MS* bibyrgede, *with* e *expuncted.*
296 blissad / sawlum] *25r begins.*
297 toglidene] g *is over an erased letter.*   sæ] *accented.*
298 grund] *accented.*
302 fream] *see commentary.*
304 fea] *accented.*
307 deað] ð *is altered from* d *by adding a crossbar.*
310 magum] *see commentary.*
311 gewit] *The scribe began to write a different letter at first (with a straight descender) and then added the curved foot of the* e.
313 gesceafte] s *is over an erased letter.*

315 ond heofones eac heahgetimbro,
1182 eall fore þam anum unrot gewearð,
      forhtafongen. Þeah hi ferðgewit
318 of hyra æþelum ænig ne cuþen,
1185 wendon swa þeah wundrum , þa hyra waldend for
      of lichoman. Leode ne cuþon,
321 modblinde men meotud oncnawan,
1188 flintum heardran, þæt hi frea nerede
      fram hellcwale halgum meahtum,
324 alwalda god. Þæt æt ærestan
1191 foreþoncle men from fruman worulde
      þurh wis gewit, witgan dryhtnes,
327 halge hygegleawe, hæleþum sægdon,
1194 oft, nales æne, ymb þæt æþele bearn,
      ðæt se earcnanstan eallum sceolde
25v to hleo ond to hroþer hæleþa cynne
1197 weorðan in worulde, wuldres agend,
      eades ordfruma, þurh þa æþelan cwenn.

333 Hwæs weneð se þe mid gewitte nyle
1200 gemunan þa mildan meotudes lare,
      ond eal ða earfeðu þe he fore ældum adreag,
336 forþon þe he wolde þæt we wuldres eard
1203 in ecnesse agan mosten?
      Swa þam bið grorne on þam grimman dæge
339 domes þæs miclan, þam þe dryhtnes sceal,
1206 deaðfirenum forden, dolg sceawian,
      wunde ond wite. On werigum sefan

---

319 for] *accented.*
320 cuþon] o *is altered from* u.
330 hroþer / hæleþa] *25v begins.*
332 *Punctuation:* :7
333 Hwæs] *MS* HWæs. *A full blank line has not been left before this section, though about the last third of the preceding line is blank. The ascender of the initial is in the margin and its curved bow intrudes into the first three lines of the text. The initial has minuscule form — majuscule* h *is used only three times for an initial in the manuscript; initials: 49 mm and 12 mm.*
335 ældum] *The* e *of the* æ *and the* l *are over erased letters.*

342 geseoð sorga mæste, hu se sylfa cyning
1209 mid sine lichoman lysde of firenum
      þurh milde mod, þæt hy mostun manweorca
345 tome lifgan, ond tires blæd
1212 ecne agan. Hy þæs eðles þonc
      hyra waldende wihte ne cuþon;
348 forþon þær to teonum þa tacen geseoð
1215 orgeatu on gode, ungesælge,
      þonne Crist siteð on his cynestole,
351 on heahsetle, heofonmægna god,
1218 fæder ælmihtig. Folca gehwylcum
      scyppend scinende scrifeð bi gewyrhtum
354 eall æfter ryhte rodera waldend.
1221   Ðonne beoð gesomnad on þa swiþran hond
      þa clænan folc, Criste sylfum
357 gecorene bi cystum, þa ær sinne cwide georne
1224 lustum læstun on hyra lifdagum,
      ond þær womsceaþan on þone wyrsan dæl
360 fore scyppende scyrede weorþað,
1227 hateð him gewitan on þa winstran hond,
      sigora soðcyning, synfulra weorud.
26r   Þær hy arasade reotað ond beofiað
1230 fore frean forhte, swa fule swa gæt,
      unsyfre folc, arna ne wenað.
366   Ðonne bið gæsta dom fore gode sceaden
1233 wera cneorissum, swa hi geworhtun ær,
      þær bið on eadgum eðgesyne
369 þreo tacen somod, þæs þe hi hyra þeodnes wel
1236 wordum ond weorcum willan heoldon.

---

344 manweorca] a *accented.*
347 wihte] *MS* wita; *cf. l. 226b.*
353 scrifeð] f *is over an erased letter.*
360 fore] e *is over an erased letter.*
363 reotað / ond] 26r *begins.*
364 gæt] *accented.*
365 wenað] *MS* weneað, *with the 2nd* e *expuncted.*
366 dom] *accented.*
367 ær] *accented.*

        An is ærest   orgeate þær
372   þæt hy fore leodum   leohte blicaþ,
1239 blæde ond byrhte   ofer burga gesetu;
        him on scinað   ærgewyrhtu,
375   on sylfra gehwam   sunnan beorhtran.
1242 Oþer is to eacan   ondgete swa some,
        þæt hy him in wuldre witon   waldendes giefe
378   ond on seoð,   eagum to wynne,
1245 þæt hi on heofonrice   hlutre dreamas
        eadge mid englum   agan motum.
381   Ðonne bið þridde,   hu on þystra bealo
1248 þæt gesælige weorud   gesihð þæt fordone
        sar þrowian,   synna to wite,
384   weallendne lig,   ond wyrma slite,
1251 bitrum ceaflum,   byrnendra scole.
        Of þam him aweaxeð   wynsum gefea
387   þonne hi þæt yfel geseoð   oðre dreogan,
1254 þæt hy þurh miltse   meotudes genæson.
        Ðonne hi þy geornor   gode þonciað
390   blædes ond blissa   þe hy bu geseoð,
1257 þæt he hy generede   from niðcwale
        ond eac forgeaf   ece dreamas —
393   bið him hel bilocen,   heofonrice agiefen.
1260 Swa sceal gewrixled   þam þe ær wel heoldon
        þurh modlufan   meotudes willan.
396   Ðonne bið þam oþrum   ungelice
1263 willa geworden.   Magon weana to fela
        geseon on him selfum,   synne genoge
399   atolearfoða ær gedenra.

---

377 waldendes] *1st minim of* n *has an erased descender.*
378 on] *accented.*
379 hlutre] *MS* hlutru.
380 motum] *See commentary.*
386 aweaxeð] *1st* a *accented.* gefea] *accented.*
388 miltse] t *is over an erased letter.*
390 hy] *Original* n *is altered to* h *by scraping away the top serif of the 1st minim and adding an ascender.*

26v Þær him sorgendum   sar oðclifeð,
       þroht, þeodbealu, on þreo healfa.
402   An is þara   þæt hy him yrmþa to fela,
1269   grim helle fyr,   gearo to wite
       ondweard seoð,   on þam hi awo sculon,
405   wræc winnende,   wærgðu dreogan.
1272   Þonne is him oþer   earfeþu swa some
       scyldgum to sconde,   þæt hi þær scoma mæste
408   dreogað fordone.   On him dryhten gesihð
1275   nales feara sum   firenbealu laðlic,
       ond þæt ællbeorhte   eac sceawiað
411   heofonengla here,   ond hæleþa bearn,
1278   ealle eorðbuend   ond atol deofol,
       mircne mægencræft,   manwomma gehwone
414   magun þurh þa lichoman,   leahtra firene,
1281   geseon on þam sawlum.   Beoð þa syngan flæsc
       scandum þurhwaden   swa þæt scire glæs,
417   þæt mon yþæst mæg   eall þurhwlitan.
1284   Ðonne bið þæt þridde   þearfendum sorg,
       cwiþende cearo,   þæt hy on þa clænan seoð,
420   hu hi fore goddædum   glade blissiað,
1287   þa hy, unsælge,   ær forhogdun
       to donne   þonne him dagas læstun;
423   ond be hyra weorcum   wepende sar
1290   þæt hi ær freolice   fremedon unryht.
       Geseoð hi þa betran   blæde scinan;
426   ne bið him hyra yrmðu   an to wite,
1293   ac þara oþerra   ead to sorgum,
       þæs þe hy swa fægre gefeon   on fyrndagum

---

400 oðclifeð / þroht] *26v begins.*
403 fyr] *accented.*
413 manwomma] *1st* a *accented.*   gehwone] *This is preceded by an erased letter.*
414 magun] *MS* magon, *with a small* u *(which is shaped like a* v *) atop it.*
420 goddædum] o *accented.*   glade] a *is altered from* u.
423 sar] *accented.*
427 þara] *2nd* a *is over an erased letter.*
428 gefeon] *see commentary.*

429   ond swa ænlice anforletun,
1296 þurh leaslice lices wynne,
      earges flæschoman idelne lust.
432   Þær hi ascamode, scondum gedreahte,
1299 swiciað on swiman; synbyrþenne,
      firenweorc berað, on þæt þa folc seoð.
27r   Wære him þonne betre þæt hy bealodæde,
1302 ælces unryhtes, ær gescomeden
      fore anum men, eargra weorca,
438   godes bodan sægdon þæt hi to gyrne wiston
1305 firendæda on him. Ne mæg þurh þæt flæsc se scrift
      geseon on þære sawle, hwæþer him mon soð þe lyge
441   sagað on hine sylfne, þonne he þa synne bigæð.
1308 Mæg mon swa þeah gelacnigan leahtra gehwylcne,
      yfel unclæne, gif he hit anum gesegð,
444   ond nænig bihelan mæg on þam heardan dæge
1311 wom unbeted, ðær hit þa weorud geseoð.
      Eala, þær we nu magon wraþe firene
447   geseon on ussum sawlum, synna wunde,
1314 mid lichoman leahtra gehygdu,
      eagum unclæne ingeþoncas,
450   ne þæt ænig mæg oþrum gesecgan
1317 mid hu micle elne æghwylc wille
      þurh ealle list lifes tiligan,
453   feores forhtlice, forð aðolian,
1320 synrust þwean ond hine sylfne þrean,
      ond þæt wom ærran wunde hælan,
456   þone lytlan fyrst þe her lifes sy,
1323 þæt he mæge fore eagum eorðbuendra
      unscomiende eðles mid monnum

---

431 flæschoman] a *is altered from* o.
435 bealo- / dæde] *27r begins.*
443 gesegð] g *has been squeezed in later in a slightly smaller script.*
445 unbeted] d *is altered from* ð *by scraping away the upper half of its crossbar.*
453 forhtlice] o *is over an erased letter.* aðolian] *1st* a *accented.*
454 þwean] *MS* þ wean, *with a letter erased after* þ; wynn *is partly over the erased letter.*

459   brucan bysmerleas þendan bu somod
1326 lic ond sawle lifgan mote.

     Nu we sceolon georne gleawlice þurhseon
462   usse hreþercofan heortan eagum,
1329 innan uncyste. We mid þam oðrum ne magun,
     heafodgimmum, hygeþonces ferð
465   eagum þurhwlitan ænge þinga,
1332 hwæþer him yfel þe god under wunige,
     þæt he on þa grimman tid gode licie,
27v   þonne he ofer weoruda gehwylc wuldre scineð
1335 of his heahsetle hlutran lege.
     Þær he fore englum ond fore elþeodum
471   to þam eadgestum ærest mæðleð
1338 ond him swæslice sibbe gehateð,
     heofona heahcyning; halgan reorde
474   frefreð he fægre ond him friþ beodeð,
1341 hateð hy gesunde ond gesenade
     on eþel faran engla dreames,
477   ond þæs to widan feore willum neotan:
1344 "Onfoð nu mid freondum mines fæder rice
     þæt eow wæs ær woruldum wynlice gearo,
480   blæd mid blissum, beorht eðles wlite,
1347 hwonne ge þa lifwelan mid þam leofstum,
     swase swegldreamas, geseon mosten.

---

459 þendan] a *is altered from* u.
460 lifgan] a *is over an erased letter. Punctuation:* :7
461 *MS* NU. *The scribe has written the last four words of the preceding section to the right hand side of the page in order to set off the beginning of the new section clearly. Half of the initial is in the margin; initials: 25 mm and 7.5 mm.*
463 innan] *MS* mnan. *Though it is hard to imagine the scribe writing out this odd combination of letters, the first letter is definitely an* m; *compare it with the word* gimmum, *directly below it in the manuscript.*
468 gehwylc / wuldre] 27v *begins.*   gehwylc] *This is written in the bottom margin below* weoruda.
470 elþeodum] u *is over an erased letter.*
471 mæðleð] *MS* mædleð.
474 fægre] g *is over an erased letter.*
481 leofstum] *MS* leoftum.

483 Ge þæs earnedon þa ge earme men,
1350 woruldþearfende, willum onfengum
on mildum sefan. Ðonne hy him þurh minne noman
486 eaðmode to eow arna bædun,
1353 þonne ge hyra hulpon ond him hleoð gefon,
hingrendum hlaf ond hrægl nacedum;
489 ond þa þe on sare seoce lagun,
1356 æfdon unsofte, adle gebundne,
to þam ge holdlice hyge staþeladon
492 mid modes myne. Eall ge þæt me dydon,
1359 ðonne ge hy mid sibbum sohtun, ond hyra sefan trymedon
forð on frofre. Þæs ge fægre sceolon
495 lean mid leofum lange brucan."
1362   Onginneð þonne to þam yflum ungelice
wordum mæðlan þe him bið on þa wynstran hond,
498 þurh egsan þrea, alwalda god.
1365 Ne þurfon hi þonne to meotude miltse gewenan,
lifes ne lissa, ac þær lean cumað
501 werum bi gewyrhtum worda ond dæda,
1368 reordberendum; sceolon þone ryhtan dom
28r anne geæfnan, egsan fulne.
504 Bið þær seo miccle milts afyrred
1371 þeodbuendum, on þam dæge,
þæs ælmihtigan, þonne he yrringa
507 on þæt fræte folc firene stæleð
1374 laþum wordum, hateð hyra lifes ryht
ondweard ywan þæt he him ær forgeaf
510 syngum to sælum. Onginneð sylf cweðan,
1377 swa he to anum sprece, ond hwæþre ealle mæneð,
firensynnig folc, frea ælmihtig:

---

484 onfengum] *see commentary.*
490 æfdon] *see commentary.*   unsofte] u *accented.*
502 dom] *accented.*
503 geæfnan / egsan] *28r begins.*
504 miccle] *The 1st c has been added above in a tiny script (probably by the same hand); there is an insertion mark below the line.*   afyrred] a *accented.*
509 ywan] *MS* yðan.

513   "Hwæt, ic þec, mon, minum hondum
1380 ærest geworhte, ond þe ondgiet sealde.
      Of lame ic þe leoþe gesette, geaf ic ðe lifgendne gæst,
516   arode þe ofer ealle gesceafte, gedyde ic þæt þu onsyn hæfdest,
1383 mægwlite me gelicne. Geaf ic þe eac meahta sped,
      welan ofer widlonda gehwylc, nysses þu wean ænigne dæl,
519   ðystra þæt þu þolian sceolde. Þu þæs þonc ne wisses.
1386 Þa ic ðe swa scienne gesceapen hæfde,
      wynlicne geworht, ond þe welan forgyfen
522   þæt ðu mostes wealdan worulde gesceaftum,
1389 ða ic þe on þa fægran foldan gesette
      to neotenne neorxnawonges
525   beorhtne blædwelan, bleom scinende,
1392 ða þu lifes word læstan noldes,
      ac min bibod bræce be þines bonan worde.
528   Fæcnum feonde furþor hyrdes,
1395 sceþþendum scaþan, þonne þinum scyppende.
      Nu ic ða ealdan race anforlæte,
531   hu þu æt ærestan yfle gehogdes,
1398 firenweorcum forlure þæt ic ðe to fremum sealde.
      Þa ic þe goda swa fela forgiefen hæfde
534   ond þe on þam eallum eades to lyt
1401 mode þuhte, gif þu meahte sped
28v   efenmicle gode agan ne moste,
537   ða þu of þan gefean fremde wurde,
1404 feondum to willan feor aworpen.
      Neorxnawonges wlite nyde sceoldes
540   agiefan geomormod gæsta eþel,
1407 earg ond unrot, eallum bidæled

---

514 sealde] *The 1st* e *has been added above in a tiny script (probably the same hand); there is an insertion mark below the line.*
515 leoþe] *see commentary.*
518 widlonda] i *accented.*
529 scaþan] *MS* sceaþan, *with* e *expuncted.*
536 efenmicle / gode] *28v begins.* gode] go *is over an erasure.*
540 agiefan] a *accented.*
541 unrot] *has two accents.*

dugeþum ond dreamum   ond þa bidrifen wurde
543   on þas þeostran weoruld,   þær þu þolades siþþan
1410   mægenearfeþu   micle stunde,
sar ond swar gewin   ond sweartne deað,
546   ond æfter ingonge   hreosan sceoldes
1413   hean in helle,   helpendra leas.
Ða mec ongon hreowan   þæt min hondgeweorc
549   on feonda geweald   feran sceolde,
1416   moncynnes tuddor   mancwealm seon,
sceolde uncuðne   eard cunnian,
552   sare siþas.   Þa ic sylf gestag,
1419   maga in modor,   þeah wæs hyre mægdenhad
æghwæs onwalg.   Wearð ic ana geboren
555   folcum to frofre.   Mec mon folmum biwond,
1422   biþeahte mid þearfan wædum,   ond mec þa on þeostre alegde
biwundenne mid wonnum claþum.   Hwæt, ic þæt for worulde
geþolade.
558   Lytel þuhte ic leoda bearnum,   læg ic on heardum stane,
1425   cildgeong on crybbe.   Mid þy ic þe wolde cwealm afyrran,
hat helle bealu,   þæt þu moste halig scinan
561   eadig on þam ecan life,   forðon ic þæt earfeþe wonn.

1428   Næs me for mode,   ac ic on magugeoguðe
yrmþu geæfnde,   arleas licsar,
564   þæt ic þurh þa   wære þe gelic,
1431   ond þu meahte   minum weorþan

---

542 dugeþum] e *is altered from* u.
543 þeostran] þeo *is over an erasure.*
545 sar] *accented.*
546 ingonge] *For* hingonge; *see commentary.*
550 mancwealm] *1st* a *accented.*
554 æghwæs] hwæs *is over an erasure.*   ana] *has two accents.*
561 wonn] *accented.   Punctuation:* :7
562 *This section is preceded by a line blank except for the last four words of the previous verse, which are written at the right hand side of the line. The first two lines of the text are indented to accommodate the initial, which is half in the margin. The æ is large though minuscule in shape; initials: 29 mm and 7 mm.*
564 þe gelic] *MS* wege lic.

mægwlite gelic,   mane bidæled.

567   Ond fore monna lufan   min þrowade
29r   heafod hearmslege;   hleor geþolade
      oft ondlata,   arleasra spatl,
570   of muðe onfeng,   manfremmendra.
1437 Swylce hi me geblendon   bittre tosomne
      unswetne drync   ecedes ond geallan.
573   Ðonne ic fore folce onfeng   feonda geniðlan,
1440 fylgdon me mid firenum   fæhþe ne rohtun,
      ond mid sweopum slogun.   Ic þæt sar for ðe
576   þurh eaðmedu   eall geþolade,
1443 hosp ond heardcwide.   Þa hi hwæsne beag
      ymb min heafod   heardne gebygdon,
579   þream biþrycton,   se wæs of þornum geworht.
1446 Ða ic wæs ahongen   on heanne beam,
      rode gefæstnad,   ða hi ricene mid spere
582   of minre sidan   swat ut guton,
1449 dreor to foldan,   þæt þu of deofles þurh þæt
      nydgewalde   genered wurde.
585   Ða ic, womma leas,   wite þolade,
1452 yfel earfeþu,   oþþæt ic anne forlet
      of minum lichoman   lifgendne gæst.
588   Geseoð nu þa feorhdolg   þe ge gefremedun ær
1455 on minum folmum   ond on fotum swa some,
      þurh þa ic hongade   hearde gefæstnad;
591   meaht her eac geseon   orgete nu gen
1458 on minre sidan   swatge wunde.

---

566 bidæled] l *is altered from* b, *with part of the bow of* b *being used subsequently to form the following* e.
568 hleor / geþolade] 29r *begins.*
569 ondlata] *The final* a *is altered by scraping.*
570 manfremmendra] a *accented.*
580 heanne] *The* ne *is added above in a tiny script (probably the same hand).*
582 guton] MS gotun.
583 þurh] ur *is over erased letters.*
585 wite] e *is altered from* a.
591 her] *accented.* eac] *accented.*

Hu þær wæs unefen racu unc gemæne.
594 Ic onfeng þin sar þæt þu gesælig moste
1461 mines eþelrices eadig neotan,
ond þe mine deaðe deore gebohte
597 þæt longe lif þæt þu on leohte siþþan,
1464 wlitig, womma leas, wunian mostes.
Læg min flæschoma in foldan bigrafen,
600 niþre gehyded, se ðe nængum scod,
1467 in byrgenne, þæt þu meahte beorhte uppe
on roderum wesan, rice mid englum.
29v For hwon forlete þu lif þæt scyne
1470 þæt ic þe for lufan mid mine lichoman
heanum to helpe hold gecypte?
606 Wurde þu þæs gewitleas þæt þu waldende
1473 þinre alysnesse þonc ne wisses?
Ne ascige ic nu owiht bi þam bitran
609 deaðe minum þe ic adreag fore þe,
1476 ac forgield me þin lif, þæs þe ic iu þa min
þurh woruldwite weorð gesealde;
612 ðæs lifes ic manige þe þu mid leahtrum hafast
1479 ofslegen synlice sylfum to sconde.
For hwan þu þæt selegescot þæt ic me swæs on þe
615 gehalgode, hus to wynne,
1482 þurh firenlustas, fule synne,
unsyfre bismite sylfes willum?
618 Ge þu þone lichoman þe ic alysde me
1485 feondum of fæðme, ond þa him firene forbead,
scyldwyrcende scondum gewemdest.

---

593 unefen] u *accented.*
594 sar] *accented.* gesælig moste] *MS* moste gesælig, *with a* g *partly erased after* æ.
600 scod] *accented.*
603 forlete / þu] *29v begins.* þu] *accented.* lif] *accented.*
608 nu] *accented.*
610 lif] *accented.* iu] *accented.* þa] *MS* þe. min] *accented.*
611 weorð] r *is over an erased letter.*
614 selegescot] o *accented.*
615 hus] *accented.*

621 For hwon ahenge þu mec hefgor on þinra honda rode
1488 þonne iu hongade? Hwæt, me þeos heardra þynceð.
      Nu is swærra mid mec þinra synna rod
624 þe ic unwillum on beom gefæstnad,
1491 þonne seo oþer wæs þe ic ær gestag,
      willum minum, þa mec þin wea swiþast
627 æt heortan gehreaw, þa ic þec from helle ateah,
1494 þær þu hit wolde sylfa siþþan gehealdan.
      Ic wæs on worulde wædla þæt ðu wurde welig in heofonum,
630 earm ic wæs on eðle þinum þæt þu worde eadig on minum.
1497 Þa ðu þæs ealles ænigne þonc
      þinum nergende nysses on mode.
633 Bibead ic eow þæt ge broþor mine
30r in woruldrice wel aretten
      of þam æhtum þe ic eow on eorðan geaf,
636 earmra hulpen. Earge ge þæt læstun —
1503 þearfum forwyrndon þæt hi under eowrum þæce mosten
      in gebugan, ond him æghwæs oftugon,
639 þurh heardne hyge, hrægles nacedum,
1506 moses meteleasum. Þeah hy him þurh minne noman
      werge, wonhale, wætan bædan,
642 drynces gedreahte, duguþa lease,
1509 þurste geþegede, ge him þriste oftugon.
      Sarge ge ne sohton, ne him swæslic word
645 frofre gespræcon, þæt hy þy freoran hyge
1512 mode gefengen. Eall ge þæt me dydan,
      to hynþum heofoncyninge. Þæs ge sceolon hearde adreogan
648 wite to widan ealdre, wræc mid deoflum geþolian."

---

621 ahenge] a *accented.*
622 iu] *accented, and written over an erasure.*
624 gefæstnad] d *is altered from* ð *by scraping away the top part of its crossbar.*
626 wea] *accented.*
627 ateah] a *accented.*
630 worde] *For* wurde; *see commentary.*
633 mine / in] *30r begins.* mine] *This is written in the bottom margin at the end of the line beneath* gebroþor.
641 werge] wynn *is over an erased letter.*
644 word] *A letter has been erased before* wynn.

1515 Ðonne þær ofer ealle egeslicne cwide
     sylf sigora weard, sares fulne,
651 ofer þæt fæge folc forð forlæteð,
1518 cwið to þara synfulra sawla feþan:
     "Farað nu, awyrgde, willum biscyrede
654 engla dreames, on ece fir
1521 þæt wæs Satane ond his gesiþum mid
     deofle gegearwad ond þære deorcan scole,
657 hat ond heorogrim — on þæt ge hreosan sceolan."
1524 Ne magon hi þonne gehynan heofoncyninges bibod,
     rædum birofene. Sceolon raþe feallan
660 on grimne grund þa ær wiþ gode wunnon.
1527 Bið þonne rices weard reþe ond meahtig,
     yrre ond egesful. Ondweard ne mæg
663 on þissum foldwege feond gebidan.

1530 Swapeð sigemece mid þære swiðran hond
30v   þæt on þæt deope dæl deofol gefeallað
666 in sweartne leg, synfulra here
1533 under foldan sceat, fæge gæstas
     on wraþra wic, womfulra scolu
669 werge to forwyrde on witehus,
1536 deaðsele deofles. Nales dryhtnes gemynd
     siþþan gesecað, synne ne aspringað,
672 þær hi leahtrum fa, lege gebundne,

---

651 forlæteð] e *is over an erased letter.*
654 fir] *accented.*
656 gegearwad] *2nd* g *is over an erased letter.*
660 grimne] *MS* grim ne. *A minim has been erased, leaving a space between* m
and n.
663 *Punctuation:* :7
664 Swapeð] *MS* SWApeð. *This section is preceded by one blank line. The
initial is almost entirely in the margin; initials: 23 mm, 9 mm and 6 mm.*
swiðran] *MS* swiran.
665 deope / dæl] *30v begins.*
667 sceat] *The* e *is added above in a tiny script (probably by the same hand);
there is no insertion sign.*
670 deofles] *MS* deofoles, *with* o *expuncted.*
672 fa] *accented.*

1539 swylt þrowiað. Bið him synwracu
      ondweard undyrne; þæt is ece cwealm.
675 Ne mæg þæt hate dæl of heoloðcynne
1542 in sinnehte synne forbærnan
      to widan feore, wom of þære sawle,
678 ac þær se deopa seað dreorge fedeð,
1545 grundleas giemeð gæsta on þeostre,
      æleð hy mid þy ealdan lige, ond mid þy egsan forste;
681 wraþum wyrmum ond mid wita fela,
1548 frecnum feorhgomum, folcum scendeð.
      Þæt we magon eahtan ond on an cweþan,
684 soðe secgan, þæt se sawle weard,
1551 lifes wisdom, forloren hæbbe,
      se þe nu ne giemeð hwæþer his gæst sie
687 earm þe eadig, þær he ece sceal
1554 æfter hingonge hamfæst wesan.
      Ne bisorgað he synne to fremman,
690 wonhydig mon, ne he wihte hafað
1557 hreowe on mode þæt him halig gæst
      losige þurh leahtras on þas lænan tid.
693 Ðonne mansceaða fore meotude forht,
1560 deorc on þam dome standeð, ond deaðe fah,
      wommum awyrged bið se wærloga
696 fyres afylled. Feores unwyrðe,
1563 egsan geþread, ondweard gode
      won ond wliteleas hafað werges bleo,
699 facentacen feores. Ðonne firena bearn
31r tearum geotað, þonne þæs tid ne biþ,
      synne cwiþað; ac hy to sið doð
702 gæstum helpe, ðonne þæs giman nele
1569 weoruda waldend, hu þa womsceaþan

---

683 an] *accented.*
685 wisdom] o *accented.*
686 nu] *accented.*
694 fah] *accented.*
696 unwyrðe] u *is accented and* ð *is altered from* d *by adding a crossbar.*
699 bearn / tearum] *31r begins.*

   hyra ealdgestreon on þa openan tid
705 sare greten. Ne biþ þæt sorga tid
1572 leodum alyfed, þæt þær læcedom
   findan mote, se þe nu his feore nyle
708 hælo strynan þenden her leofað.
1575 Ne bið þær ængum godum gnorn ætywed,
   ne nængum yflum wel, ac þær æghwæþer
711 anfealde gewyrht ondweard wigeð.
1578 Forðon sceal onnettan, se þe agan wile
   lif æt meotude, þenden him leoht ond gæst
714 somodfæst seon. He his sawle wlite
1581 georne bigonge on godes willan,
   ond wær weorðe worda ond dæda,
717 þeawa ond geþonca, þenden him þeos woruld,
1584 sceadum scriþende, scinan mote,
   þæt he ne forleose on þas lænan tid
720 his dreames blæd ond his dagena rim
1587 ond his weorces wlite ond wuldres lean,
   þætte heofones cyning on þa halgan tid
723 soðfæst syleð to sigorleanum
1590 þam þe him on gæstum georne hyrað.
   Þonne heofon ond hel hæleþa bearnum,
726 fira feorum, fylde weorþeð.
1593 Grundas swelgað godes ondsacan,
   lacende leg laðwende men,
729 þreað þeodsceaþan, ond no þonan lætað
1596 on gefean faran to feorhnere,
   ac se bryne bindeð bidfæstne here,
732 feoð firena bearn. Frecne me þinceð

---

704 tid] *accented.*
705 tid] *accented.*
706 læcedom] o *accented.*
711 gewyrht] yrht *is over an erasure.*
712 onnettan] *see commentary.* agan] *1st* a *accented.*
716 wær] *MS* þær.
729 lætað] *see commentary.*
731 bidfæstne] *MS* bið fæstne.

1599 þæt þæs gæstberend giman nellað,
      men on mode, þonne man [fremmað],
31v   hwæt him se waldend to wrace gesette,
1602 laþum leodum. Þonne lif ond dead
      sawlum swelgað. Bið susla hus
738   open ond odeawed, aðlogum ongean,
1605 ðæt sceolon fyllan firengeorne men
      sweartum sawlum. Þonne synna [to] wrace
741   scyldigra scolu ascyred weorþeð
1608 heane from halgum on hearmcwale.
      Ðær sceolan þeofas ond þeodsceaþan,
744   lease ond forlegene, lifes ne wenan,
1611 ond mansworan morþorlean seon,
      heard ond heorogrim. Þonne hel nimeð
747   wærleasra weorud, ond hi waldend giefeð
1614 feondum in forwyrd; fa þrowiað
      ealdorbealu egeslic. Earm bið se þe wile
750   firenum gewyrcan, þæt he fah scyle
1617 from his scyppende ascyred weorðan
      æt domdæge to deaðe niþer,
753   under helle cinn in þæt hate fyr,
1620 under liges locan, þær hy leomu ræcað

---

733 þæs] *MS* þas.
734 man] *accented*. fremmað] *add. ed.*
735 waldend / to] *31v begins.* waldend] dend *is written in the bottom margin at the right hand side beneath* wal. *When the scribe realized he had more than enough space to finish copying his text on this opening, he began to space out the words more generously so that the next poem could begin at the top of a new folio (without leaving a gaping blank area). Even so, he still finished three-and-a-half lines short of the end of folio 32r.*
737 hus] *accented*.
740 to wrace] *MS* wracu.
744 lease] l *is altered from an earlier minim — the serif is still visible on the ascender.*
745 mansworan] *1st* a *accented*. morþorlean] *MS* moþor lean.
748 fa] *accented*.
750 fah] *accented*.
752 domdæge] o *accented*.
753 fyr] *accented*. y *is altered from* i *by scraping away its foot and adding a descender.*
754 under] u *accented*.

to bindenne ond to bærnenne
756 ond to swingenne synna to wite.
1623 Đonne halig gæst helle biluceð,
morþerhusa mæst, þurh meaht godes,
759 fyres fulle, ond feonda here,
1626 cyninges worde. Se biþ cwealma mæst
deofla ond monna. Þæt is dreamleas hus,
762 ðær ænig ne mæg, ower losian
1629 caldan clommum. Hy bræcon cyninges word
beorht boca bibod; forþon hy abidan sceolon
765 in sinnehte, sar endeleas,
1632 firendædum fa forð þrowian,
ða þe her forhogdun heofonrices þrym.
768 Þonne þa gecorenan fore Crist berað
1635 beorhte frætwe. Hyra blæd leofað
æt domdæge, agan dream mid gode
32r liþes lifes, þæs þe alyfed biþ
1638 haligra gehwam on heofonrice.
Đæt is se eþel þe no geendad weorþeð,
774 ac þær symle forð synna lease
1641 dream weardiað, dryhten lofiað,
leofne lifes weard, leohte biwundne,
777 sibbum bisweðede, sorgum biwerede,
1644 dreamum gedyrde, dryhtne gelyfde.
Awo to ealdre engla gemanan
780 brucað mid blisse, beorhte mid lisse,
1647 freogað folces weard. Fæder ealra geweald
hafað ond healdeð haligra weorud.
783 Đær is engla song, eadigra blis,

755 bindenne]*There are three minims resembling an* m *above the 1st* n *of*
bindenne *(but their significance, if any, is not clear).*
758 morþerhusa] e *is altered from* o.
761 hus] *accented.*
762 ower] *MS* oþer.
766 fa] *accented.*
767 forhogdun] *MS* hogdun.
769 beorhte] o *is over an erased letter.*
771 þe / alyfed] *32r begins.*

1650 þær is seo dyre   dryhtnes onsien
     eallum þam gesælgum   sunnan leohtra.

786 Ðær is leofra lufu,   lif butan endedeaðe,

1653 glæd gumena weorud,   gioguð butan ylde,
     heofonduguða þrym,   hælu butan sare,

789 ryhtfremmendum   ræst butan gewinne,

1656 domeadigra   dæg butan þeostrum,
     beorht blædes full,   blis butan sorgum,

792 frið freondum bitweon   forð butan æfestum,

1659 gesælgum on swegle,   sib butan niþe
     halgum on gemonge.   Nis þær hungor ne þurst,

795 slæp ne swar leger,   ne sunnan bryne,

1662 ne cyle ne cearo,   ac þær cyninges giefe
     awo brucað   eadigra gedryht,

32v weoruda wlitescynast,   wuldres mid dryhten.

---

784 þær] *MS* þæs.
786 lif] *accented.*
790 domeadigra] o *accented.*
795 swar] *accented.*
796 giefe] *MS* gief, *with a letter erased after* f.
798 dryhten /] *32v begins. Punctuation:* :-:7

The Life of Saint Guthlac (A)

Se bið gefeana fægrast   þonne hy æt frymðe gemetað,
engel ond seo eadge sawl.   Ofgiefeþ hio þas eorþan wynne,
3   forlæteð þas lænan dreamas,   ond hio wiþ þam lice gedæleð.
Ðonne cwið se engel   (hafað yldran had),
greteð gæst oþerne,   abeodeð him godes ærende:
6   "Nu þu most feran   þider þu fundadest
longe ond gelome.   Ic þec lædan sceal.
Wegas þe sindon weþe   ond wuldres leoht
9   torht ontyned.   Eart nu tidfara
to þam halgan ham."   Þær næfre hreow cymeð,
edergong fore yrmþum,   ac þær biþ engla dream,
12   sib ond gesælignes,   ond sawla ræst,
ond þær a to feore   gefeon motum,
dryman mid dryhten,   þa þe his domas her
15   æfnað on eorþan.   He him ece lean
healdeð on heofonum,   þær se hyhsta
ealra cyninga cyning   ceastrum wealdeð.
18   Ðæt sind þa getimbru   þe no tydriað,
ne þam fore yrmþum   þe þær in wuniað
lif aspringeð,   ac him bið lenge hu sel —
21   geoguþe brucað   ond godes miltsa.
Þider soðfæstra   sawla motun
cuman æfter cwealme,   þa þe her Cristes æ
24   lærað ond læstað,   ond his lof rærað.

---

1 *MS* SEBIÐ GEFEANA FÆGrast. *The initial, which is half in the margin, intrudes into the first three lines of the text. The* æ *of* fægrast *is a tiny letter written in the blank space between the two arms of the* f, *a technique often found in the display headings of elaborate gospel books; initials: 42 mm and 11 mm (up to and including* g *of* fægrast *). The following modern annotation has been made in the upper margin:* of the Joyes prepared for them that serve god and keepe his commaundmentes. *This text begins at the top of folio 32v.*
13 a] *accented.* motum] *see commentary.*
18 no] *MS* nu *(with an accent).*
23 æ] *accented.*

Oferwinnað þa awyrgdan gæstas,   bigytað him wuldres ræste,
hwider sceal þæs monnes   mod astigan,
27   ær oþþe æfter,   þonne he his ænne her
gæst bigonge,   þæt se gode mote,
33r   wommaclæne,   in geweald cuman.
30   Monge sindon   geond middangeard
hadas under heofonum,   þa þe in haligra
rim arisað.   We þæs ryht magun
33   æt æghwylcum   anra gehyran,
gif we halig bebodu   healdan willað.
Mæg nu snottor guma   sæle brucan
36   godra tida   ond his gæste forð
weges willian.   Woruld is onhrered,
colaþ Cristes lufu,   sindan costinga
39   geond middangeard   monge arisene,
swa þæt geara iu   godes spelbodan
wordum sægdon   ond þurh witedom
42   eal anemdon,   swa hit nu gongeð.
Ealdað eorþan blæd   æþela gehwylcre
ond of wlite wendað   wæstma gecyndu;
45   bið seo siþre tid   sæda gehwylces
mætre in mægne.   Forþon se mon ne þearf
to þisse worulde   wyrpe gehycgan,
48   þæt he us fægran   gefean bringe
ofer þa niþas   þe we nu dreogað,
ærþon endien   ealle gesceafte
51   ða he gesette   on siex dagum,

---

25 gæstas] tas *has been added above in a tiny script (probably by the same hand); there is an insertion mark below the line.*
29 clæne / in] *33r begins.*
34 gif we] if we *is over an erasure.*
39 arisene] a *accented.*
40 iu] u *accented.*
41 witedom] o *accented.*
42 anemdon] a *accented.*
45 tid] *accented.*
46 mætre] The e *is hooked.*
49 nu] *accented.*

ða nu under heofonum hadas cennað,
micle ond mæte. Is þes middangeard
54 dalum gedæled. Dryhten sceawað
hwær þa eardien þe his æ healden;
gesihð he þa domas dogra gehwylce
57 wonian ond wendan of woruldryhte
ða he gesette þurh his sylfes word.
He fela findeð fea beoð gecorene.
60 Sume him þæs hades hlisan willað
wegan on wordum ond þa weorc ne doð.
Bið him eorðwela ofer þæt ece lif
33v hyhta hyhst, se gehwylcum sceal
foldbuendra fremde geweorþan.
Forþon hy nu hyrwað haligra mod,
66 ða þe him to heofonum hyge staþeliað,
witon þæt se eðel ece bideð
ealra þære mengu þe geond middangeard
69 dryhtne þeowiað ond þæs deoran ham
wilniað bi gewyrhtum. Swa þas woruldgestreon
on þa mæran god bimutad weorþað,
72 ðonne þæt gegyrnað þa þe him godes egsa
hleonaþ ofer heafdum. Hy þy hyhstan beoð
þrymme geþreade, þisses lifes
75 þurh bibodu brucað ond þæs betran forð
wyscað ond wenaþ. Wuldres bycgað,
sellað ælmessan, earme frefrað,
78 beoð rummode ryhtra gestreona,
lufiað mid lacum þa þe læs agun,

---

55 æ] *accented.*
58 word] *accented.*
63 gehwylcum / sceal] *33v begins.*
65 nu] *accented.*
67 eðel] *MS* eleð.
71 god] *accented.* bimutad] *MS* bimutað.
75 bibodu] *2nd* b *is over an erased letter.*
78 rummode] u *accented.*

dæghwam dryhtne þeowiaþ;   he hyra dæde sceawað.
81   Sume þa wuniað   on westennum,
secað ond gesittað   sylfra willum
hamas on heolstrum;   hy ðæs heofoncundan
84   boldes bidað.   Oft him brogan to
laðne gelædeð,   se þe him lifes ofonn,
eaweð him egsan,   hwilum idel wuldor,
87   brægdwis bona   hafað bega cræft,
eahteð anbuendra.   Fore him englas stondað,
gearwe mid gæsta wæpnum,   beoþ hyra geoca gemyndge,
90   healdað haligra feorh ,   witon hyra hyht mid dryhten.
þæt synd þa gecostan cempan   þa þam cyninge þeowað,
se næfre þa lean alegeð   þam þe his lufan adreogeð.

93   Magun we nu nemnan   þæt us neah gewearð
34r   þurh haligne   had gecyþed,
hu Guðlac his   in godes willan
96   mod gerehte,   man eall forseah,
eorðlic æþelu,   upp gemunde
ham in heofonum.   Him wæs hyht to þam,
99   siþþan hine inlyhte   se þe lifes weg
gæstum gearwað,   ond him giefe sealde
engelcunde,   þæt he ana ongan
102   beorgseþel bugan,   ond his blæd gode

---

80 The d of dæghwam *is large though minuscule in shape, and has been altered from* d *by adding a crossbar; compare it with the large minuscule eths in lines 2 and 6 of this folio.*
84 to] *accented.*
85 ofonn] *2nd* o *is accented.*
86 egsan] gs *is over an erasure.*
88 anbuendra] *1st* a *is accented.*
92 *Punctuation:* :7
93 *MS* MAgun. *This section is preceded by a line blank except for the word* adreogeð, *which is written at the far right hand side of the folio with a sign before it indicating it is the last word of the preceding section; initials: 22 mm and 9 mm.*
94 haligne / had] *34r begins.* had] *accented.*
96 *The word* Guðlac *has been written in the right margin opposite the first line of this folio in a modern hand.*
97 upp] *accented.*

þurh eaðmedu ealne gesealde,
ðone þe he on geoguðe bigan sceolde
105 worulde wynnum. Hine weard biheold
halig of heofonum, se þæt hluttre mod
in þæs gæstes god georne trymede.
108   Hwæt, we hyrdon oft þæt se halga wer
in þa ærestan ældu gelufade
frecnessa fela. Fyrst wæs swa þeana
111 in godes dome, hwonne Guðlace
on his ondgietan engel sealde
þæt him sweðraden synna lustas.
114 Tid wæs toweard — hine twegen ymb
weardas wacedon, þa gewin drugon,
engel dryhtnes ond se atela gæst.
117 Nalæs hy him gelice lare bæron
in his modes gemynd mongum tidum.
Oþer him þas eorþan ealle sægde
120 læne under lyfte, ond þa longan god
herede on heofonum, þær haligra
sawla gesittað in sigorwuldre
123 dryhtnes dreamas. He him dæda lean
georne gieldeð, þam þe his giefe willað
þicgan to þonce ond him þas woruld
126 uttor lætan þonne þæt ece lif.
Oþer hyne scyhte þæt he sceaðena gemot
nihtes sohte ond þurh neþinge
129 wunne æfter worulde, swa doð wræcmæcgas
34v þa þe ne bimurnað monnes feore
þæs þe him to honda huþe gelædeð,

---

104 on] *accented.*
105 weard] *MS* wearð.
107 god] *accented.*
113 þæt] *MS has the abbreviation sign here, followed by an erased area (2 lettters?).*
116 atela] *1st* a *accented.*
120 lyfte] y *is altered from* i *by adding two strokes.*   god] *accented.*
126 lif] *accented.*
130 bimurnað / monnes] *34v begins.*

132   butan hy þy reafe   rædan motan.
       Swa hy hine trymedon   on twa healfa
       oþþæt þæs gewinnes   weoroda dryhten
135   on þæs engles dom   ende gereahte.
       Feond wæs geflymed;   siþþam frofre gæst
       in Guðlaces   geoce gewunade,
138   lufade hine ond lærde   lenge hu geornor,
       þæt him leofedan   londes wynne,
       bold on beorhge.   Oft þær broga cwom
141   egeslic ond uncuð,   ealdfeonda nið,
       searocræftum swiþ.   Hy him sylf hyra
       onsyn ywdon,   ond þær ær fela
144   setla gesæton.   Þonan sið tugon
       wide waðe,   wuldre byscyrede,
       lyftlacende.   Wæs seo londes stow
147   bimiþen fore monnum,   oþþæt meotud onwrah
       beorg on bearwe,   þa se bytla cwom
       se þær haligne   ham ærærde,
150   nales þy he giemde   þurh gitsunga
       lænes lifwelan,   ac þæt lond gode
       fægre gefreoþode,   siþþan feond oferwon
153   Cristes cempa.   He gecostad   wearð
       in gemyndigra   monna tidum,
       ðara þe nu gena   þurh gæstlicu
156   wundor weorðiað   ond his wisdomes
       hlisan healdað,· þæt se halga þeow
       elne geeode,   þa he ana gesæt
159   dygle stowe.   Ðær he dryhtnes lof
       reahte ond rærde;   oft þurh reorde abead
       þam þe þrowera   þeawas lufedon,

---

135 dom] *accented.*
136 siþþam] *see commentary.*
148 on] *accented.*
149 ham] *accented.*   ærærde] a *accented.*
153 gecostad] *MS* ge costað.

162   godes ærendu, þa him gæst onwrah
       lifes snyttru, þæt he his lichoman
       wynna forwyrnde ond woruldblissa,
165   seftra setla ond symbeldaga,
       swylce eac idelra eagena wynna,
35r   gierelan gielplices. Him wæs godes egsa
168   mara in gemyndum þonne he menniscum
       þrymme æfter þonce þegan wolde.

       God wæs Guðlac — he in gæste bær
171   heofoncundne hyht, hælu geræhte
       ecan lifes. Him wæs engel neah,
       fæle freoðuweard, þam þe feara sum
174   mearclond gesæt. þær he mongum wearð
       bysen on Brytene, siþþan biorg gestah
       eadig oretta, ondwiges heard.
177   Gyrede hine georne mid gæstlicum
       wæpnum [ond wædum] wong bletsade,
       him to ætstælle ærest arærde
180   Cristes rode, þær se cempa oferwon
       frecnessa fela. Frome wurdum monge
       godes þrowera. We þæs Guðlaces
183   deorwyrðne dæl dryhtne cennað.
       He him sige sealde ond snyttrucræft,
       mundbyrd meahta, þonne mengu cwom
186   feonda færscytum fæhðe ræran.
       Ne meahton hy æfeste anforlætan,

---

162 ærendu] *A small v-shaped* u *has been superimposed on top of the original* o *ending.*
167 gielp- / lices] *35r begins.*
169 *Punctuation:* :7:-
170 *MS* GOD. *This section is preceded by one blank line. The initial, half of which extends into the margin, intrudes into the first two lines of the text; initials: 29 mm, 5 mm and 5 mm. The word* Guðlac *is written opposite the first line of this folio in the right hand margin.*
178 ond wædum] *add. ed.*
181 wurdum] *see commentary.*
182 Guðlaces] *MS* guð lace

ac to Guðlaces gæste gelæddun
189 frasunga fela.   Him wæs fultum neah,
engel hine elne trymede,   þonne hy him yrre hweopan,
frecne fyres wylme.   Stodan him on feðehwearfum,
192 cwædon þæt he on þam beorge   byrnan sceolde
ond his lichoman   lig forswelgan,
þæt his earfeþu   eal gelumpe
195 modcearu mægum,   gif he monna dream
of þam orlege   eft ne wolde
.   sylfa gesecan,   ond his sibbe ryht
35v   midmoncynne   maran cræfte
willum bewitigan,   lætan wræce stille.
    Swa him yrsade,   se for ealle spræc
201 feonda mengu.   No þy forhtra wæs
Guðlaces gæst,   ac him god sealde
ellen wiþ þam egsan   þæt þæs ealdfeondes
204 scyldigra scolu   scome þrowedon.
Wæron teonsmiðas   tornes fulle,
cwædon þæt him Guðlac   eac gode sylfum
207 earfeþa mæst   ana gefremede,
siþþan he for wlence   on westenne
beorgas bræce,   þær hy bidinge,
210 earme ondsacan,   æror mostum
æfter tintergum   tidum brucan,
ðonne hy of waþum   werge cwoman
213 restan ryneþragum,   rowe gefegon
(wæs him seo gelyfed   þurh lytel fæc).
    Stod seo dygle stow   dryhtne in gemyndum
216 idel ond æmen,   eþelriehte feor,
bad bisæce   betran hyrdes.
    To þon ealdfeondas   ondan noman,

---

190 hweopan] e *is altered from* o.
195 modcearu] o *accented.*
198 moncynne / maran] *35v begins.*
209 hy] *MS* he.
210 mostum] *see commentary.*
217 bad] *accented.*

219   swa hi singales sorge dreogað.

     Ne motun hi on eorþan eardes brucan,

     ne hy lyft swefeð in leoma ræstum,

222   ac hy hleolease hama þoliað,

     in cearum cwiþað, cwealmes wiscað,

     willen þæt him dryhten þurh deaðes cwealm

225   to hyra earfeða ende geryme.

     Ne mostun hy Guðlaces gæste sceþþan,

     ne þurh sarslege sawle gedælan

228   wið lichoman, ac hy ligesearwum

     ahofun hearmstafas, hleahtor alegdon,

     sorge seofedon, þa hi swiðra oferstag

231   weard on wonge. Sceoldon wræcmæcgas

     ofgiefan gnornende grene beorgas.

36r   Hwæþre hy þa gena, godes ondsacan,

234   sægdon sarstafum, swiþe geheton,

     þæt he deaþa gedal dreogan sceolde,

     gif he leng bide laþran gemotes,

237   hwonne hy mid mengu maran cwome,

     þa þe for his life lyt sorgedon.

     Guðlac him ongean þingode, cwæð þæt hy gielpan ne þorftan

240   dædum wið dryhtnes meahtum: "Þeah þe ge me deað gehaten,

     mec wile wið þam niþum genergan se þe eowrum nydum

                                   wealdeð.

     An is ælmihtig god, se mec mæg eaðe gescyldan;

243   he min feorg freoþað. Ic eow fela wille

     soþa gesecgan — mæg ic þis setl on eow

     butan earfeðum ana geðringan;

246   ne eam ic swa fealog, swa ic eow fore stonde

     monna weorudes, ac me mara dæl

     in godcundum gæstgerynum

249   wunað ond weaxeð, se me wraþe healdeð.

---

233 þa / gena] *36r begins.*
245 geðringan] *MS* gedrin gan; *2nd* g *is altered from* c.
246 fealog] o *accented.*
248 gæstgerynum] r *is altered from* n *by adding a descender.*

Ic me anum her eaðe getimbre
hus ond hleonað; me on heofonum sind
252   lare gelonge. Mec þæs lyt tweoþ
þæt me engel to ealle gelædeð
spowende sped spreca ond dæda.
255   Gewitað nu, awyrgde, werigmode,
from þissum earde þe ge her on stondað.
Fleoð on feorweg. Ic me frið wille
258   æt gode gegyrnan; ne sceal min gæst mid eow
gedwolan dreogan, ac mec dryhtnes hond
mundað mid mægne. Her sceal min wesan
261   eorðlic eþel, nales eower leng."

Ða wearð breahtm hæfen; beorg ymbstodan
hwearfum wræcmæcgas; woð up astag
36v   cearfulra cirm; cleopedon monige
feonda foresprecan, firenum gulpon:
"Oft we ofersegon bi sæm tweonum
267   þeoda þeawas, þræce modigra,
þara þe in gelimpe life weoldon.
No we oferhygdu anes monnes
270   geond middangeard maran fundon.
Ðu þæt gehatest þæt ðu ham on hus
gegan wille, ðe eart godes yrming.
273   Bi hwon scealt þu lifgan, þeah þu lond age?
Ne þec mon hider mose fedeð;
beoð þe hungor ond þurst hearde gewinnan,

---

252 tweoþ] þ *is altered from* wynn.
253 to] *accented.*
261 *Punctuation:* :7
262 *MS* ðA. *The first initial, which is large though minuscule in form, stands mostly in the margin; initials: 25 mm and 7 mm. With the exception of the last two and a half words of the preceding sentence (which are written at the right hand extremity of the line), the line before this section has been left blank.*
264 *The last five letters of* cleopedon *are written below the last full line of writing to the right hand side of the folio.* cleopedon / monige] *36v begins.*
269 we] *MS* þe.
271 hus] *For* us; *see commentary.*
272 ðe eart] *MS* eart ðe.

276   gif þu gewitest   swa wilde deor
      ana from eþele.   Nis þæt onginn wiht.
      Geswic þisses setles.   Ne mæg þec sellan ræd
279   mon gelæran   þonne þeos mengu eall.
      We þe beoð holde   gif ðu us hyran wilt,
      oþþe þec ungearo   eft gesecað
282   maran mægne,   þæt þe mon ne þearf
      hondum hrinan,   ne þin hra feallan
      wæpna wundum.   We þas wic magun
285   fotum afyllan;   folc inðriceð
      meara þreatum   ond monfarum.
      Beoð þa gebolgne,   þa þec breodwiað
288   tredað þec ond tergað,   ond hyra torn wrecað,
      toberað þec blodgum lastum.   Gif þu ure bidan þencest,
      we þec niþa genægað.   Ongin þe generes wilnian,
291   far þær ðu freonda wene,   gif ðu þines feores recce."
      Gearo wæs Guðlac,   hine god fremede
      on ondsware   ond on elne strong.
294   Ne wond he for worde,   ac his wiþerbreocum
      sorge gesægde,   cuðe him soð genog:
      "Wid is þes westen,   wræcsetla fela,
297   eardas onhæle   earmra gæsta.
37r   Sindon wærlogan   þe þa wic bugað.
      Þeah ge þa ealle   ut abonne,
300   ond eow eac gewyrce   widor sæce,
      ge her ateoð   in þa tornwræce
      sigeleasne sið.   No ic eow sweord ongean
303   mid gebolgne hond   oðberan þence,
      worulde wæpen,   ne sceal þes wong gode
      þurh blodgyte   gebuen weorðan,

---

285 inðriceð] *MS* inðri ceð, *1st* ð *is altered from* d *by adding a crossbar and a letter is erased before* c (*probably* n, *as in MS* gedrin gan, *in l. 245b*).
296 wid] *MS* wið.
298 þa / wic] *37r begins.*
299 abonne] *MS* abunne.
301 ateoð] a *accented.*

306 ac ic minum Criste cweman þence
leofran lace. Nu ic þis lond gestag,
fela ge me earda þurh idel word
309 aboden habbað. Nis min breostsefa
forht ne fæge, ac me friðe healdeð
ofer monna cyn se þe mægna gehwæs
312 weorcum wealdeð. Nis me wiht æt eow
leofes gelong, ne ge me laþes wiht
gedon motun. Ic eom dryhtnes þeow —
315 he mec þurh engel oft afrefreð.
Forðon mec longeþas lyt gegretað,
sorge sealdun, nu mec sawelcund
318 hyrde bihealdeð. Is min hyht mid god,
ne ic me eorðwelan owiht sinne,
ne me mid mode micles gyrne,
321 ac me dogra gehwam dryhten sendeð
þurh monnes hond mine þearfe."
Swa modgade, se wið mongum stod,
324 awreðed weorðlice wuldres cempa
engla mægne. Gewat eal þonan
feonda mengu. Ne wæs se fyrst micel
327 þe hi Guðlace forgiefan þohtan.
He wæs on elne ond on eaðmedum,
bad on beorge (wæs him botles neod),
330 forlet longeþas lænra dreama.
No he hine wið monna miltse gedælde,
ac gesynta bæd sawla gehwylcre,
333 þonne he to eorðan on þam anade
37v hleor onhylde. Him of heofonum wearð

---

306 þence] *2nd* e *is altered from* a.
315 he] *The 2nd stroke of* h *extends below the line of writing and has a hook at its end.*
316 lyt] *accented. The scribe has squeezed in* lyt *at the end of the line, with the result that he could not leave a space before it to mark the caesura (as he usually does).*
317 sealdun] u *is altered from* a.
326 fyrst] rst *is over erased letters.*
334 hleor /onhylde] *37v begins.*

onbryrded breostsefa   bliðe gæste.
336   Oft eahtade   (wæs him engel neah),
hu þisse worulde   wynna þorfte
mid his lichoman   læsast brucan.
339   No him fore egsan   earmra gæsta
treow getweode,   ne he tid forsæt
þæs þe he for his dryhtne   dreogan sceolde,
342   þæt hine æreste   elne binoman
slæpa sluman   oþþe sæne mod.
Swa sceal oretta   a in his mode
345   gode compian,   ond his gæst beran
oft on ondan   þam þe eahtan wile
sawla gehwylcre   þær he gesælan mæg.
348   Symle hy Guðlac   in godes willan
fromne fundon,   þonne flygereowe
þurh nihta genipu   neosan cwoman,
351   þa þe onhæle   eardas weredon,
hwæþre him þæs wonges   wyn sweðrade;
woldun þæt him to mode   fore monlufan
354   sorg gesohte,   þæt he siþ tuge
eft to eþle.   Ne wæs þæt ongin swylc,
ðonne hine engel   on þam anade
357   geornast grette   ond him giefe sealde,
þæt hine ne meahte   meotudes willan
longað gelettan,   ac he on þæs lareowes
360   wære gewunade.   Oft worde bicwæð:
"Huru, þæs bihofað,   se ðe him halig gæst
wisað on willan   ond his weorc trymað,
363   laþað hine liþum wordum,   gehateð him lifes reste,
þæt he þæs latteowes   larum hyre,
ne lete him ealdfeond   eft oncyrran

---

344 a] accented.
350 neosan]The top of the s is missing.
352 þæs] þ is altered from wynn; a serif is still visible half way up the ascender.
sweðrade] 1st e is over an erased letter.
363 lifes] if is over an erasure.   reste] 1st e is hooked.

366   mod from his meotude.   Hu sceal min cuman
       gæst to geoce   nemne ic gode sylle
       hyrsumne hige,   þæt him heortan geþonc…

       [* * *]

38r   … ær oþþe sið   ende geweorðe,
       þæt ge mec to wundre   wegan motun.
       Ne mæg min lichoma   wið þas lænan gesceaft
372   deað gedælan,   ac he gedreosan sceal,
       swa þeos eorðe eall   þe ic her on stonde.
       Ðeah ge minne flæschoman   fyres wylme
375   forgripen gromhydge   gifran lege,
       næfre ge mec of þissum wordum onwendað   þendan mec min
                                              gewit gelæsteð.
       þeah þe ge hine sarum forsæcen,   ne motan ge mine sawl
                                              gretan,
378   ac ge on betran gebringað.   Forðan ic gebidan wille
       þæs þe me min dryhten demeð — nis me þæs deaþes sorg.
       Ðeah min ban ond blod   bu tu geweorþen
381   eorþan to eacan,   min se eca dæl
       in gefean fareð,   þær he fægran
       botles bruceð.   Nis þisses beorges setl
384   meodumre ne mara   þonne hit men duge
       se þe in þrowingum   þeodnes willan
       dæghwam dreogeð.   Ne sceal se dryhtnes þeow
387   in his modsefan   mare gelufian
       eorþan æhtwelan   þonne his anes gemet,
       þæt he his lichoman   lade hæbbe."

---

368 geþonc / ær] *38r begins. At least one folio is missing here.*
370 wegan] e *is hooked.*
371 lichoma] i *accented;* a *is followed by an erased* n.
374 flæschoman] *MS* flæs homan; *first two minims of* m *are over an erased letter.*
375 gromhydge] dge *is over an erasure and is followed by an 8 mm space.*
379 sorg] *This is preceded by an erased letter.*
380 ban] *accented.*   blod] *accented.*
384 duge] *MS* buge.

390 Ða wæs eft swa ær   ealdfeonda nið,
     wroht onwylled;   woð operne
     lythwon leoðode,   þonne in lyft astag
393 ceargesta cirm.   Symle Cristes lof
     in Guðlaces   godum mode
     weox ond wunade,   ond hine weoruda god
396 freoðade on foldan,   swa he feora gehwylc
     healdeð in hælo,   þær se hyra gæst
     þihð in þeawum.   He wæs þeara sum —
38v ne won he æfter worulde,   ac he in wuldre ahof
     modes wynne.   Hwylc wæs mara þonne se?
     An oretta   ussum tidum
402 cempa gecyðeð   þæt him Crist fore
     woruldlicra ma   wundra gecyðde.

     He hine scilde   wið sceðþenra
405 eglum onfengum   earmra gæsta.
     Wæron hy reowe   to ræssanne
     gifrum grapum.   No god wolde
408 þæt seo sawl þæs   sar þrowade
     in lichoman,   lyfde seþeana
     þæt hy him mid hondum   hrinan mosten,
411 ond þæt frið wið hy   gefreoþad wære.
     Hy hine þa hofun   on þa hean lyft,
     sealdon him meahte   ofer monna cynn,
414 þæt he fore eagum   eall sceawode
     under haligra   hyrda gewealdum

---

391 onwylled] *MS* onwyl leð, *with* leð *at the beginning of the next MS line.*
woð] *MS* soð.
399 he / æfter] *38v begins.*   ahof] *a accented.*
403 ma] *accented.   Punctuation:* ;7
404 *MS* HE. *This section is preceded by a line which is blank except for the last word of the previous section, which is written at the right hand side of the line and preceded by a text wrap mark. The initial, whose ascender is in the margin, intrudes into the first two lines of the text; initials: 46 mm and 9.5 mm.*
sceðþenra] *see commentary.*
405 onfengum] *A small* v-shaped u *has been superimposed on top of the original* o *of the inflexion.*
415 gewealdum] wynn *is altered from* h.

in mynsterum monna gebæru,
417   þara þe hyra lifes þurh lust brucan,
      idlum æhtum ond oferwlencum,
      gierelum gielplicum, swa bið geoguðe þeaw,
420   þær þæs ealdres egsa ne styreð.
      No þer þa feondas gefeon þorfton,
      ac þæs blædes hraðe gebrocen hæfdon
423   þe him alyfed wæs lytle hwile,
      þæt hy his lichoman leng ne mostan
      witum wælan; ne him wiht gescod
426   þæs þe hy him to teonan þurhtogen hæfdon.
      Læddun hine þa of lyfte to þam leofestan
      earde on eorðan, þæt he eft gestag
429   beorg on bearwe. Bonan gnornedon,
      mændon murnende þæt hy monnes bearn
      þream oferþunge, ond swa þearfendlic
39r   him to earfeðum ana cwome,
      gif hy him ne meahte maran sarum
      gyldan gyrnwræce. Guðlac sette
435   hyht in heofonas, hælu getreowde,
      hæfde feonda feng feore gedyged.
      Wæs seo æreste earmra gæsta
438   costung ofercumen. Cempa wunade
      bliþe on beorge — wæs his blæd mid god.
      Ðuhte him on mode þæt se moncynnes
441   eadig wære se þe his anum her
      feore gefreoðade, þæt him feondes hond
      æt þam ytmestan ende ne scode,
444   þonne him se dryhtnes dom wisade
      to þam nyhstan nydgedale.
      Hwæþre him þa gena gyrna gemyndge

---

416 gebæru] u *is over an erased letter which had a descender.*
421 þer] *see commentary.*
430 þæt] *MS* þæ.
432 *The last three letters of the line are written in the lower margin at the right hand side below* earfe. earfeðum / ana] *39r begins.*
445 nyhstan] h *is altered from* n.

447 edwitsprecan ermþu geheton
   tornum teoncwidum. Treow wæs gecyþed,
   þætte Guðlace god leanode
450 ellen mid arum þæt he ana gewon.
   Him se werga gæst wordum sægde:
   "No we þe þus swiðe swencan þorftan,
453 þær þu fromlice freonda larum
   hyran wolde, þa þu heam ond earm
   on þis orlege ærest cwome,
456 ða þu gehete þæt þec halig gæst
   wið earfeþum eaðe gescilde,
   for þam myrcelse þe þec monnes hond
459 from þinre onsyne æþelum ahwyrfde."
   (In þam mægwlite monge lifgað,
   gyltum forgiefene; nales gode þigað,
462 ac hy lichoman fore lufan cwemað
   wista wynnum. Swa ge weorðmyndu
   in dolum dreame dryhtne gieldað.
465 Fela ge fore monnum miþað þæs þe ge in mode gehycgað;
39v ne beoð eowre dæda dyrne, þeah þe ge hy in dygle
                 gefremme.)
   "We þec in lyft gelæddun, oftugon þe londes wynna,
468 woldun þu þe sylfa gesawe þæt we þec soð onstældun.
   Ealles þu þæs wite awunne; forþon þu hit onwendan ne
                 meahtes."
   Ða wæs agongen þæt him god wolde
471 æfter þrowinga þonc gegyldan
   þæt he martyrhad mode gelufade,
   sealde him snyttru on sefan gehygdum,
474 mægenfæste gemynd. He wið mongum stod
   ealdfeonda, elne gebylded,

---

454 heam] *see commentary.*
459 ahwyrfde] a *accented.*
466 eowre / dæda] *39v begins.*
467 gelæddun] un *is over an erasure.*
472 martyrhad] *2nd* a *is accented.*

sægde him to sorge   þæt hy sigelease
477   þone grenan wong   ofgiefan sceoldan:
"Ge sind forscadene,   on eow scyld siteð.
Ne cunnon ge dryhten   duguþe biddan,
480   ne mid eaðmedum   are secan,
þeah þe eow alyfde   lytle hwile,
þæt ge min onwald   agan mosten.
483   Ne ge þæt geþyldum   þicgan woldan,
ac mec yrringa   up gelæddon
þæt ic of lyfte   londa getimbru
486   geseon meahte.   Wæs me swegles leoht
torht ontyned   þeah ic torn druge.
Setton me in edwit   þæt ic eaðe forbær
489   rume regulas   ond reþe mod
geongra monna   in godes templum.
Woldan þy gehyrwan   haligra lof,
492   sohtun þa sæmran,   ond þa sellan no
demdan æfter dædum.   Ne beoð þa dyrne swa þeah .
Ic eow soð wiþ þon   secgan wille.
495   God scop geoguðe   ond gumena dream;
ne magun þa æfteryld   in þam ærestan
blæde geberan,   ac hy blissiað
498   worulde wynnum,   oððæt wintra rim
40r   gegæð in þa geoguðe,   þæt se gæst lufað
onsyn ond ætwist   yldran hades,
501   ðe gemete monige   geond middangeard
þeowiað in þeawum.   Þeodum ywaþ
wisdom weras,   wlencu forleosað,
504   siððan geoguðe geað   gæst aflihð.
Þæt ge ne scirað,   ac ge scyldigra

---

478 forscadene] *Final* e *is altered from* a.
482 onwald] *MS* onweald, *with* e *expuncted.*
489 regulas] u *is over an erased letter.*
490 geongra] n *is over an erased letter.*
492 no] *accented.*
497 geberan] *2nd* e *is altered from* a.
499 gegæð / in] *40r begins.*

    synne secgað, soþfæstra no
507 mod ond monþeaw mæran willað.
    Gefeoð in firenum, frofre ne wenað,
    þæt ge wræcsiða wyrpe gebiden.
510 Oft ge in gestalum stondað; þæs cymeð steor of heofonum.
    Me þonne sendeð, se usic semon mæg,
    se þe lifa gehwæs lengu wealdeð."
513   Swa hleoþrade halig cempa;
    wæs se martyre from moncynnes
    synnum asundrad. Sceolde he sares þa gen
516 dæl adreogan, ðeah þe dryhten his
    witum weolde. Hwæt, þæt wundra sum
    monnum þuhte, þæt he ma wolde
519 afrum onfengum earme gæstas
    hrinan leton, ond þæt hwæþre gelomp.
    Wæs þæt gen mara þæt he middangeard
522 sylfa gesohte, ond his swat ageat
    on bonena hond; ahte bega geweald,
    lifes ond deaðes, þa he lustum dreag
525 eaðmod on eorðan ehtendra nið.
    Forþon is nu arlic þæt we æfæstra
    dæde demen, secgen dryhtne lof
528 ealra þara bisena þe us bec fore
    þurh his wundra geweorc wisdom cyþað.

      Geofu wæs mid Guðlac in godcundum
40v mægne gemeted. Micel is to secgan
532 eall æfter orde, þæt he on elne adreag —
    ðone foregengan fæder ælmihtig

---

506 no] *accented.*
517 weolde] *MS* wolde.
526 æfæstra] *1st* æ *is accented.*
529 wisdom] o *is accented. Punctuation:* :7
530 *This section is preceded by one blank line. The initial stands half in the margin and intrudes into the first line of text (the last line on this folio); initials: 26 mm and 6 mm.*
531 gemeted / micel] *40v begins.*

534   wið onhælum ealdorgewinnum
      sylfa gesette, þær his sawl wearð
      clæne ond gecostad. Cuð is wide
537   geond middangeard þæt his mod geþah
      in godes willan; is þæs gen fela
      to secgenne, þæs þe he sylfa adreag
540   under nyðgista nearwum clommum.
      He þa sar forseah, a þære sawle wel
      [gemunde] þæs mundboran þe þæt mod geheold,
543   þæt him ne getweode treow in breostum,
      ne him gnornunga gæste scodun,
      ac se hearda hyge halig wunade,
546   oþþæt he þa bysgu oferbiden hæfde.
      Þrea wæron þearle, þegnas grimme,
      ealle hy þam feore fyl gehehton.
549   No hy hine to deað deman moston,
      synna hyrdas, ac seo sawul bad
      in lichoman leofran tide.
552   Georne hy ongeaton þæt hyne god wolde
      nergan wið niþum ond hyra nydwræce
      deope deman. Swa dryhten mæg,
555   ana ælmihtig, eadigra gehwone
      wið earfeþum eaðe gescildan.
      Hwæðre hine gebrohton bolgenmode
558   wraðe wræcmæcgas, wuldres cempan,
      halig husulbearn, æt heldore,
      þær firenfulra fæge gæstas
561   æfter swyltcwale secan onginnað
      ingong ærest in þæt atule hus,
      niþer under næssas neole grundas.
564   Hy hine bregdon, budon orlege,

---

540 nyðgista] y *is altered from* i.
541 sar] *accented.*
542 gemunde] *add. ed.* mod] *MS* mond.
550 bad] *accented.*
553 nydwræce] y *is accented.*
562 hus] *accented.*

egsan ond ondan arleaslice,
frecne fore, swa bið feonda þeaw,
41r þonne hy soðfæstra sawle willað
synnum beswican ond searocræftum.
Ongunnon gromheorte godes orettan
570 in sefan swencan, swiþe geheton
þæt he in þone grimman gryre gongan sceolde,
hweorfan gehyned to helwarum,
573 ond þær in bendum bryne þrowian.
Woldun hy geteon mid torncwidum
earme aglæcan in orwennysse,
576 meotudes cempan — hit ne meahte swa.
Cwædon cearfulle, Criste laðe,
to Guðlace mid grimnysse:
579 "Ne eart ðu gedefe, ne dryhtnes þeow
clæne gecostad, ne cempa god,
wordum ond weorcum wel gecyþed,
582 halig in heortan. Nu þu in helle scealt
deope gedufan, nales dryhtnes leoht
habban in heofonum, heahgetimbru,
585 seld on swegle, forþon þu synna to fela,
facna gefremedes in flæschoman.
We þe nu willað womma gehwylces
588 lean forgieldan, þær þe laþast bið
in ðam grimmestan gæstgewinne."
Him se eadga wer ondswarode,
591 Guðlac in gæste mid godes mægne:
"Doð efne swa, gif eow dryhten Crist,
lifes leohtfruma, lyfan wylle,
594 weoruda waldend, þæt ge his wergengan
in þone laðan leg lædan motan.
Þæt is in gewealdum wuldorcyninges,

---

567 hy / soðfæstra] *41r begins.*
580 god] *accented.*
585 seld] l *is squeezed in later; the normal spacing] of the* eld *grouping, which is more generous, can be seen in* forgieldan *(two manuscript lines below).*

597   se eow gehynde   ond in hæft bidraf
      under nearone clom,   nergende Crist.
      Eom ic eaðmod his   ombiehthera,
600   þeow geþyldig.   Ic geþafian sceal
      æghwær ealles   his anne dom,
      ond him geornlice   gæstgemyndum
41v   wille wideferh   wesan underþyded,
      hyran holdlice   minum hælende
      þeawum ond geþyncðum,   ond him þoncian
606   ealra þara giefena   þe god gescop
      englum ærest   ond eorðwarum;
      ond ic bletsige   bliðe mode
609   lifes leohtfruman,   ond him lof singe
      þurh gedefne dom   dæges ond nihtes,
      herge in heortan   heofonrices weard.
612   Þæt eow æfre ne bið   ufan alyfed
      leohtes lissum,   þæt ge lof moten
      dryhtne secgan,   ac ge deaðe sceolon
615   weallendne wean   wope besingan,
      heaf in helle,   nales herenisse
      halge habban   heofoncyninges.

618   Ic þone deman   in dagum minum
      wille weorþian   wordum ond dædum,
      lufian in life."   (Swa is lar ond ar
621   to spowendre   spræce gelæded,
      þam þe in his weorcum   willan ræfnað.)
      "Sindon ge wærlogan,   swa ge in wræcsiðe
624   longe lifdon,   lege biscencte,
      swearte beswicene,   swegle benumene,
      dreame bidrorene,   deaðe bifolene,

---

603 wille / wideferh] *41v begins.*   wideferh] h *is over an erased letter.*
617 *Punctuation:* :7
618 *MS* IC. *This section is preceded by one blank line. The initial stands partly in the margin, intruding into the first three lines of text; initials: 50 mm and 8 mm.*
623 wærlogan] æ *is accented.*

627 firenum bifongne, feores orwenan,
     þæt ge blindnesse bote fundon.
     Ge þa fægran gesceaft in fyrndagum,
630 gæstlicne goddream, gearo forsegon,
     þa ge wiðhogdum halgum dryhtne.
     Ne mostun ge a wunian in wyndagum,
633 ac mid scome scyldum scofene wurdon
     fore oferhygdum in ece fyr,
     ðær ge sceolon dreogan deað ond þystro,
42r wop to widan ealdre — næfre ge þæs wyrpe gebidað.
     Ond ic þæt gelyfe in liffruman,
     ecne onwealdan ealra gesceafta,
639 þæt he mec for miltsum ond mægenspedum,
     niðða nergend, næfre wille
     þurh ellenweorc anforlætan,
642 þam ic longe in lichoman
     ond in minum gæste gode campode
     þurh monigfealdra mægna gerynu.
645 Forðon ic getrywe in þone torhtestan
     þrynesse þrym, se geþeahtingum
     hafað in hondum heofon ond eorðan,
648 þæt ge mec mid niþum næfre motan
     tornmode teon in tintergu,
     mine myrðran ond mansceaþan,
651 swearte sigelease. Eom ic soðlice
     leohte geleafan ond mid lufan dryhtnes
     fægre gefylled in minum feorhlocan,
654 breostum inbryrded to þam betran ham,
     leomum inlyhted to þam leofestan
     ecan earde. Þær is eþellond
657 fæger ond gefealic in fæder wuldre,

---

631 wiðhogdum] *see commentary.*
634 fyr] *accented.*
636 wop] *accented.*   ealdre / næfre] *42r begins.*
650 mansceaþan] *1st a is accented.*
653 feorhlocan] *1st o is altered from* r.
654 ham] *accented.*

ðær eow næfre fore nergende
leohtes leoma ne lifes hyht
660 in godes rice agiefen weorþeð,
for þam oferhygdum þe eow in mod astag,
þurh idel gylp ealles to swiðe.
663 Wendun ge ond woldum, wiþerhycgende,
þæt ge scyppende sceoldan gelice
wesan in wuldre. Eow þær wyrs gelomp,
666 ða eow se waldend wraðe bisencte
in þæt swearte susl, þær eow siððan wæs
ad inæled attre geblonden,
669 þurh deopne dom dream afyrred,
engla gemana. Swa nu awa sceal
wesan wideferh, þæt ge wærnysse
672 brynewylm hæbben, nales bletsunga.
42v Ne þurfun ge wenan, wuldre biscyrede,
þæt ge mec synfulle mid searocræftum
675 under scæd sconde scufan motan,
ne in bælblæsan bregdon on hinder
in helle hus, þær eow is ham sceapen,
678 sweart sinnehte, sacu butan ende,
grim gæstcwalu. Þær ge gnornende
deað sceolon dreogan, ond ic dreama wyn
681 agan mid englum in þam uplican
rodera rice, þær is ryht cyning,
help ond hælu hæleþa cynne,
684 duguð ond drohtað." Ða cwom dryhtnes ar,
halig of heofonum, se þurh hleoþor abead
ufancundne ege earmum gæstum;
687 het eft hraðe unscyldigne

---

663 woldum] *see commentary.*
668 ad] *accented.*
672 bletsunga] *The last five letters are written in the bottom margin at the right hand side of the folio.* bletsunga / ne] *42v begins.*
676 bælblæsan] *1st* æ *is accented.*
677 ham] *accented.*
684 ar] *accented.*

of þam wræcsiðe wuldres cempan
lædan limhalne, þæt se leofesta
690   gæst gegearwad in godes wære
on gefean ferde. Ða wearð feonda þreat
acol for ðam egsan. Ofermæcga spræc,
693   dyre dryhtnes þegn, dæghluttre scan —
hæfde Guðlaces gæst in gewealdum
modig mundbora, meahtum spedig,
696   þeostra þegnas þreaniedlum bond,
nyd onsette ond geneahhe bibead:
"Ne sy him banes bryce ne blodig wund,
699   lices læla ne laþes wiht,
þæs þe ge him to dare gedon motan,
ac ge hine gesundne asettaþ þær ge hine sylfne genoman.
702   He sceal þy wonge wealdan — ne magon ge him þa wic
forstondan.
Ic eom se dema, se mec dryhten heht
snude gesecgan, þæt ge him sara gehwylc
705   hondum gehælde, ond him hearsume
43r   on his sylfes dom siþþan wæron.
Ne sceal ic mine onsyn fore eowere
708   mengu miþan. Ic eom meotudes þegn.
Eom ic þara twelfa sum þe he getreoweste
under monnes hiw mode gelufade.
711   He mec of heofonum hider onsende,
geseah þæt ge on eorðan fore æfstum
on his wergengan wite legdon.
714   Is þæt min broþor mec his bysgu gehreaw.

---

692 spræc] *MS* swræc. *ASPR III records* spræc *as the MS reading, but the second letter is clearly* wynn; *the* sw *here may be compared with the* sp *grouping in* spedig *two manuscript lines below. It may also be noted that at line 875 of Part II of this poem the scribe has made a similar mistake (presumably), writing* stopum *for* stowum, *and at line 4 of Riddle 42, writing* speop *for* speow.
693 scan] *accented.*
696 þreaniedlum] *MS* þrea medlum; *see commentary.*
701 asettaþ] *This is followed by an erased letter;* a *is accented.*
706 dom] *accented.* dom / siþþan] *43r begins.*
712 æfstum] *MS* æftum.

Ic þæt gefremme, þær se freond wunað
on þære socne, þe ic þa sibbe wið hine
717 healdan wille, nu ic his helpan mot,
þæt ge min onsynn oft sceawiað.
Nu ic his geneahhe neosan wille;
720 sceal ic his word ond his weorc in gewitnesse
dryhtne lædon — he his dæde conn."

Ða wæs Guðlaces gæst geblissad,
723 siþþan Bartholomeus aboden hæfde
godes ærendu. Gearwe stodun
hæftas hearsume þa þæs halgan word
726 lyt oferleordun. Ongon þa leofne sið
dragan domeadig dryhtnes cempa
to þam onwillan eorðan dæle.
729 Hy hine bæron ond him bryce heoldon,
hofon hine hondum ond him hryre burgun.
Wæron hyra gongas under godes egsan
732 smeþe ond gesefte. Sigehreðig cwom
bytla to þam beorge. Hine bletsadon
monge mægwlitas, meaglum reordum,
735 treofugla tuddor, tacnum cyðdon
eadges eftcyme. Oft he him æte heold,
þonne hy him hungrige ymb hond flugon
43v grædum gifre, geoce gefegon.
Swa þæt milde mod wið moncynnes
dreamum gedælde, dryhtne þeowde,
741 genom him to wildeorum wynne, siþþan he þas woruld
forhogde.
Smolt wæs se sigewong ond sele niwe,
fæger fugla reord, folde geblowen;

721 Punctuation: :7
722 MS ðA. The line preceding this section is blank except for the last word of
the previous verse, which is written at the end of the line. The initial stands half
in the margin, its bow intruding into the first two lines of the text; initials: 25 mm
and 10mm.
738 gifre / geoce] 43v begins.

744   geacas gear budon. Guþlac moste
       eadig ond onmod   eardes brucan.
       Stod se grena wong in godes wære;
747   hæfde se heorde,   se þe of heofonum cwom,
       feondas afyrde.   Hwylc wæs fægerra
       willa geworden in wera life,
750   þara þe yldran   usse gemunde,
       oþþe we sylfe   siþþan cuþen?
       Hwæt, we þissa wundra   gewitan sindon.
753   Eall þas geeodon   in ussera
       tida timan.   Forþon þæs tweogan ne þearf
       ænig ofer eorðan   ælda cynnes,
756   ac swylc god wyrceð   gæsta lifes
       to trumnaþe, þy læs þa tydran mod
       þa gewitnesse   wendan þurfe,
759   þonne hy in gesihþe   soþes brucað.
       Swa se ælmihtiga   ealle gesceafte
       lufað under lyfte   in lichoman,
762   monna mægðe   geond middangeard.
       Wile se waldend   þæt we wisdom a
       snyttrum swelgen, þæt his soð fore us
765   on his giefena gyld   genge weorðe,
       ða he us to are   ond to ondgiete
       syleð ond sendeð   sawlum rymeð
768   liþe lifwegas   leohte geræhte.
       Nis þæt huru læsast   þæt seo lufu cyþeð,

---

746 stod] *accented.*
751 sylfe] y *is written below an original* e *in a smaller script. With the exception of the two subscript* y*'s found on this folio, all the subscript corrections in the manuscript (11 in number) are identical: in nearly every instance, a slightly smaller than normal* g *has been inserted just below the line of writing. The placement of these two letters — positioned a considerable distance below the line of writing — suggests that they were added by another hand.*
756 swylc] y *is written below an original* i *in a smaller script (possibly in the same hand).*
763 wile] MS wille, *with the 1st* l *partly erased though still visible.*
764 us] *accented.*
765 gyld] *This is followed by an erased letter (which had a descender).*

þonne heo in monnes mode getimbreð
44r gæstcunde gife, swa he Guðlaces
dagas ond dæde þurh his dom ahof.
Wæs se fruma fæstlic feondum on ondan
774 geseted wið synnum, þær he siþþan lyt
wære gewonade, oft his word gode
þurh eaðmedu up onsende,
777 let his ben cuman in þa beorhtan gesceaft,
þoncade þeodne þæs þe he in þrowingum
bidan moste, hwonne him betre lif
780 þurh godes willan agyfen worde.
Swa wæs Guðlaces gæst gelæded
engla fæðmum in uprodor,
783 fore onsyne eces deman
læddon leoflice. Him wæs lean geseald,
setl on swegle, þær he symle mot
786 awo to ealdre eardfæst wesan,
bliðe bidan. Is him bearn godes
milde mundbora, meahtig dryhten,
789 halig hyrde, heofonrices weard.
Swa soðfæstra sawla motun
in ecne geard up gestigan
792 rodera rice, þa þe ræfnað her
wordum ond weorcum wuldorcyninges
lare longsume, on hyra lifes tid
795 earniað on eorðan ecan lifes,
hames in heahþu. Þæt beoð husulweras,
cempan gecorene, Criste leofe,
798 berað in breostum beorhtne geleafan,
haligne hyht, heortan clæne

---

770 getimbreð] g *is written over an erased letter.*
771 gæstcunde / gife] *44r begins.*
772 dom] *accented.* ahof] o *accented.*
773 on] *accented.* ondan] o *accented.*
780 agyfen] y *is altered from* i. worde] For wurde; *see commentary.*
781 gelæded] ed *is over an erasure.*
784 him] m *is over an erased letter which had a descender.*

weorðiað waldend,   habbað wisne geþoht,
801   fusne on forðweg   to fæder eðle,
gearwaþ gæstes hus,   ond mid gleawnesse
feond oferfeohtað   ond firenlustas
44v   forberað in breostum,   broþorsibbe
georne bigongað,   in godes willan
swencað hi sylfe   sawle frætwað
807   halgum gehygdum,   heofoncyninges bibod
fremmað on foldan.   Fæsten lufiað,
beorgað him bealoniþ   ond gebedu secað,
810   swincað wið synnum,   healdað soð ond ryht.
Him þæt ne hreoweð   æfter hingonge,
ðonne hy hweorfað   in þa halgan burg,
813   gongað gegnunga   to Hierusalem,
þær hi to worulde   wynnum motum
godes onsyne   georne bihealdan,
816   sibbe ond gesihðe,   þær heo soð wunað,
wlitig, wuldorfæst,   ealne widan ferh
on lifgendra   londes wynne.

---

802 hus] *accented.*
804 forberað / in] *44v begins.*
814 wynnum] u *is altered from* a.   motum] *see commentary.*
817 ealne] *MS* ealdne.   ferh] rh *is over an erasure.*
818 *Punctuation:* :7:-

The Life of Saint Guthlac (B)

	Ðæt is wide cuð wera cneorissum,
	folcum gefræge, þætte frymþa god
3	þone ærestan ælda cynnes
822	of þære clænestan, cyning ælmihtig,
	foldan geworhte. Ða wæs fruma niwe
6	elda tudres, onstæl wynlic,
825	fæger ond gefealic. Fæder wæs acenned
	Adam ærest þurh est godes
9	on neorxnawong, þær him nænges wæs
828	willan onsyn, ne welan brosnung,
	ne lifes lyre ne lices hryre,
12	ne dreamas dryre ne deaðes cyme,
831	ac he on þam lande lifgan moste
	ealra leahtra leas, longe neotan
45r	niwra gefeana. þær he no þorfte
834	lifes ne lissa in þam leohtan ham
	þurh ælda tid ende gebidan,
18	ac æfter fyrste to þam færestan
837	heofonrices gefean hweorfan mostan,
	leomu lic somud ond lifes gæst,
21	ond þær siþþan a in sindreamum
840	to widan feore wunian mostun
	dryhtne on gesihðe, butan deaðe forð,

---

1 MS ÐÆT IS WIDE CUÐ WE…. *The beginning of this text is marked more clearly than most: the bow of the initial intrudes into the first three lines of text; two lines and most of a third have been left blank between this and the preceding text; and the rest of the line is written in capitals twice normal size (except the final* we, *which is on a slightly smaller scale). Initials: 48 mm and 10-13 mm. The following modern annotation has been made in the blank space preceding the first line of the poem:* Of the creacion of man and of his falle.
4 clænestan] *1st* n *is over an erased* s.
6 elda] *The* e *is hooked.*
15 he / no] *45r begins.* no] *accented.*
21 a] *accented.*
23 forð] orð *is written over erased letters.*

24 gif hy halges word	healdan woldun
843 beorht in breostum,	ond his bebodu læstan,
      æfnan on eðle. Hy to ær aþreat
27 þæt hy waldendes	willan læsten,
846 ac his wif genom	wyrmes larum
      blede forbodene,	ond of beame ahneop
30 wæstm biweredne	ofer word godes,
849 wuldorcyninges,	ond hyre were sealde
      þurh deofles searo	deaðberende gyfl
33 þæt ða sinhiwan	to swylte geteah.
852 Siþþan se eþel	uðgenge wearð
      Adame ond Euan,	eardwica cyst
36 beorht oðbroden,	ond hyra bearnum swa,
855 eaferum æfter,	þa hy on uncyððu,
      scomum scudende,	scofene wurdon
39 on gewinworuld.	Weorces onguldon,
858 deopra firena,	þurh deaðes cwealm,
      þe hy unsnyttrum	ær gefremedon.
42 Þære synwræce	siþþan sceoldon
861 mægð ond mæcgas	morþres ongyldon,
      godscyldge gyrn	þurh gæstgedal
45   deopra firena. Deað in geþrong
864 fira cynne,	feond rixade
      geond middangeard. Nænig monna wæs
48 of þam sigetudre	siþþan æfre
867 godes willan þæs georn,	ne gynnwised,
      þæt he bibugan mæge	þone bitran drync
45v þone Eue fyrn	Adame geaf,
870 byrelade bryd geong — þæt him bam gescod

---

24 halges] a *is followed by a small erasure above the line of writing — the scribe perhaps had originally written* æ.
30 wæstm] m *is written above original* en.
33 ða] *The bottom part of the crossbar has been scratched away (although the reason for this is not clear).*
37 on] *accented.* uncyððu] u *accented.*
49 gynnwised] *MS* gynn wiseð.
50 drync / þone] 45v *begins.*
52 gescod] *accented.*

in þam deoran ham. Deað ricsade
54   ofer foldbuend,   þeah þe fela wære
873   gæsthaligra,   þær hi godes willan
        on mislicum   monna gebihþum
57   æfter stedewonga   stowum fremedon;
876   sume ær, sume sið,   sume in urra
        æfter tælmearce   tida gemyndum
60   sigorlean sohtun.   Us secgað bec
879   hu Guðlac wearð   þurh godes willan
        eadig on Engle.   He him ece geceas
63   meaht ond mundbyrd.   Mære wurdon
882   his wundra geweorc   wide ond side,
        breme æfter burgum   geond Bryten innan,
66   hu he monge oft   þurh meaht godes
885   gehælde hygegeomre   hefigra wita,
        þe hine unsofte,   adle gebundne,
69   sarge gesohtun   of sidwegum,
888   freorigmode.   Symle frofre þær
        æt þam godes cempan   gearwe fundon,
72   helpe ond hælo.   Nænig hæleþa is
891   þe areccan mæge   oþþe rim wite
        ealra þara wundra   þe he in worulde her
75   þurh dryhtnes giefe   dugeþum gefremede.

894   Oft to þam wicum   weorude cwomun
        deofla deaðmægen   duguþa byscyrede
78   hloþum þringan,   þær se halga þeow
897   elnes anhydig   eard weardade.
        Þær hy mislice   mongum reordum

---

53 ham] *accented.*
57 stowum] *MS* stopum.
69 sarge] g *has been added below the space between* r *and* e *in a slightly smaller
script; there is no insertion sign.*   sidwegum] *MS* siðwegum.
73 rim] *accented.*
75 *Punctuation:* :-:7
76 *MS* OFT. *The scribe has left a line blank before the beginning of this
section. The initial intrudes into the first two lines of the text; initials: 26 mm, 9
mm and 9 mm.*

81　　on þam westenne　woðe hofun
900　hludne herecirm,　hiwes binotene,
46r　dreamum bidrorene.　Dryhtnes cempa,
84　　from folctoga,　feonda þreatum
903　wiðstod stronglice.　Næs seo stund latu
　　　earmra gæsta,　ne þæt onbid long,
87　　þæt þa wrohtsmiðas　wop ahofun,
906　hreopun hreðlease,　hleoþrum brugdon.
　　　Hwilum wedende　swa wilde deor
90　　cirmdon on corðre,　hwilum cyrdon eft
909　minne mansceaþan　on mennisc hiw
　　　breahtma mæste,　hwilum brugdon eft
93　　awyrgde wærlogan　on wyrmes bleo,
912　earme adloman　attre spiowdon.
　　　Symle hy Guðlac　gearene fundon,
96　　þonces gleawne.　He geþyldum bad,
915　þeah him feonda hloð　feorhcwealm bude.
　　　Hwilum him to honda　hungre geþreatad
99　　fleag fugla cyn,　þær hy feorhnere
918　witude fundon　ond hine weorðedon
　　　meaglum stefnum.　Hwilum mennisce
102　aras eaðmedum　eft neosedon,
921　ond þær siðfrome　on þam sigewonge
　　　æt þam halgan þeowon　helpe gemetton,
105　ferðþes frofre.　Nænig forþum wæs,
924　þæt he æwiscmod　eft siðade,
　　　hean, hyhta leas,　ac se halga wer
108　ælda gehwylces　þurh þa æþelan meaht,
927　þe hine seoslige　sohtun on ðearfe,

---

83 dreamum / bidrorene] *46r begins.*
87 wop] *accented.*　ahofun] a *accented.*
91 mansceaþan] *There is an erasure above the loop of* e.
95 symle] s *is altered (it has an unusually tall ascender) and* y *is written over an erased letter.*
104 þeowon] *see commentary.*
105 ferðþes] þ *is written over an erased letter.*
106 æwiscmod] o *accented.*

    hæleð hygegeomre, hælde bu tu

111   lic ond sawle, þenden lifes weard,

930   ece ælmihtig, unnan wolde

    þæt he blædes her brucan [moste],

114   worulde lifes. Wæs gewinnes þa

933   yrmþa for eorðan endedogor

46v   þurh nydgedal neah geþrungen,

117   siþþan he on westenne wiceard geceas,

936   fiftynu gear; þa wæs frofre gæst

    eadgum æbodan ufan onsended,

120   halig of heahþu. Hreþer innan born,

939   afysed on forðsið. Him færinga

    adl in gewod — he on elne swa þeah

123   ungeblyged bad beorhtra gehata

942   bliþe in burgum — wæs þam bancofan

    æfter nihtglome neah geþrungen,

126   breosthord onboren: wæs se bliþe gæst

945   fus on forðweg. Nolde fæder engla

    in þisse wonsælgan worulde life

129   leahtra leasne longfyrst ofer þæt

948   wunian leton, þe him on weorcum her

    on his dagena tid dædum gecwemde

132   elne unslawe. Ða se hælmihtiga

951   let his hond cuman þær se halga þeow,

    deormod on degle domeadig bad,

135   heard ond hygerof. Hyht wæs geniwad,

954   blis in breostum. Wæs se bancofa

    adle onæled, inbendum fæst,

---

113 moste] *add. ed.*
114 lifes] *This is followed by an erased letter.*
116 ge- / þrungen] *46v begins.*
117 on westenne] on wes *is over an erasure.*
119 æbodan] æ *accented.*
126 onboren] *1st* o *accented.*
127 fus] *accented.* fæder] *MS* fæ der, *with a letter erased between* æ *and* d.
130 þe] þ *is altered from* h — *the foot of the 2nd stroke of the* h *is still visible.*
132 hælmihtiga] *see commentary; the 2nd* h *is over an erased letter.*
134 bad] *accented.*

138	lichord onlocen. Leomu hefegedon,
957	sarum gesohte. He þæt soð gecneow
	þæt hine ælmihtig ufan neosade,
141	meotud fore miltsum. He his modsefan
960	wið þam færhagan fæste trymede
	feonda gewinna. Næs he forht seþeah,
144	ne seo adlþracu egle on mode,
963	ne deaðgedal, ac him dryhtnes lof
	born in breostum, brondhat lufu
147	sigorfæst in sefan, seo him sara gehwylc
966	symle forswiðde. Næs him sorgcearu
	on þas lænan tid, þeah his lic ond gæst
150	hyra somwiste, sinhiwan tu,
47r	deore gedælden. Dagas forð scridun,
	nihthelma genipu. Wæs neah seo tid
153	þæt he fyrngewyrht fyllan sceolde
972	þurh deaðes cyme, domes hleotan,
	efne þæs ilcan þe usse yldran fyrn
156	frecne onfengon, swa him biforan worhton
975	þa ærestan ælda cynnes.

	Ða wæs Guðlace on þa geocran tid
159	mægen gemeðgad, mod swiþe heard,
978	elnes anhydig. Wæs seo adl þearl,
	hat ond heorogrim. Hreþer innan weol
162	born banloca. Bryþen wæs ongunnen
981	þætte Adame Eue gebyrmde
	æt fruman worulde. Feond byrlade
165	ærest þære idese, ond heo Adame,

---

139 gecneow] n *is over an erased letter; the scribe had the same problem with this word at line 381.*
144 egle] *MS* engle.
148 forswiðde] *MS* for swiðede, *with* e *expuncted.*
150 tu] *accented.*
151 ge- / dælden] *47r begins; MS* ge dæled.
157 *Punctuation:* :7:-
158 *MS* ðA. *The initial stands half in the margin; initials: 33 mm and 10 mm.*
165 Adame] me *is written over an erasure.*

984   hyre swæsum were, siþþan scencte
        bittor bædeweg. Þæs þa byre siþþan
168   grimme onguldon gafulrædenne
987   þurh ærgewyrht, þætte ænig ne wæs
        fyra cynnes from fruman siððan
171   mon on moldan, þætte meahte him
990   gebeorgan ond bibugan þone bleatan drync
        deopan deaðweges, ac him duru sylfa
174   on þa sliðnan tid sona ontyneð,
993   ingong geopenað. Ne mæg ænig þam
        flæsce bifongen feore wiðstondan,
177   ricra ne heanra, ac hine ræseð on
996   gifrum grapum. Swa wæs Guðlace
        enge anhoga ætryhte þa
180   æfter nihtscuan neah geþyded,
999   wiga wælgifre. Hine wunade mid
        an ombehtþegn, se hine æghwylce
183   daga neosade. Ongan ða deophydig,
1002 gleawmod gongan to godes temple,
47v   þær he eþelbodan inne wiste,
186   þone leofestan lareow gecorenne,
1005 ond þa in eode eadgum to spræce,
        wolde hyrcnigan halges lara,
189   mildes meþelcwida. Fonde þa his mondryhten
1008 adlwerigne. Him ðæt in gefeol
        hefig æt heortan — hygesorge wæg,
192   micle modceare. Ongan ða his magu frignan:
1011 "Hu gewearð þe þus, winedryhten min,
        fæder, freonda hleo, ferð gebysgad,
195   nearwe geneged? Ic næfre þe,
1014 þeoden leofesta, þyslicne ær
        gemette þus meðne. Meaht þu meðelcwidum

---

171 mon] *accented.* on] *accented.*
185 eþelbodan / inne] *47v begins.*
189 fonde] *see commentary.*
195 geneged] *2nd* e *is hooked.*

198   worda gewealdan? Is me on wene geþuht,
1017   þæt þe untrymnes adle gongum
      on þisse nyhstan niht bysgade,
201   sarbennum gesoht. Þæt me sorgna is
1020   hatost on hreþre, ær þu hyge minne
      ferð afrefre. Wast þu, freodryhten,
204   hu þeos adle scyle ende gesettan?"
1023   Him þa sið oncwæð, sona ne meahte
      oroð up geteon; wæs him in bogen
207   bittor bancoþa. Beald reordade
1026   eadig on elne, ondcwis ageaf:
      "Ic wille secgan þæt me sar gehran,
210   wærc in gewod in ðisse wonnan niht,
1029   lichord onleac. Leomu hefegiað,
      sarum gesohte. Sceal þis sawelhus,
213   fæge flæschoma, foldærne biþeaht,
1032   leomu, lames geþacan, legerbedde fæst
      wunian wælræste. Wiga nealæceð,
216   unlæt laces. Ne bið þæs lengra swice
1035   sawelgedales þonne seofon niht
      fyrstgemearces, þæt min feorh heonan
219   on þisse eahteþan ende geseceð
48r   dæg scriþende. Þonne dogor beoð
      on moldwege min forð scriþen,
222   sorg gesweðrad, ond ic siþþan mot
1041   fore meotudes cneowum meorda hleotan,
      gingra geafena, ond godes lomber
225   in sindreamum siþþan awo
1044   forð folgian; is nu fus ðider
      gæst siþes georn. Nu þu gearwe const
228   leoma lifgedal; long is þis onbid
1047   worulde lifes." Ða wæs wop ond heaf,

---

201 sorgna] n *is altered from an erased* a *(still partly visible).*
212 sawelhus] u *accented.*
220 dogor / beoð] *48r begins.*
222 gesweðrad] *MS* ge swedrad.

geongum geocor sefa,   geomrende hyge,
231 siþþan he gehyrde þæt se halga wæs
1050 forðsiþes fus.   He þæs færspelles
      fore his mondryhtne   modsorge wæg,
234 hefige æt heortan —   hreþer innan swearc,
1053 hyge hreowcearig,   þæs þe his hlaford geseah
      ellorfusne.   He þæs onbæru
237 habban ne meahte,   ac he hate let
1056 torn þoliende   tearas geotan,
      weallan wægdropan.   Wyrd ne meahte
240 in fægum leng   feorg gehealdan,
1059 deore frætwe,   þonne him gedemed wæs.

      Ongeat gæsta halig   geomormodes
243 drusendne hyge.   Ongan þa duguþa hleo,
1062 glædmod gode leof,   geongran retan,
      wine leofestan   wordum negan:
246 "Ne beo þu unrot,   ðeah þeos adl me
1065 innan æle.   Nis me earfeðe
      to geþolianne   þeodnes willan,
249 dryhtnes mines,   ne ic þæs deaðes hafu
1068 on þas seocnan tid   sorge on mode,
      ne ic me herehloðe   helle þegna
252 swiðe onsitte,   ne mæg synne on me
1071 facnes frumbearn   fyrene gestælan,
48v lices leahtor,   ac in lige sceolon
255 sorgwylmum soden   sar wanian,
1074 wræcsið wepan,   wilna biscirede
      in þam deaðsele   duguða gehwylcre,
258 lufena ond lissa.   Min þæt leofe bearn,

---

241 *Punctuation:* :-:7
242 *MS* ONgeat. *This section is preceded by one blank line. The initial stands half in the margin; initials: 20 mm and 6.5 mm.*
243 drusendne] *MS* drusende; *the scribe had trouble with this word again at line 561.*
254 leahtor / ac] *48v begins.*
255 sar] *accented.*

1077 ne beo þu on sefan to seoc.   Ic eom siþes fus
      upeard niman edleana georn
261   in þam ecan gefean, ærgewyrhtum
1080 geseon sigora frean, min þæt swæse bearn.
      Nis me wracu ne gewin, þæt ic wuldres god
264   sece swegelcyning, þær is sib ond blis,
1083 domfæstra dream, dryhten ondweard,
      þam ic georne gæstgerynum,
267   in þas dreorgan tid dædum cwemde,
1086 mode ond mægne.   Ic þa meorde wat
      leahtorlease, lean unhwilen,
270   halig on heahþu.   þær min hyht myneð
1089 to gesecenne, sawul fundað
      of licfate to þam longan gefean
273   in eadwelan.   Nis þes eþel me
1092 ne sar ne sorg.   Ic me sylfum wat
      æfter lices hryre lean unhwilen."
276   Ða se wuldormaga worda gestilde,
1095 rof runwita; wæs him ræste neod,
      reonigmodum.   Rodor swamode
279   ofer niðða bearn, nihtrim scridon,
1098 deorc ofer dugeðum.   þa se dæg bicwom
      on þam se lifgenda in lichoman,
282   ece ælmihtig ærist gefremede,
1101 dryhten mid dreame, ða he of deaðe aras
      onwald of eorðan in þa Eastortid,
285   ealra þrymma þrym; ðreata mæstne
1104 to heofonum ahof, ða he from helle astag.
      Swa se eadga wer in þa æþelan tid
288   on þone beorhtan dæg blissum hremig,

---

260 edleana] *MS* edlea nan.
269 unhwilen] *Final* n *is altered from* m *(by scraping away the 3rd minim).*
273 in eadwelan] *MS* Ingead welan, *with* g *expuncted.*
277 runwita] u *accented.*
280 þa] a *is altered from* e.
284 onwald] *MS* on weald, *with* e *expuncted.*
286 ahof] o *accented.*

milde ond gemetfæst, mægen unsofte
49r elne geæfnde. Aras ða eorla wynn,
291 heard, hygesnottor, swa he hraþost meahte,
1110 meðe for ðam miclan bysgum. Ongon þa his mod staþelian
leohte geleafan, lac onsægde
294 deophycgende dryhtne to willan
1113 gæstgerynum in godes temple,
ond his þegne ongon, swa þam þeodne geras,
297 þurh gæstes giefe godspel bodian,
1116 secgan sigortacnum, ond his sefan trymman
wundrum to wuldre in þa wlitigan gesceaft
300 to eadwelan, swa he ær ne sið
1119 æfre to ealdre oðre swylce
on þas lænan tid lare gehyrde,
303 ne swa deoplice dryhtnes geryne
1122 þurh menniscne muð areccan
on sidum sefan. Him wæs soþra geþuht
306 þæt hit ufancundes engles wære
1125 of swegldreamum, swiþor micle
mægenþegnes word, þonne æniges monnes lar,
309 wera ofer eorðan. Him þæt wundra mæst
1128 gesewen þuhte, þæt swylc snyttrucræft
ænges hæleða her hreþer weardade,
312 dryhta bearna, wæs þæs deoplic eall
1131 word ond wisdom, ond þæs weres stihtung,
mod ond mægencræft, þe him meotud engla,
315 gæsta geocend, forgiefen hæfde.

1134 Wæron feowere ða forð gewitene

---

289 unsofte / elne] *49r begins.*
293 onsægde] o *accented.*
305 geþuht] h *is over an erased letter.*
310 snyttrucræft] *MS* snyttro cræft, *with a small v-shaped* u *written above the* o.
315 *Punctuation:* :-:7
316 *MS* WæRon. *The line preceding this section contains only the last two words of the previous one, written to the left hand side of the space. The*

     dagas on rime, þæs se dryhtnes [þegn]
318 on elne bad, adle gebysgad,
1137 sarum geswenced. Ne he sorge wæg
     geocorne sefan gæstgedales,
321 dreorigne hyge. Deað nealæcte,
49v stop stalgongum, strong ond hreðe
     sohte sawelhus. Com se seofeða dæg
324 ældum ondweard, þæs þe him in gesonc,
1143 hat, heortan neah, hildescurun
     flacor flanþracu, feorhhord onleac,
327 searocægum gesoht. Ongon ða snottor hæle,
1146 ar, onbehtþegn, æþeles neosan
     to þam halgan hofe, fond þa hlingendne
330 fusne on forðsiþ frean unwenne,
1149 gæsthaligne in godes temple
     soden sarwylmum. Wæs þa sihste tid
333 on midne dæg, wæs his mondryhtne
1152 endedogor ætryhte þa.
     Nearwum genæged nydcostingum,
336 awrecen wælpilum, wlo ne meahte
1155 oroð up geteon, ellenspræce,
     hleoþor ahebban. Ongon ða hygegeomor,
339 freorig ond ferðwerig, fusne gretan,
1158 meðne modglædne, bæd hine þurh mihta scyppend,
     gif he his wordcwida wealdan meahte,
342 spræce ahebban, þæt him on spellum gecyðde,

---

descender of the initial is in the margin and its pointed bow intrudes into the first three lines of the text; initials: 56 mm, 8 mm and 7 mm.
317 þegn] *add. ed.*
320 geocorne] c *is over an erased letter.*
322 stalgongum / strong] *49v begins.*
325 hildescurun] *MS* hilde scurun; *see commentary.*
328 ar] *accented.*
331 gæsthaligne] a *is altered from original* æ *by erasing the loop (leaving a small gap between* a *and* l*).*
336 wlo] *accented.*
340 bæd] æ *is over an erased letter. It is poorly formed, either because the surface was rough after making the erasure or perhaps because it was made later by a different hand.*

1161 onwrige worda gongum,   hu he his wisna truwade,
      drohtes on ðære dimman adle,   ærðon hine deað onsægde.
345   Him se eadga wer   ageaf ondsware,
1164 leof mon leofum,   þeah he late meahte,
      eorl ellenheard,   oreþe gebredan:
348   "Min þæt swæse bearn,   nis nu swiþe feor
1167 þam ytemestan   endedogor
      nydgedales,   þæt ðu þa nyhstan scealt
351   in woruldlife   worda minra,
1170 næfre leana biloren,   lare gehyran,
      noht longe ofer þis.   Læst ealle well
50r   wære ond winescype,   word þa wit spræcon,
1173 leofast manna."   "Næfre ic lufan sibbe,
      þeoden, æt þearfe,   þine forlæte
357   asanian."   "Beo þu on sið gearu,
1176 siþþan lic ond leomu   ond þes lifes gæst
      asundrien   somwist hyra
360   þurh feorggedal.   Fys æfter þon
1179 þæt þu gesecge   sweostor minre,
      þære leofestan,   on longne weg
363   to þam fægran gefean   forðsið minne,
1182 on ecne eard,   ond hyre eac gecyð
      wordum minum,   þæt ic me warnade
366   hyre onsyne   ealle þrage
1185 in woruldlife,   for ðy ic wilnode
      þæt wit unc eft   in þam ecan gefean
369   on sweglwuldre   geseon mostun
1188 fore onsyne   eces deman
      leahtra lease.   Þær sceal lufu uncer
372   wærfæst wunian,   þær wit wilna a
1191 in ðære beorhtan byrig   brucan motun,
      eades mid englum.   Ðu hyre eac saga
375   þæt heo þis banfæt   beorge bifæste,

354 word / þa] *50r begins.*
360 fys] *MS* fyr.
372 a] *accented.*

1194 lame biluce, lic orsawle
      in þeostorcofan, þær hit þrage sceal
378   in sondhofe siþþan wunian."
1197 Ða wearð modgeþanc miclum gebisgad,
      þream forþrycced, þurh þæs þeodnes word,
381   ombehtþegne, þa he ædre oncneow
1200 frean feorhgedal, þæt hit feor ne wæs,
      endedogor. Ongon þa ofostlice
384   to his winedryhtne wordum mæðlan:
1203 "Ic þec halsige, hæleþa leofost
      gumena cynnes, þurh gæsta weard,
387   þæt þu hygesorge heortan minre
1206 geeþe, eorla wyn. Nis þe ende feor,
      þæs þe ic on galdrum ongieten hæbbe.
390   Oft mec geomor sefa gehþa gemanode,
50v   hat æt heortan, hyge gnornende
      nihtes nearwe, ond ic næfre þe,
393   fæder, frofor min, frignan dorste.
1212 Symle ic gehyrde, þonne heofones gim,
      wyncondel wera, west onhylde,
396   sweglbeorht sunne setlgonges fus
1215 on hæfentid, oþerne mid þec,
      þegn æt geþeahte. Ic þæs þeodnes word,
399   ares uncuþes oft neosendes,
1218 dægwoman bitweon ond þære deorcan niht,
      meþelcwide mæcges, ond on morgne swa,
402   ongeat geomormod, gæstes spræce,
1221 gleawes in geardum. Huru, ic giet ne wat,
      ær þu me, frea min, furþor cyðe

---

381 oncneow] n *is over an erased letter (which had a descender); the scribe had the same problem with this word at line 139.*
385 leofost] f *is written over an erased letter which had an ascender.*
391 heortan / hyge] *50v begins.*
393 frignan] MS *frinan, with a slightly smaller than normal g added at the writing line below the space between i and n.*
397 on hæfentid] MS *onhæfen tid; see commentary.*
399 ares] a *accented.*

405 þurh cwide þinne, hwonan his cyme sindon."

1224 Ða se eadga wer ageaf ondsware
leofum æfter longre hwile, swa he late meahte,
408 elnes oncyðig, oreþe gewealdan:
1227 "Hwæt, þu me, wine min, wordum nægest,
fusne frignest, þæs þe ic furþum ær
411 æfre on ealdre ængum ne wolde
1230 monna ofer moldan melda weorðan,
þegne on þeode, butan þe nu ða,
414 þy læs þæt wundredan weras ond idesa,
1233 ond on geað gutan, gieddum mænden
bi me lifgendum. Huru, ic nolde sylf
417 þurh gielpcwide gæstes mines
1236 frofre gelettan, ne fæder mines
æfre geæfnan, æbylg godes.
420 Symle me onsende sigedryhten min,
1239 folca feorhgiefa, siþþan ic furþum ongon
on þone æfteran anseld bugan
423 geargemearces, gæsthaligne,
1242 engel ufancundne, se mec efna gehwam,
meahtig meotudes þegn, ond on morgne eft,
51r sigorfæst gesohte, ond me sara gehwylc
1245 gehælde hygesorge, ond me in hreþre bileac
wuldres wilboda wisdomes giefe
429 micle monigfealdran þonne ænig mon wite
1248 in life her þe me alyfed nis
to gecyþenne cwicra ængum
432 on foldwege fira cynnes,
1251 þæt me ne meahte monna ænig

---

405 *Punctuation:* :7
406 *MS* ÐA. *This section is preceded by one blank line. The initial stands half in the margin and intrudes into the first two lines of the text; initials: 28 mm and 9 mm.* eadga] e *accented.*
422 anseld] a *accented.*
426 sigor- / fæst] *51r begins.*
430 life] *MS* lifes.

bideaglian hwæt he dearninga
435 on hyge hogde heortan geþoncum,
1254 siþþan he me fore eagum onsyne wearð.
A ic on mode mað monna gehwylcne
438 þeodnes þrymcyme oð þisne dæg.
1257 Leofast monna, nu ic for lufan þinre,
ond geferscype þæt wit fyrn mid unc
441 longe læstan, nelle ic lætan þe
1260 æfre unrotne æfter ealdorlege
meðne modseocne minre geweorðan,
444 soden sorgwælmum. A ic sibbe wiþ þe
1263 healdan wille. Nu of hreþerlocan
to þam soþan gefean sawel fundað.
447 Nis seo tid latu, tydrað þis banfæt,
1266 greothord gnornað, gæst hine fyseð
on ecne geard, utsiþes georn
450 on sellan gesetu. Nu ic swiðe eom
1269 weorce gewergad." Ða to þam wage gesag,
heafelan onhylde, hyrde þa gena
453 ellen on innan, oroð stundum teah
1272 mægne modig; him of muðe cwom
swecca swetast — swylce on sumeres tid
456 stincað on stowum staþelum fæste
1275 wynnum æfter wongum wyrta geblowene,
hunigflowende, swa þæs halgan wæs
459 ondlongne dæg oþ æfen forð
51v oroð uphlæden. Þa se æþela glæm
setlgong sohte, swearc norðrodor

---

437 a] *accented.*
444 a] *accented.*
448 gnornað] *1st* n *is altered from* r *(or some other letter which had a descender).*
458 swa] *accented.*
459 oþ] þ *is altered from* wynn — *the original serif is visible half way up the ascender and the bow is narrower than usual for* þ.
460 se / æþela] *51v begins.*

462   won under wolcnum,   woruld miste oferteah
1281   þystrum biþeahte,   þrong niht ofer tiht
        londes frætwa.   Ða cwom leohta mæst,
465   halig of heofonum   hædre scinan,
1284   beorhte ofer burgsalu.   Bad se þe sceolde
        eadig on elne   endedogor,
468   awrecen wælstrælum.   Wuldres scima,
1287   æþele ymb æþelne,   ondlonge niht
        scan scirwered.   Scadu sweþredon,
471   tolysed under lyfte.   Wæs se leohta glæm
1290   ymb þæt halge hus,   heofonlic condel,
        from æfenglome   oþþæt eastan cwom
474   ofer deop gelad   dægredwoma,
1293   wedertacen wearm.   Aras se wuldormago,
        eadig elnes gemyndig,   spræc to his onbehtþegne,
477   torht to his treowum gesiþe: "Tid is þæt þu fere,
1296   ond þa ærendu   eal biþence,
        ofestum læde,   swa ic þe ær bibead,
480   lac to leofre.   Nu of lice is,
1299   goddreama georn,   gæst swiðe fus."
        Ahof þa his honda,   husle gereorded,
483   eaðmod þy æþelan gyfle,   swylce he his eagan ontynde,
1302   halge heafdes gimmas,   biseah þa to heofona rice,
        glædmod to geofona leanum,   ond þa his gæst onsende
486   weorcum wlitigne   in wuldres dream.

1305   Ða wæs Guðlaces   gæst gelæded
        eadig on upweg.   Englas feredun
489   to þam longan gefean,   lic colode

---

462   wolcnum] *There is a serif at the top of the 1st stroke of* c — *the scribe began the 1st minim of a* u *and then corrected himself.*
471   lyfte] y *is altered from* i.
486   *Punctuation:* :7
487   *MS* ÐA. *This section is preceded by one blank line. The ascender of the initial stands in the margin and its bow intrudes into the first two lines of the text; initials: 26 mm and 10.5 mm.*
488   feredun] *MS* feredon, *with a small* v-shaped u *written just above the* o.

1308 belifd under lyfte. Ða þær leoht ascan,
 beama beorhtast. Eal þæt beacen wæs
52r ymb þæt halge hus, heofonlic leoma,
1311 from foldan up swylce fyren tor
 ryht aræred oð rodera hrof,
495 gesewen under swegle, sunnan beorhtra,
1314 æþeltungla wlite. Engla þreatas
 sigeleoð sungon, sweg wæs on lyfte
498 gehyred under heofonum, haligra dream.
1317 Swa se burgstede wæs blissum gefylled,
 swetum stencum ond sweglwundrum,
501 eadges yrfestol, engla hleoðres,
1320 eal innanweard. Þær wæs ænlicra
 ond wynsumra þonne hit in worulde mæge
504 stefn areccan, hu se stenc ond se sweg
1323 heofonlic hleoþor ond se halga song,
 gehyred wæs, heahþrym godes,
507 breahtem æfter breahtme. Beofode þæt ealond,
1326 foldwong onsprong. Ða afyrhted wearð
 ar, elnes biloren, gewat þa ofestlice
510 beorn unhyðig, þæt he bat gestag,
1329 wæghengest wræc, wæterþisa for,
 snel under sorgum. Swegl hate scan
513 blac ofer burgsalo. Brimwudu scynde
1332 leoht, lade fus. Lagumearg snyrede,
 gehlæsted to hyðe, þæt se hærnflota
516 æfter sundplegan sondlond gespearn,

---

490 belifd] *This is followed by an erased letter.*
492 heofonlic / leoma] *52r begins.*
504 areccan] *1st* c *has a serif at the top of the 1st stroke and is over a partly erased letter — the scribe originally wrote either* ea *or* en; *a similar alteration was made at line 462.*
508 onsprong] *MS* onþrong.
509 biloren] i *is written over an erased letter.*
510 unhyðig] *MS* unhydig, *with* d *altered to* ð.
511 wæterþisa] *MS* wæ ter þiswa, *with* wynn *expuncted.*   for] *accented.*
513 blac] c *is over an erased letter.*
514 leoht] *This is followed by an erasure.*

1335 grond wið greote.   Gnornsorge wæg
       hate æt heortan,   hyge geomurne,
519   meðne modsefan,   se þe his mondryhten,
1338 life bilidene,   last weardian
       wiste, wine leofne.   Him þæs wopes hring
522   torne gemonade —   teagor yðum weol,
1341 hate hleordropan,   ond on hreþre wæg
       micle modceare.   He þære mægeð sceolde
52v lace gelædan laðspel to soð.
1344 Cwom þa freorigferð   þær seo fæmne wæs,
       wuldres wynmæg.   He þa wyrd ne mað,
528   fæges forðsið.   Fusleoð agol
1347 wine þearfende,   ond þæt word acwæð:
       "Ellen biþ selast þam þe oftost sceal
531   dreogan dryhtenbealu, deope behycgan
1350 þroht, þeodengedal þonne seo þrag cymeð,
       wefen wyrdstafun.   Þæt wat se þe sceal
534   aswæman sarigferð,   wat his sincgiefan
1353 holdne biheledne.   He sceal hean þonan
       geomor hweorfan.   Þam bið gomenes wana
537   ðe þa earfeða oftost dreogeð
1356 on sargum sefan.   Huru, ic swiðe ne þearf
       hinsiþ behlehhan.   Is hlaford min
540   beorna bealdor,   ond broþor þin,
1359 se selesta bi sæm tweonum
       þara þe we on Engle æfre gefrunen
543   acennedne þurh cildes had
1362 gumena cynnes,   to godes dome

---

520 bilidene] *see commentary.*
525 lace] *accented.*   laðspel / to] *52v begins.*
527 mað] *accented.*
531 dryhtenbealu] *MS* dryhten bealu, *with* en *over erased letters.*
533 wyrdstafun] *MS* wyrd sta fun; *see commentary.*
534 aswæman] *1st* a *accented.*
535 biheledne] ledne *is over an erasure.*
544 *There is a poorly-formed m in the right margin opposite this line which seems to be unrelated to the text, and another letter (which looks like three small sevens or* ond *abbreviations) opposite line 20.*

werigra wraþu,   worulddreamum of,
546   winemæga wyn,   in wuldres þrym,
1365   gewiten,winiga hleo,   wica neosan
eardes on upweg.   Nu se eorðan dæl,
549   banhus abrocen   burgum in innan
1368   wunað wælræste,   ond se wuldres dæl
of licfæte in leoht godes
552   sigorlean sohte;   ond þe secgan het
1371   þæt git a mosten   in þam ecan gefean
mid þa sibgedryht somudeard niman,
555   weorca wuldorlean,   willum neotan
1374   blædes ond blissa.   Eac þe abeodan het
sigedryhten min,   þa he wæs siþes fus,
558   þæt þu his lichoman,   leofast mægða,
1377   eorðan biðeahte.   Nu þu ædre const
siðfæt minne.   Ic sceal sarigferð,
561   heanmod hweorfan,   hyge drusendne..."

[* * *]

---

547 winiga] *The scribe originally wrote* wimga. *He then scratched out the
shoulder between the 1st and 2nd strokes of the* m *(producing* wiinga*), instead
of that between the 2nd and 3rd, which is what was required; he clearly had
trouble recognizing this word.*
554 sibgedryht] g *is written over an erased letter (which had an ascender).*
557 min] *accented.* wæs] MS þæs. siþes] iþ *is written over erased letters.*
561 drusendne] *2nd* n *is written over an erased letter; the scribe had the same
problem with this word at line 243.*   *At least one folio is missing here.*
drusendne /] *53r begins.*

The Canticles of the Three Youths

53r   Him þa Azarias ingeþoncum
         hleoþrede halig þurh hatne lig,
3   dreag dædum georn, dryhten herede,
         wis in weorcum, ond þas word acwæð:
         "Meotud allwihta, þu eart meahtum swið
6   niþas to nerganne. Is þin noma mære,
         wlitig ond wuldorfæst ofer werþeode.
         Sindon þine domas on dæda gehwam
9   soðe geswiðde ond gesigefæste,
         eac þinne willan in woruldspedum
         ryhte mid ræde. Rodera waldend,
12   geoca us georne, gæsta scyppend,
         ond þurh hyldo help, halig dryhten,
         nu we þec for þearfum ond for þreanydum
15   ond fore eaðmedum arena biddaþ,
         lege bilegde. We þæs lifgende
         worhton in worulde, eac þon wom dydon
18   yldran usse, in oferhygdum
         þin bibodu bræcon burgsittende,
         had oferhogedon halgan lifes.
21   Wurdon we towrecene geond widne grund,
         heapum tohworfne, hylda lease;
         wæs ure lif geond londa fela
24   fracuð ond gefræge foldbuendum.

---

1 *A strip of parchment has been cut from the top of this folio. Initial: 34 mm, but the ascender was lost when the folio was cut.*
2 hleoþrede] r *is altered from* n.
9 gesigefæste] *1st* g *is written over an erased letter.*
10 þinne] *see commentary.*
15 biddaþ] *The two* ds *have the angled ascender of* ð, *but the scribe realised his mistake before he crossed them.*
18 yldran] *There is an erasure at the base of the second minim of* n. oferhygdum] o *and* r *are over erased letters.*
22 tohworfne] h *has been added above in a tiny script; the ink is different from that of the main hand, being golden-brown in colour.*

Nu þu usic bewræce in þas wyrrestan
eorðcyninges æhtgewealda,
27   in hæft heorogrimmes, sceolon we þær hæþenra
þreanyd ...

[* * *]

53v   "... hæfdes
30   to Abrahame ond to Isace
ond Iacobe, gæsta scyppend.
þu him gehete þurh hleoþorcwidas
33   þæt þu hyra fromcynn on fyrndagum
ycan wolde, þæt hit æfter him
on cyneryce cenned wurde,
36   yced on eorþan, þæt swa unrime,
had to hebban, swa heofonsteorran
bugað bradne hwearft oð brimflodas,
39   swa waroþa sond ymb sealt wæter,
yþe geond eargrund, þæt swa unrime
ymb wintra hwearft weorðan sceolde.
42   Fyl nu þa frumspræce, þeah þe user fea lifgen,
wlitega þine wordcwidas ond ðin wuldor us.
Gecyð cræft ond meaht, nu þec Caldeas
45   ond eac fela folca gefregen habban
þæt þu ana eart ece dryhten,
sigerof settend ond soð meotod,
48   wuldres waldend ond woruldsceafta."
    Swa se halga wer hergende wæs
meotudes miltse, ond his modsefan
51   rehte þurh reorde, ða of roderum wearð
engel ælbeorhta ufon onsended,
wlitescyne wer in his wuldorhoman;
54   cwom him þa to are ond to ealdornere

---

25 þu] þ *is altered from* wynn *and* u *is written over an erased letter.*
26 eorðcyninges] *2nd stroke of* r *is over an erasure.*
28 þreanyd /] *53v begins.*

þurh lufan ond þurh lisse.   Se þone lig tosceaf,
halig ond heofonbeorht,   hatan fyres,
57   þæt se bittra bryne   beorgan sceolde
for þæs engles ege   æfæstum þrim;
54r tosweop ond toswengde   þurh swiðes meaht
60   liges leoman,   swa hyra lice ne scod,
ac wæs in þam ofne,   þa se engel cwom,
windig ond wynsum,   wedere onlicust,
63   þonne on sumeres tid   sended weorþeð
dropena dreorung   mid dæges hwile.
Se wæs in þam fire   for frean meahtum
66   halgum to helpe.   Wearð se hata lig
todrifen ond todwæsced,   þær þa dædhwatan
þry mid geþoncum   þeoden heredon,
69   bædon bletsian   bearn in worulde
ealle gesceafte   ecne dryhten,
þeoda waldend.   Swa hi þry cwædon,
72   modum horsce   þurh gemæne word:

"Bletsige þec,   bilwit fæder,
woruldsceafta wuldor   ond weorca gehwylc,
75   heofonas ond englas   ond hluttor wæter,
ond eal mægen   eorþan gesceafta.
Bletsige þec, soðfæst cyning,   sunne ond monan
78   leohte leoman,   lifgende god,
hædre ond hlutre   ond heofondreame
wæstem weorðian.   Ful oft þu, wuldorcyning,
81   þurh lyft lætest   leodum to freme
mildne morgenren.   Monig sceal siþþan
wyrt onwæcnan,   eac þon wudubearwas

---

59 ond / toswengde] *54r begins.*   toswengde] g *has been added by the same hand just below the line of writing in a slightly smaller script.*
61 ofne] *MS* hofne, *with* h *expuncted by two dots.*
69 bletsian] *MS* bletsunge.
72 *Punctuation:* :-:7:
73 *MS* BLetsige. *The ascender of the initial is in the margin and its double bow intrudes into the first three lines of text; initials: 35 mm and 10 mm.*

84   tanum tydrað. Trymmað eorðwelan,
      hleoð ond hluttrað. Næfre hlisan ah
      meotud þan maran þonne he wið monna bearn
87   wyrceð weldædum. Wis bið se þe con
      ongytan þone geocend, þe us eall good syleð
      þe we habbað þenden we her beoð
90   ond us milde meotod mare gehateð,
      gif we geearniað, elne willað,
54v   ðonne feran sceal þurh frean hæse
93   sundor anra gehwæs sawl of lice.
      Ond þec, god dryhten, gæstas hergen,
      byrnende fyr ond beorht sumor,
96   wearme wederdagas, waldend manna,
      frean on ferðe. Fremest eorðwelan
      þurh monigne had, milde dryhten,
99   ond þec dæg ond niht, domfæst cyning,
      lofigen ond lufigen, lux et tenebre,
      þe þas werþeoda weardum healdað;
102   deop dryhtnes bibod, drugon hi þæt longe.
      Ond þec, Crist cyning, ceolas weorðian,
      fæder, forst ond snaw, folca waldend,
105   winterbitera weder ond wolcna genipu,
      ond þec liexende ligetta hergen,
      blace, breahtumhwate, brytenrices weard,
108   dyrne dryhten. A þin dom sy
      god ond genge. Þu þæs geornlice
      wyrcest, wuldorcyning. Wæstmum herge
111   bletsien bledum, ond þin blæd wese
      a forð ece, ælmihtig god.
      Wesað ond weaxað ealle werþeode,

---

88 good] *1st* o *accented.*
92 sceal / þurh] *54v begins.*
94 gæstas] *MS* gæstes, *with a small* a *added above the* e, *perhaps by a different hand — the ink is browner than that of the main text.*
100 lufigen] *MS* lifigen. *The insular abbreviation for* ond [7] *has been used for* et *in the Latin phrase.*
109 god] *accented.*

114   lifgað bi þam lissum   þe us se leofa cyning,
       ece dryhten,   ær gesette
       sinum bearnum to brice — bremen dryhten.
117   Ond þec, halga god,   hea duna
       geond middangeard miltsum hergen,
       fæger folde ond fæder rice.
120   Forðon waldend scop   wudige moras,
       lofe leanige leohtes hyrde.
       Bletsige þec, soðfæst cyning,   sæs ond wætre
123   hea holmas,   haligne dryhten,
       domlice deop wæter;   ond dryhtnes bibod
       geofonfloda gehwylc   georne bihealdeð,
126   þonne merestreamas   meotudes ræswum
       wæter onwealcað. Witon ealdgecynd
       þæt ær gescop   ece dryhten
129   lagufloda bigong,   leohtes hyrde,
       on þam wuniað   widferende
55r   siðe on sunde   seldlicra fela.
132   Bletsien þec þa ealle,   ece dryhten,
       þurh þinne willan,   wuldorfæst cyning,
       ond þec ealle æsprynge,   ece dryhten,
135   heanne hergen. Ful oft þu hluttor lætest
       wæter wynlico   to woruldhyhte
       of clife clænum. Þæt us se cyning gescop
138   monnum to miltse   ond to mægeneacan.
       Bletsien þec,   bilwit fæder,
       fiscas ond fuglas,   felameahtigne:
141   ealle þa þe onhrerað   hreo wægas
       on þam bradan brime,   bremen dryhten,
       hergen haligne,   ond heofonfuglas,

---

124 deop] p *is altered from* f.
130 widferende / siðe] *55r begins.*
131 siðe] ð *is altered from* d.
133 wuldorfæst] *MS* woldor fæst.
134 æsprynge] æ *accented.*
143 heofonfuglas] *MS* heofonfugulas, *with 2nd* u *expuncted.*

144   þa þe lacende geond lyft farað.
      Bletsien þec, dryhten, deor ond nyten.
      Meotud monna bearn miltsum hergen
147   ond ecne god, Israhela cynn.
      Bletsien þe þine sacerdas, soðfæst cyning,
      milde mæsseras, mærne dryhten,
150   ond þine þeowas, ðeoda hyrde;
      swylce haligra hluttre saule,
      ond, ece god, eaðmodheorte.
153   Nu þec Anianas ond Azarias
      ond Misahel, meotud, miltsum hergað.
      Nu we geonge þry god bletsiað,
156   felameahtigne fæder in heofonum,
      þone soðan sunu ond þone sigefæstan gæst.
      Forþon us onsende sigora waldend
159   engel to are, se þe usic bearg
      [wið] fyr ond feondas ond mid fiþrum bewreah
      wið brynebrogan." Breatmum hwurfun
162   ymb þæt hate hus hæðne leode,
      ða þæt ongeaton godes ondsacan
      þæt hi ne meahtan — ne meotod wolde —
165   acwellan cnyhta æ, ac hy Crist scilde.
          Hwearf þa to healle swa he hraþost meahte,
55v   eorl acolmod, þæt he ofer his ealdre gestod.
168   Abead þa for þære duguðe deop ærende,
      haligra gehyld; hlyst wæs þær inne,
      gromhydig guma: "Þæt ic geare wiste,
171   þæt we þry hæfdon, þeoda wisan,

---

144 lyft] *MS* lyst *(with tall* s *in ligature).*
148 sacerdas] *MS* sacerdos. soðfæst] *MS* saðfæst.
150 þeowas] *MS* þas.
159 usic] *MS* us.
160 wið] *add. ed.*
165 acwellan] *2nd* l *is added above in a smaller script, probably by the same hand.* æ] *accented.*
166 meahte] *The last two letters are written in the bottom margin below* meah. meahte / eorl] *55v begins.*
171 þry] *MS* III.

geonge cniehtas, for gæstlufan
gebunden to bæle in byrnendes
174   fyres leoman. Nu ic þær feower men
geseo to soðe, nales me sefa leogeð.
Hweorfað nu æfter heorðe, nængum hat sceþeð,
177   ofnes æled, ac him is engel mid,
hafað beorhtne blæd; ne mæg him bryne sceþþan
wlitigne wuldorhoman." Ða þam wordum swealg
180   brego Caldea, gewat þa to þam bryne gongan
anhydig eorl, þæt he ofer þam ade gestod.
Het þa of þam lige lifgende bearn
183   Nabocodonossor near ætgongan.
Ne forhogodon þæt þa halgan siþþan hi hwætmode
woruldcyninges weorn gehyrdon,
186   ac eodon of þam fyre, feorh unwemme,
wuldre gewlitegad, swa hyra wædum ne scod
gifre gleda [nið], ac hi mid gæstlufan
189   synne geswencton ond gesigefæston,
modum gleawe, in monþeawum,
þurh foreþoncas fyr gedygdon.

---

174 feower] *MS* IIII.
175 geseo to soðe nales me sefa leogeð] *MS* sende to siðe nales me sylfa gerad
(with gerad *accented); see the commentary.*
176 heorðe] ð *is altered from* d.
179 swealg] ealg *is written over erased letters.*
180 Caldea *is written in the left margin in a modern hand.*
183 Nabocodonossor] ss *is over erased letters (which had descenders).*
188 nið] *add. ed.*
191 *Punctuation:* :7:7-

The Phoenix

Hæbbe ic gefrugnen þætte is feor heonan
eastdælum on æþelast londa,
3   firum gefræge. Nis se foldan sceat
ofer middangeard mongum gefere
56r folcagendra, ac he afyrred is
6   þurh meotudes meaht manfremmendum.
Wlitig is se wong eall, wynnum geblissad
mid þam fægrestum foldan stencum.
9   Ænlic is þæt iglond, æþele se wyrhta,
modig, meahtum spedig, se þa moldan gesette.
Ðær bið oft open — eadgum togeanes
12   onhliden hleoþra wyn — heofonrices duru.
Þæt is wynsum wong, wealdas grene,
rume under roderum. Ne mæg þær ren ne snaw,
15   ne forstes fnæst, ne fyres blæst,
ne hægles hryre, ne hrimes dryre,
ne sunnan hætu, ne sincaldu,
18   ne wearm weder, ne winterscur
wihte gewyrdan, ac se wong seomað
eadig ond onsund. Is þæt æþele lond
21   blostmum geblowen. Beorgas þær ne muntas
steape ne stondað, ne stanclifu
heah hlifiað, swa her mid us,
24   ne dene ne dalu ne dunscrafu,

---

1 *MS* hÆBBE IC GEFRUGnen. *This text is preceded by one blank line. The ascender of the* h *is in the margin and its bow intrudes into the first four lines of the text; initials: 72 mm and 12 mm (for the rest up to and including the 2nd* g *of* gefrugnen).
2 londa] a *is altered from* e.
5 folc- / agendra] *56r begins.*
6 manfremmendum] *MS* man fre<u>m</u> / men dum, *with* a *accented and* n *over an* erasedletter.
10 spedig] *This is followed by an erased letter.*
15 fnæst] *MS* fnæft, *with* n *written over an erased letter.*

hlæwas ne hlincas, ne þær hleonað oo
unsmeþes wiht, ac se æþela feld
27   wridað under wolcnum, wynnum geblowen.
Is þæt torhte lond twelfum herra,
folde fæðmrimes, swa us gefreogum gleawe
30   witgan þurh wisdom on gewritum cyþað,
þonne ænig þara beorga þe her beorhte mid us
hea hlifiað under heofontunglum.
33   Smylte is se sigewong; sunbearo lixeð,
wuduholt wynlic. Wæstmas ne dreosað,
beorhte blede, ac þa beamas a
36   grene stondað, swa him god bibead.
Wintres ond sumeres wudu bið gelice
56v   bledum gehongen; næfre brosniað
39   leaf under lyfte, ne him lig sceþeð
æfre to ealdre, ærþon edwenden
worulde geweorðe. Swa iu wætres þrym
42   ealne middangeard mereflod þeahte,
eorþan ymbhwyrft, þa se æþela wong,
æghwæs onsund, wið yðfare
45   gehealden stod hreora wæga,
eadig, unwemme, þurh est godes;
bideð swa geblowen oð bæles cyme,
48   dryhtnes domes, þonne deaðræced,
hæleþa heolstorcofan, onhliden weorþað.
Nis þær on þam londe laðgeniðla,
51   ne wop ne wracu, weatacen nan,
yldu ne yrmðu ne se enga deað,
ne lifes lyre, ne laþes cyme,
54   ne synn ne sacu ne sarwracu,
ne wædle gewin, ne welan onsyn,
ne sorg ne slæp ne swar leger,

---

25 oo] *accented.*
32 hea] *accented.*
35 a] *accented.*
38 brosniað / leaf] *56v begins.*

57   ne wintergeweorp, ne wedra gebregd,
hreoh under heofonum, ne se hearda forst,
caldum cylegicelum, cnyseð ænigne.

60   Þær ne hægl ne hrim hreosað to foldan,
ne windig wolcen, ne þær wæter fealleþ,
lyfte gebysgad, ac þær lagustreamas,

63   wundrum wrætlice, wyllan onspringað
fægrum flodwylmum. Foldan leccaþ
wæter wynsumu of þæs wuda midle;

66   þa monþa gehwam of þære moldan tyrf
brimcald brecað, bearo ealne geondfarað,
þragum þrymlice. Is þæt þeodnes gebod,

69   þætte twelf siþum þæt tirfæste
lond geondlace lagufloda wynn.
Sindon þa bearwas bledum gehongne,

72   wlitigum wæstmum. Þær no woniað o,

57r   halge under heofonum, holtes frætwe,
ne feallað þær on foldan fealwe blostman,

75   wudubeama wlite, ac þær wrætlice
on þam treowum symle telgan gehladene,
ofett edniwe in ealle tid

78   on þam græswonge grene stondaþ,
gehroden hyhtlice haliges meahtum,
beorhtast bearwa. No gebrocen weorþeð

81   holt on hiwe. Þær se halga stenc
wunaþ geond wynlond; þæt onwended ne bið
æfre to ealdre ærþon endige

84   frod fyrngeweorc se hit on frymþe gescop.

    Ðone wudu weardaþ wundrum fæger

---

64 flodwylmum] *MS* fold wyl mum.
71 gehongne] *MS* gehongene, *with the 1st* e *expuncted.*
72 woniað] *MS* wuniað. o] *accented.*
73 halge / under] *57r begins.*
84 *Punctuation:* :7
85 *MS* ÐOne. *The left half of the line preceding this section has been left blank;
initials: 22 mm and 10 mm.*

fugel feþrum strong,   se is fenix haten.
87   Þær se anhaga   eard bihealdeþ,
deormod drohtað;   næfre him deaþ sceþeð
on þam willwonge   þenden woruld stondeþ.
90   Se sceal þære sunnan   sið behealdan
ond ongean cuman   godes condelle,
glædum gimme,   georne bewitigan,
93   hwonne up cyme   æþelast tungla
ofer yðmere   estan lixan,
fæder fyrngeweorc   frætwum blican,
96   torht tacen godes.   Tungol beoþ ahyded,
gewiten under waþeman   westdælas on,
bideglad on dægred,   ond seo deorce niht
99   won gewiteð;   þonne waþum strong
fugel feþrum wlonc   on firgenstream
under lyft, ofer lagu   locað georne,
102   hwonne up cyme   eastan glidan
ofer sidne sæ   swegles leoma.
Swa se æþela fugel   æt þam æspringe
105   wlitigfæst wunað   wyllestreamas,
57v   þær se tireadga   twelf siþum hine
bibaþað in þam burnan   ær þæs beacnes cyme,
108   sweglcondelle,   ond symle swa oft
of þam wilsuman   wyllgespryngum
brimcald beorgeð   æt baða gehwylcum.
111   Siþþan hine sylfne   æfter sundplegan
heahmod hefeð   on heanne beam,
þonan yþast mæg   on eastwegum
114   sið bihealdan,   hwonne swegles tapur
ofer holmþræce   hædre blice,

---

97 on] *accented.*
103 sidne] *MS* siðne. sæ] *accented.*
106 hine / bibaþað] *57v begins.*
108 sweglcondelle] g *is squeezed in below the line of writing in a slightly smaller script, probably by the same hand.*
110 baða] *2nd* a *is altered from* e.
115 holmþræce] *MS* holm wræce.

leohtes leoma. Lond beoð gefrætwad,
117   woruld gewlitegad, siþþan wuldres gim
ofer geofones gong grund gescineþ
geond middangeard, mærost tungla.
120   Sona swa seo sunne sealte streamas
hea oferhlifað, swa se haswa fugel
beorht of þæs bearwes beame gewiteð,
123   fareð feþrum snell flyhte on lyfte,
swinsað ond singeð swegle toheanes.
Ðonne bið swa fæger fugles gebæru,
126   onbryrded breostsefa, blissum remig;
wrixleð woðcræfte wundorlicor
beorhtan reorde, þonne æfre byre monnes
129   hyrde under heofonum, siþþan heahcyning,
wuldres wyrhta, woruld staþelode,
heofon ond eorþan. Biþ þæs hleoðres sweg
132   eallum songcræftum swetra ond wlitigra
ond wynsumra wrenca gehwylcum.
Ne magon þam breahtme byman ne hornas,
135   ne hearpan hlyn, ne hæleþa stefn
ænges on eorþan, ne organan,
swegleoþres geswin, ne swanes feðre,
138   ne ænig þara dreama þe dryhten gescop
gumum to gliwe in þas geomran woruld.
58r   Singeð swa ond swinsað sælum geblissad,
141   oþþæt seo sunne on suðrodor
sæged weorþeð. þonne swiað he
ond hlyst gefeð, heafde onbrygdeð,
144   þrist, þonces gleaw, ond þriwa ascæceð

---

116 gefrætwad] d *has the form of* ð *(with the top stroke on a more open angle),
but is not crossed.*
121 hea] *accented.*
126 remig] *For* hremig; *see commentary.*
133 wynsumra] y *is added interlinearly above original* i *(in a lighter ink).*
137 swegleoþres] *For* sweghleoþres; *see commentary.*
140 geblissad / oþþæt] 58r *begins.*
143 onbrygdeð] *Originally* onbrygded, *with a crossbar added subsequently.*

feþre flyhthwate; fugol bið geswiged.
Symle he twelf siþum tida gemearcað
147 dæges ond nihtes. Swa gedemed is
bearwes bigenga, þæt he þær brucan mot
wonges mid willum ond welan neotan,
150 lifes ond lissa, londes frætwa,
oþþæt he þusende þisses lifes,
wudubearwes weard, wintra gebideþ.
153 Ðonne bið gehefgad haswigfeðra,
gomol, gearum frod, grene eorðan
aflyhð, fugla [wyn], foldan geblowene,
156 ond þonne geseceð side rice
middangeardes, þær no men bugað
eard ond eþel. Þær he ealdordom
159 onfehð foremihtig ofer fugla cynn,
geþungen on þeode, ond þrage mid him
westen weardað. Þonne waþum strong
162 west gewiteð wintrum gebysgad
fleogan feþrum snel. Fuglas þringað
utan ymbe æþelne; æghwylc wille
165 wesan þegn ond þeow þeodne mærum,
oþþæt hy gesecað Syrwara lond
corðra mæste. Him se clæna þær
168 oðscufeð scearplice, þæt he in scade weardað,
on wudubearwe, weste stowe,
biholene ond bihydde hæleþa monegum.
171 Ðær he heanne beam on holtwuda
wunað ond weardað, wyrtum fæstne
under heofumhrofe, þone hatað men

---

148 bigenga] *see commentary.*
154 grene] *MS* rene.
155 aflyhð] a *accented.* wyn] *add. ed.*
156 side] *MS* siðe, *with* ð *altered to* d— *the lower portion of the crossbar remains.*
157 no men] *MS* nomen, *with* o *accented and* e *altered from* a.
166 Syrwara] y *accented.*
171 holtwuda] a *is altered from* u.
173 heofumhrofe] *see commentary.*

174 fenix on foldan, of þæs fugles noman.
58v Hafað þam treowe forgiefen tirmeahtig cyning,
meotud moncynnes, mine gefræge,
177 þæt se ana is ealra beama
on eorðwege uplædendra
beorhtast geblowen; ne mæg him bitres wiht
180 scyldum sceððan, ac gescylded a
wunað ungewyrded þenden woruld stondeð.

Ðonne wind ligeð, weder bið fæger,
183 hluttor heofones gim halig scineð,
beoð wolcen towegen, wætra þryþe
stille stondað, biþ storma gehwylc
186 aswefed under swegle, suþan bliceð
wedercondel wearm, weorodum lyhteð,
ðonne on þam telgum timbran onginneð,
189 nest gearwian. Bið him neod micel
þæt he þa yldu ofestum mote
þurh gewittes wylm wendan to life,
192 feorg geong onfon. Þonne feor ond neah
þa swetestan somnað ond gædrað
wyrta wynsume ond wudubleda
195 to þam eardstede, æþelstenca gehwone,
wyrta wynsumra, þe wuldorcyning,
fæder frymða gehwæs, ofer foldan gescop
198 to indryhtum ælda cynne,
swetes under swegle. Þær he sylf biereð
in þæt treow innan torhte frætwe;

---

175 tirmeahtig / cyning] *58v begins.*
180 a] *accented.*
181 *Punctuation:* :-:7
182 *MS* ÐONne. *This section is preceded by one blank line. The ascender of the initial is in the margin and its bow intrudes into the first two lines of the text. Its cross-stroke is positioned high on the shoulder of its bow; initials: 33 mm, 9.5 mm and 8 mm.*
189 gearwian] *This is crowded into the right margin at the end of the line.*
192 onfon] *with two accents.*
197 gehwæs] h, *now almost illegible, is added above in a smaller script.*

201 þær se wilda fugel in þam westenne
ofer heanne beam hus getimbreð,
wlitig ond wynsum, ond gewicað þær
204 sylf in þam solere, ond ymbseteð utan
in þam leafsceade lic ond feþre
on healfa gehware halgum stencum
207 ond þam æþelestum eorþan bledum.
Siteð siþes fus. Þonne swegles gim
59r on sumeres tid, sunne hatost,
210 ofer sceadu scineð ond gesceapu dreogeð,
woruld geondwliteð, þonne weorðeð his
hus onhæted þurh hador swegl.
213 Wyrta wearmiað, willsele stymeð
swetum swæccum, þonne on swole byrneð
þurh fyres feng fugel mid neste.
216 Bæl bið onæled. Þonne brond þeceð
heoredreorges hus, hreoh onetteð,
fealo lig feormað ond fenix byrneð,
219 fyrngearum frod. Þonne fyr þigeð
lænne lichoman; lif bið on siðe,
fæges feorhhord, þonne flæsc ond ban
222 adleg æleð. Hwæþre him eft cymeð
æfter fyrstmearce feorh edniwe,
siþþan þa yslan eft onginnað
225 æfter ligþræce lucan togædre,
geclungne to cleowenne. Þonne clæne bið
beorhtast nesta, bæle forgrunden
228 heaþorofes hof; hra bið acolad,

---

206 stencum] *This is followed by an erasure.*
209 sumeres / tid] *59r begins.*
211 geondwliteð] liteð *is over an erasure; this correction is made with a finer pen and in darker ink. The corrector who made the alteration here also corrected* ligþræce *in line 225.*
213 willsele] *2nd* e *is over an erased letter.*
217 heoredreorges] *see commentary.*
222 adleg] *with two accents.*
225 ligþræce] *MS* lig þræce, *with* lig *over an erasure. This correction was made by the same hand that made the correction in line 211 (see note).*

banfæt gebrocen, ond se bryne sweþrað.

Þonne of þam ade æples gelicnes

231 on þære ascan bið eft gemeted,

of þam weaxeð wyrm, wundrum fæger,

swylce he of ægerum ut alæde,

234 scir of scylle. Þonne on sceade weaxeð,

þæt he ærest bið swylce earnes brid,

fæger fugeltimber; ðonne furþor gin

237 wridað on wynnum, þæt he bið wæstmum gelic

ealdum earne, ond æfter þon

feþrum gefrætwad, swylc he æt frymðe wæs,

240 beorht geblowen. Þonne bræd weorþeð

eal edniwe eft acenned,

synnum asundrad. Sumes onlice

243 swa mon to ondleofne eorðan wæsmas

on hærfeste ham gelædeð,

59v wiste wynsume, ær wintres cyme,

246 on rypes timan, þy læs hi renes scur

awyrde under wolcnum; þær hi wraðe metað,

fodorþege gefeon, þonne forst ond snaw

249 mid ofermægne eorþan þeccað

wintergewædum. Of þam wæstmum sceal

eorla eadwela eft alædan

252 þurh cornes gecynd, þe ær clæne bið

sæd onsawen. Þonne sunnan glæm

on lenctenne, lifes tacen,

255 weceð woruldgestreon, þæt þa wæstmas beoð

---

229 sweþrað] eþ *and* ð *are over erased letters.*

234 scylle] *2nd* l *is over an erased letter (perhaps* b*).*

237 wæstmum] *The 2nd stroke of* u *looks like an* i, *indicating that the scribe may have faltered momentarily here.*

240 weorþeð] *2nd* e *is altered from* a.

241 eal] al *is over an erasure.*

243 wæsmas] *see commentary.*

245 wiste / wynsume] *59v begins.*

248 gefeon] *MS* ge feon; *see commentary.*

251 eadwela] *MS* ead welan.

253 sæd] *accented.*

þurh agne gecynd   eft acende,
foldan frætwe.   Swa se fugel weorþeð,
258   gomel æfter gearum,   geong edniwe,
flæsce bifongen.   No he foddor þigeð,
mete on moldan,   nemne meledeawes
261   dæl gebyrge,   se dreoseð oft
æt middre nihte;   bi þon se modga his
feorh afedeð,   oþþæt fyrngesetu,
264   agenne eard   eft geseceð.

Þonne bið aweaxen   wyrtum in gemonge
fugel feþrum deal;   feorh bið niwe,
267   geong, geofona ful,   þonne he of greote his
lic leoþucræftig,   þæt ær lig fornom,
somnað, swoles lafe,   searwum gegædrað
270   ban gebrosnad,   æfter bælþræce,
ond þonne gebringeð   ban ond yslan,
ades lafe,   eft ætsomne,
273   ond þonne þæt wælreaf   wyrtum biteldeð,
fægre gefrætwed.   Ðonne afysed bið
agenne eard   eft to secan.
276   Þonne fotum ymbfehð   fyres lafe,
clam biclyppeð,   ond his cyþþu eft,
sunbeorht gesetu,   seceð on wynnum,
60r   eadig eþellond.   Eall bið geniwad
feorh ond feþerhoma,   swa he æt frymþe wæs,
þa hine ærest god   on þone æþelan wong
282   sigorfæst sette.   He his sylfes þær
ban gebringeð,   þa ær brondes wylm

---

259 no] *accented.*
264 eft] ft *is written over an erasure.   Punctuation:* :-:⁊
265 *MS* þOnne. *This section is preceded by one blank line. The ascender of
the initial is in the margin and its pointed bow intrudes into the first two lines of
the text; initials: 67 mm and 7.5 mm.*
270 ban] *accented.*
274 afysed] a *accented.*
279 eþellond / eall] *60r begins.*
283 ban] *accented.*

on beorhstede bæle forþylmde,
285 ascan to eacan. Þonne eal geador
bebyrgeð beaducræftig ban ond yslan
on þam ealonde. Bið him edniwe
288 þære sunnan þegn, þonne swegles leoht,
gimma gladost, ofer garsecg up,
æþeltungla wyn, eastan lixeð.
291 Is se fugel fæger forweard hiwe,
bleobrygdum fag ymb þa breost foran.
Is him þæt heafod hindan grene,
294 wrætlice wrixled, wurman geblonden.
Þonne is se finta fægre gedæled,
sum brun, sum basu, sum blacum splottum
297 searolice beseted. Sindon þa fiþru
hwit hindanweard, ond se hals grene
nioþoweard ond ufeweard, ond þæt nebb lixeð
300 swa glæs oþþe gim, geaflas scyne
innan ond utan. Is seo eaggebyrd
stearc ond hiwe stane gelicast,
303 gladum gimme, þonne in goldfate
smiþa orþoncum biseted weorþeð.
Is ymb þone sweoran, swylce sunnan hring,
306 beaga beorhtast brogden feðrum.
Wrætlic is seo womb neoþan, wundrum fæger,
scir ond scyne. Is se scyld ufan
309 frætwum gefeged ofer þæs fugles bæc.
Sindon þa scancan scyllum biweaxen,
fealwe fotas. Se fugel is on hiwe
312 æghwæs ænlic, onlicost pean,
wynnum geweaxen, þæs gewritu secgað.

---

287 ealonde] ea *accented.*
294 wrixled] *MS* wrixleð.
303 goldfate] ol *is written over erased letters. It seems as if the scribe originally*
wrote glodfate; *compare line 64 above, where he wrote* fold *for* flod, *and 104v*
line 5 (Riddle 15, line 9) where he wrote blod *for* bold).
306 brogden] *MS* bregden.
312 onlicost] *1st* o *accented.* pean] *accented.*

60v   Nis he hinderweard, ne hygegælsa,
315   swar ne swongor, swa sume fuglas,
     þa þe late þurh lyft lacað fiþrum,
     ac he is snel ond swift ond swiþe leoht,
318   wlitig ond wynsum, wuldre gemearcad.
     Ece is se æþeling se þe him þæt ead gefeð.
     Þonne he gewiteð wongas secan,
321   his ealdne eard, of þisse eþeltyrf.
     Swa se fugel fleogeð, folcum oðeaweð,
     mongum monna geond middangeard,
324   þonne somniað suþan ond norþan,
     eastan ond westan, eoredciestum,
     farað feorran ond nean folca þryþum
327   þær hi sceawiaþ scyppendes giefe
     fægre on þam fugle, swa him æt fruman sette
     sigora soðcyning sellicran gecynd,
330   frætwe fægran ofer fugla cyn.
     Ðonne wundriað weras ofer eorþan
     wlite ond wæstma, ond gewritu cyþað,
333   mundum mearciað on marmstane,
     hwonne se dæg ond seo tid dryhtum geeawe
     frætwe flyhthwates. Ðonne fugla cynn
336   on healfa gehwore heapum þringað,
     sigað sidwegum, songe lofiað,
     mærað modigne meaglum reordum,
339   ond swa þone halgan hringe beteldað
     flyhte on lyfte; fenix biþ on middum,

---

314 hinderweard / ne] *60v begins.*
324 somniað] *MS* somnað.
325 eastan] *The scribe began to write a letter with a descender (after* e*) but converted it to an* a; *the descender is still visible.*
327 sceawiaþ] þ *is altered from* n. *The scribe makes a similar adjustment to* gefremmaþ *(line 495 [at 63r, line 5]) and* siþiaþ *(line 584 [at 64r, line 19]).*
330 fægran] *see commentary.*
333 marmstane] *MS* mearm stane, *with* r *partly erased and* e *expuncted; the scribe apparently had difficulty with this (perhaps) uncommon word.*
336 gehwore] *see commentary.*
337 sidwegum] *There is a dot within the loop of the* g *which looks like an expunction mark.*

þreatum biþrungen. Þeoda wlitað,
342 wundrum wafiað, hu seo wilgedryht
wildne weorþiað, worn æfter oþrum,
cræftum cyþað ond for cyning mærað
345 leofne leodfruman, lædað mid wynnum
æþelne to earde, oþþæt se anhoga
oðfleogeð, feþrum snel, þæt him gefylgan ne mæg
348 drymendra gedryht, þonne duguða wyn
of þisse eorþan tyrf eþel seceð.

61r Swa se gesæliga æfter swylthwile
351 his ealdcyðþe eft geneosað,
fægre foldan. Fugelas cyrrað
from þam guðfrecan geomormode
354 eft to earde. Þonne se æþeling bið
giong in geardum. God ana wat,
cyning ælmihtig, hu his gecynde bið,
357 wifhades þe weres; þæt ne wat ænig
monna cynnes, butan meotod ana,
hu þa wisan sind wundorlice,
360 fæger fyrngesceap, ymb þæs fugles gebyrd.
Þær se eadga mot eardes neotan,
wyllestreama wuduholtum in,
363 wunian in wonge, oþþæt wintra bið
þusend urnen. Þonne him weorþeð
ende lifes; hine ad þeceð
366 þurh æledfyr. Hwæþre eft cymeð
aweaht wrætlice wundrum to life.
Forþon he drusende deað ne bisorgað,
369 sare swyltcwale, þe him symle wat
æfter ligþræce lif edniwe,

---

342 wafiað] *MS* wefiað.
349 *Punctuation:* :7 seceð / swa] *61r begins.*
350 *MS* SWA. *This section begins at the top of a folio; initials: 32.5 mm, 12 mm and 6 mm.*
365 ad] *accented.* þeceð] eceð *is written over an erasure.*

feorh æfter fylle,   þonne fromlice
372   þurh briddes had   gebreadad weorðeð
eft of ascan,   edgeong weseð
under swegles hleo.   Bið him self gehwæðer
375   sunu ond swæs fæder,   ond symle eac
eft yrfeweard   ealdre lafe.
Forgeaf him se meahta   moncynnes fruma
378   þæt he swa wrætlice   weorþan sceolde
eft þæt ilce   þæt he ær þon wæs,
feþrum bifongen,   þeah hine fyr nime.
381   Swa þæt ece lif   eadigra gehwylc
æfter sarwræce   sylf geceoseð
þurh deorcne deað,   þæt he dryhtnes mot
384   æfter geardagum   geofona neotan
61v   on sindreamum,   ond siþþan a
wunian in worulde   weorca to leane.
387   þisses fugles gecynd   fela gelices
bi þam gecornum   Cristes þegnum
beacnað in burgum,   hu hi beorhtne gefean
390   þurh fæder fultum   on þas frecnan tid
healdaþ under heofonum,   ond him heanne blæd
in þam uplican   eðle gestrynaþ.
393   Habbaþ we geascad   þæt se ælmihtiga
worhte wer ond wif   þurh his wundra sped,
ond hi þa gesette   on þone selestan
396   foldan sceata,   þone fira bearn
nemnað neorxnawong,   þær him nænges wæs
eades onsyn,   þenden eces word,
399   halges hleoþorcwide,   healdan woldan

---

371 fylle] y *is added interlinearly above* i *in a smaller script.*
372 had] *accented.*
377 moncynnes] *Originally* monn, *but the 2nd n is erased and* cynnes *added,*
with c *written over the 2nd minim of the* n.
382 æfter] f *is written over an erased letter.*   sarwræce] a *accented.*
385 sindreamum / ond] *61v begins.*   a] *accented.*
391 healdaþ] l *is over an erased letter.*
393 geascad] *MS* geascað, *with* d *altered from* ð.
396 sceata] *MS* sceates.

on þam niwan gefean. Þær him niþ gescod,
ealdfeondes æfest, se him æt gebead,
402 beames blede, þæt hi bu þegun
æppel unrædum ofer est godes,
byrgdon forbodene. Þær him bitter wearð
405 yrmþu æfter æte ond hyra eaferum swa,
sarlic symbel sunum ond dohtrum.
Wurdoṅ·teonlice toþas idge
408 agolden æfter gylte. Hæfdon godes yrre,
bittre bealosorge. Þæs þa byre siþþan
gyrne onguldon, þe hi þæt gyfl þegun
411 ofer eces word. Forþon hy eðles wyn
geomormode ofgiefan sceoldon
þurh nædran niþ, þa heo nearwe biswac
414 yldran usse in ærdagum
þurh fæcne ferð, þæt hi feor þonan
in þas deaðdene drohtað sohton
417 sorgfulran gesetu. Him wearð selle lif
heolstre bihyded, ond se halga wong
þurh feondes searo fæste bityned
62r wintra mengu, oþþæt wuldorcyning
þurh his hidercyme halgum toheanes,
moncynnes gefea, meþra frefrend,
423 ond se anga hyht, eft ontynde.

Is þon gelicast, þæs þe us leorneras

---

401 gebead] *accented.*
407 wurdon] *MS* wordon, *with a small v-shaped* u *written above the* o.
408 agolden] *MS* ageald, *with a accented.*
419 bityned] d *has the form of* ð, *but the scribe corrected himself before adding the crossbar.*
420 mengu / oþþæt] *62r begins.*
421 toheanes] *see commentary.*
423 *Punctuation:* 7 *(it is unusual to find this sign used by itself at the end of a section).*
424 *MS* IS. *The initial stands entirely in the margin. The preceding line has been left blank except for the word* tynde, *placed at the far right of the line; initials: 66 mm and 12 mm.*

    wordum secgað, ond writu cyþað,

426 þisses fugles gefær, þonne frod ofgiefeð

    eard ond eþel, ond geealdad bið.

    Gewiteð werigmod, wintrum gebysgad,

429 þær he holtes hleo heah gemeteð,

    in þam he getimbreð tanum ond wyrtum

    þam æþelestum eardwic niwe,

432 nest on bearwe. Bið him neod micel

    þæt he feorh geong eft onfon mote

    þurh liges blæst lif æfter deaþe,

435 edgeong wesan, ond his ealdcyðþu,

    sunbeorht gesetu, secan mote

    æfter fyrbaðe. Swa ða foregengan,

438 yldran usse, anforleton

    þone wlitigan wong ond wuldres setl

    leoflic on laste, tugon longne sið

441 in hearmra hond, þær him hettende,

    earme aglæcan, oft gescodan.

    Wæron hwæþre monge, þa þe meotude wel

444 gehyrdun under heofonum halgum ðeawum,

    dædum domlicum, þæt him dryhten wearð,

    heofona heahcyning, hold on mode.

447 Ðæt is se hea beam in þam halge nu

    wic weardiað, þær him wihte ne mæg

    ealdfeonda nan atre sceþþan,

450 facnes tacne, on þa frecnan tid.

    Þær him nest wyrceð wið niþa gehwam

    dædum domlicum dryhtnes cempa,

62v þonne he ælmessan earmum dæleð,

    duguþa leasum, ond him dryhten gecygð,

---

425 wordum] *MS* weordum *(an audible memory error).*
428 gebysgad] d *has the form of* ð, *but the scribe corrected himself before adding the crossbar.*
443 wel] *MS* we.
447 hea] *accented.*
449 nan] *accented.*
453 þonne] *accented.* ælmessan / earmum] *62v begins.*

fæder on fultum, forð onetteð,
456 lænan lifes leahtras dwæsceþ,
mirce mandæde, healdeð meotudes æ
beald in breostum, ond gebedu seceð
459 clænum gehygdum, ond his cneo bigeð
æþele to eorþan, flyhð yfla gehwylc,
grimme gieltas, for godes egsan,
462 glædmod gyrneð þæt he godra mæst
dæda gefremme; þam biþ dryhten scyld
in siþa gehwane, sigora waldend,
465 weoruda wilgiefa. þis þa wyrta sind,
wæstma blede, þa se wilda fugel
somnað under swegle side ond wide
468 to his wicstowe, þær he wundrum fæst
wið niþa gehwam nest gewyrceð.
Swa nu in þam wicum willan fremmað
471 mode ond mægne meotudes cempan,
mærða tilgað; þæs him meorde wile
ece ælmihtig eadge forgildan.
474 Beoð him of þam wyrtum wic gestaþelad
in wuldres byrig weorca to leane,
þæs þe hi geheoldan halge lare
477 hate æt eortan, hige weallende
dæges ond nihtes dryhten lufiað,
leohte geleafan leofne ceosað
480 ofer woruldwelan; ne biþ him wynne hyht
þæt hy þis læne lif long gewunien.
þus eadig eorl ecan dreames,
483 heofona hames mid heahcyning
earnað on elne oþþæt ende cymeð
dogorrimes, þonne deað nimeð,

---

457 mandæde] *with two accents.*
477 eortan] *For* heortan; *see commentary.*
479 geleafan] f *and* a *are unusually crowded, indicating that the scribe has adjusted what he first wrote.* [*Compare this with the usual spacing of the grouping* fa *in* hweorfað (*at 63r, line 8*).] *The original reading here was* geleasun.

486 wiga wælgifre, wæpnum geþryþed,
   ealdor anra gehwæs, ond in eorþan fæðm
63r snude sendað sawlum binumene
489 læne lichoman, þær hi longe beoð
   oð fyres cyme foldan biþeahte.
   Ðonne monge beoð on gemot læded
492 fyra cynnes; wile fæder engla,
   sigora soðcyning, seonoþ gehegan,
   duguða dryhten, deman mid ryhte.
495 þonne æriste ealle gefremmaþ
   men on moldan, swa se mihtiga cyning
   beodeð, brego engla, byman stefne
498 ofer sidne grund, sawla nergend.
   Bið se deorca deað dryhtnes meahtum
   eadgum geendad. Æðele hweorfað
501 þreatum þringað, þonne þeos woruld,
   scyldwyrcende, in scome byrneð,
   ade onæled. Weorþeð anra gehwylc
504 forht on ferþþe, þonne fyr briceð
   læne londwelan, lig eal þigeð
   eorðan æhtgestreon, æpplede gold
507 gifre forgripeð, grædig swelgeð
   londes frætwe. þonne on leoht cymeð
   ældum þisses in þa openan tid
510 fæger ond gefealic fugles tacen,
   þonne anwald eal up astellað
   of byrgenum, ban gegædrað,
513 leomu lic somod, ond lifes gæst,
   fore Cristes cneo. Cyning þrymlice

---

488 snude / sendað] *63r begins.* *There is a previously unnoticed drypoint etching in the bottom margin below* fæðm. sendað] *see commentary.*
491 læded] *MS* lædaþ.
495 gefremmaþ] þ *is altered from* n; *cf. line 327 (60v, line 8).*
507 gifre] g *is over an erased letter.*
511 astellað] *see commentary.*
512 gegædrað] *MS* bange. gædrað, *with the full stop positioned in the middle of an (8 mm) erased area.*
513 lifes] *MS* liges.

of his heahsetle   halgum scineð,
516   wlitig wuldres gim.   Wel biþ þam þe mot
in þa geomran tid   gode lician.

Ðær þa lichoman,   leahtra clæne,
519   gongað glædmode,   gæstas hweorfað
in banfatu,   þonne bryne stigeð
heah to heofonum.   Hat bið monegum
63v   egeslic æled,   þonne anra gehwylc,
soðfæst ge synnig,   sawel mid lice,
from moldgrafum   seceð meotudes   dom,
525   forhtafæred.   Fyr bið on tihte,
æleð uncyste.   Þær þa eadgan beoð
æfter wræchwile   weorcum bifongen,
528   agnum dædum.   Þæt þa æþelan sind
wyrta wynsume,   mid þam se wilda fugel
his sylfes nest   biseteð utan,
531   þæt hit færinga   fyre byrneð,
forsweleð under sunnan,   ond he sylfa mid,
ond þonne æfter lige   lif eft onfehð
534   edniwinga.   Swa bið anra gehwylc
flæsce bifongen   fira cynnes,
ænlic ond edgeong,   se þe his agnum her
537   willum gewyrceð   þæt him wuldorcyning
meahtig æt þam mæþle   milde geweorþeð.
Þonne hleoþriað   halge gæstas,
540   sawla soðfæste,   song ahebbað,

---

517 *Punctuation:* :7
518 *MS* ÐÆR. *This section is preceded by one blank line. The ascender of the*
initial is in the margin and its bow intrudes into the first two lines of text; initials
26 mm, 11mm and 10 mm.
519 hweorfað] o *is altered from* a.
522 æled / þonne] *63v begins.*
524 dom] *accented.*
525 forhtafæred] a *accented.*
531 hit] t *is written over an erased letter (which had a descender — perhaps* s).
533 lif] *accented.*
536 agnum] a *accented.*

clæne ond gecorene,   hergað cyninges þrym,
stefn æfter stefne,   stigað to wuldre
543   wlitige gewyrtad   mid hyra weldædum.
Beoð þonne amerede   monna gæstas,
beorhte abywde   þurh bryne fyres.
546   Ne wene þæs ænig   ælda cynnes
þæt ic lygewordum   leoð somnige —
write woðcræfte.   Gehyrað witedom
549   Iobes gieddinga.   Þurh gæstes blæd
breostum onbryrded,   beald reordade,
wuldre geweorðad;   he þæt word gecwæð:
552   "Ic þæt ne forhycge   heortan geþoncum,
þæt ic in minum neste   neobed ceose,
hæle hrawerig,   gewite hean þonan
64r   on longne sið,   lame bitolden,
geomor gudæda,   in greotes fæðm,
ond þonne æfter deaþe   þurh dryhtnes giefe
558   swa se fugel fenix   feorh edniwe
æfter æriste   agan mote,
dreamas mid dryhten,   þær seo deore scolu
561   leofne lofiað.   Ic þæs lifes ne mæg
æfre to ealdre   ende gebidan,
leohtes ond lissa.   Þeah min lic scyle
564   on moldærne   molsnad weorþan
wyrmum to willan,   swa þeah weoruda god
æfter swylthwile   sawle alyseð
567   ond in wuldor aweceð.   Me þæs wen næfre
forbirsteð in breostum,   ðe ic in brego engla
forðweardne gefean   fæste hæbbe."
570   Ðus frod guma   on fyrndagum

---

545 abywde] a *accented.*
549 Iobes] Iob *is written in the left margin in a modern hand.*
554 hrawerig] a *accented.*
555 lame / bitolden] *64r begins.*
559 agan] *A letter is erased after initial* a, *probably before the* g *was written.*
567 aweceð] a *accented.*
570 frod] *accented.*

gieddade gleawmod, godes spelboda,
ymb his æriste in ece lif,
573 þæt we þy geornor ongietan meahten
tirfæst tacen þæt se torhta fugel
þurh bryne beacnað. Bana lafe,
576 ascan ond yslan, ealle gesomnað
æfter ligbryne, lædeþ siþþan
fugel on fotum to frean geardum,
579 sunnan togeanes. Þær hi siþþan forð
wuniað wintra fela, wæstmum geniwad,
ealles edgiong, þær ænig ne mæg
582 in þam leodscype læþþum hwopan.
Swa nu æfter deaðe þurh dryhtnes miht
somod siþiaþ sawla mid lice,
585 fægre gefrætwed, fugle gelicast,
in eadwelum æþelum stencum,
þær seo soþfæste sunne lihteð
588 wlitig ofer weoredum in wuldres byrig.

64v Ðonne soðfæstum sawlum scineð
heah ofer hrofas hælende Crist.
591 Him folgiað fuglas scyne,
beorhte gebredade, blissum hremige,
in þam gladan ham, gæstas gecorene,
594 ece to ealdre. Þær him yfle ne mæg
fah feond gemah facne sceþþan,
ac þær lifgað a leohte werede,
597 swa se fugel fenix, in freoþu dryhtnes,
wlitige in wuldre. Weorc anra gehwæs

---

584 siþiaþ] *2nd* þ *is altered from* n; *cf. line 327 (60v, line 8).*
586 eadwelum] um *is altered from* an *(it seems).*
588 weoredum] *2nd* e *is written over an erased letter.*   Punctuation: :7   byrig
/ ðonne] *64v begins.*
589 *MS* ðOnne. *The initial is a large and minuscule shape; initials: 35 mm and 6
mm.*
596 a] *accented.*

beorhte bliceð in þam bliþam ham
600 fore onsyne ecan dryhtnes,
symle in sibbe, sunnan gelice.
þær se beorhta beag, brogden wundrum
603 eorcnanstanum, eadigra gehwam
hlifað ofer heafde. Heafelan lixað,
þrymme biþeahte. Ðeodnes cynegold
606 soðfæstra gehwone sellic glengeð
leohte in life, þær se longa gefea,
ece ond edgeong, æfre ne sweþrað,
609 ac hy in wlite wuniað, wuldre bitolden
fægrum frætwum, mid fæder engla.
Ne bið him on þam wicum wiht to sorge,
612 wroht ne weþel ne gewindagas,
hungor se hata ne se hearde þurst,
yrmþu ne yldo. Him se æþela cyning
615 forgifeð goda gehwylc. Þær gæsta gedryht
hælend hergað ond heofoncyninges
meahte mærsiað, singað metude lof.
618 Swinsað sibgedryht swega mæste
hædre ymb þæt halge heahseld godes,
bliþe bletsiað bregu selestan
621 eadge mid englum, efenhleoþre þus:
"Sib si þe, soð god, ond snyttrucræft,
65r ond þe þonc sy þrymsittendum
624 geongra gyfena, goda gehwylces.
Micel, unmæte mægnes strenðu,
heah ond halig. Heofonas sindon

---

599 bliþam] see commentary. ham] accented.
601 symle] l is altered from b by scraping away part of its bowl; the remaining part has been used to form the following e.
606 glengeð] 1st e is altered from i.
607 gefea] accented.
612 ne weþel] MS newe þel, with a þ erased between the e and þ.
613 hearde] see commentary.
623 sy] accented. sy / þrymsittendum] 65r begins.
624 geongra] a is altered from u, and is followed by an erased letter.
625 unmæte] u accented. strenðu] see commentary.

627 fægre gefylled, fæder ælmihtig,
ealra þrymma þrym, þines wuldres,
uppe mid englum ond on eorðan somod.
630 Gefreoþa usic, frymþa scyppend. Þu eart fæder ælmihtig
in heannesse, heofuna waldend."
Ðus reordiað ryhtfremmende,
633 manes amerede, in þære mæran byrig;
cyneþrym cyþað, caseres lof
singað on swegle soðfæstra gedryht,
636 þam anum is ece weorðmynd
forð butan ende. Næs his frymð æfre,
eades ongyn. Þeah he on eorþan her
639 þurh cildes had cenned wære
in middangeard hwæþre his meahta sped
heah ofer heofonum halig wunade,
642 dom unbryce. Þeah he deaþes cwealm
on rode treow ræfnan sceolde,
þearlic wite, he þy þriddan dæge
645 æfter lices hryre lif eft onfeng
þurh fæder fultum. Swa fenix beacnað,
geong in geardum, godbearnes meaht,
648 þonne he of ascan eft onwæcneð
in lifes lif, leomum geþungen.
Swa se hælend us elpe gefremede
651 þurh his lices gedal, lif butan ende,
swa se fugel swetum his fiþru tu
ond wynsumum wyrtum gefylleð,
654 fægrum foldwæstmum, þonne afysed bið.
Þæt sindon þa word, swa us gewritu secgað,

---

633 amerede] a accented.
635 singað] MS singad.
639 had] accented.
648 onwæcneð] MS on wæcned
650 elpe] For helpe; see commentary.
651 lif] The tongue of f is written over an erased letter.
652 swa] A letter (with a descender) is erased between s and wynn. fiþru] m is
erased after u. tu] accented.

65v   hleoþor haligra, þe him to heofonum bið,
657   to þam mildan gode, mod afysed
     in dreama dream, þær hi dryhtne to giefe
     worda ond weorca wynsumne stenc
660   in þa mæran gesceaft meotude bringað,
     in þæt leohte lif. Sy him lof symle
     þurh woruld worulda, ond wuldres blæd,
663   ar ond onwald, in þam uplican
     rodera rice. He is on ryht cyning
     middangeardes ond mægenþrymmes,
666   wuldre biwunden in þære wlitigan byrig.
     Hafað us alyfed lucis auctor
     þæt we motun her merueri,
669   goddædum begietan gaudia in celo,
     þær we motum maxima regna
     secan ond gesittan sedibus altis,
672   lifgan in lisse lucis et pacis,
     agan eardinga almæ letitie,
     brucan blæddaga blandem et mittem
675   geseon sigora frean sine fine,
     ond him lof singan laude perenne,
     eadge mid englum. Alleluia.

---

656 hleoþor / haligra] *65v begins.*
657 mod] *accented.*
659 wynsumne] *2nd* n *is altered from* u.
663 ar] *accented.*
667 auctor] u *is added above in a smaller script; there is an insertion stroke below.*
668 her] *accented.*
669 goddædum] o *accented.*
670 motum] *See commentary.*
671 sedibus] u *accented.*
672 lisse] se *is written over an erasure.*
673 almæ] *MS* alma. letitie] *2nd* e *is hooked.*
674 mittem] *see commentary.*
675 frean] *accented.*
677 *Punctuation:* :7:-:7

The Passion of Saint Juliana

Hwæt. We ðæt hyrdon hæleð eahtian,
deman dædhwate, þætte in dagum gelamp
3   Maximianes, se geond middangeard,
arleas cyning, eahtnysse ahof —
cwealde Cristne men, circan fylde,
6   geat on græswong godhergendra,
hæþen hildfruma, haligra blod,
66r ryhtfremmendra. Wæs his rice brad,
9   wid ond weorðlic ofer werþeode,
lytesna ofer ealne yrmenne grund.
Foron æfter burgum, swa he biboden hæfde,
12   þegnas þryðfulle. Oft hi præce rærdon,
dædum gedwolene, þa þe dryhtnes æ
feodon þurh firencræft. Feondscype rærdon,
15   hofon hæþengield, halge cwelmdon,
breotun boccræftge, bærndon gecorene,
gæston godes cempan gare ond lige.
18   Sum wæs æhtwelig æþeles cynnes
rice gerefa. Rondburgum weold,
eard weardade oftast symle
21   in þære ceastre Commedia,
heold hordgestreon. Oft he hæþengield

---

1 *MS* HWÆT WE ÐÆT HYRDON. *This section is preceded by one blank line; initials: 46.5 mm and 10 mm (for the rest of the letters to the end of the manuscript line).*
3 geond] *2nd minim of* n *and* d *are written over an erased letter (which had a descender).*
4 ahof] a *accented.*
6 godhergendra] *MS* god hergenda, *with* a *altered from* u.
8 rice / brad] *66r begins.*
9 wid] *accented.*
12 oft] *MS* of; *the scribe makes the same error at line 468 below.*
13 æ] *accented.*
15 cwelmdon] m *is written over an erased letter.*
16 bærndon] *MS* bærdon.

ofer word godes,   weoh gesohte
24   neode geneahhe.   Wæs him noma cenned
Heliseus;   hæfde ealdordom
micelne ond mærne.   Ða his mod ongon
27   fæmnan lufian   (hine fyrwet bræc)
Iulianan.   Hio in gæste bær
halge treowe,   hogde georne
30   þæt hire mægðhad   mana gehwylces
fore Cristes lufan   clæne geheolde.
   Ða wæs sio fæmne   mid hyre fæder willan
33   welegum biweddad;   wyrd ne ful cuþe,
freondrædenne   hu heo from hogde,
geong on gæste.   Hire wæs godes egsa
36   mara in gemyndum,   þonne eall þæt maþþumgesteald
þe in þæs æþelinges   æhtum wunade.
   Þa wæs se weliga   þære wifgifta,
39   goldspedig guma,   georn on mode,
þæt him mon fromlicast   fæmnan gegyrede,
bryd to bolde.   Heo þæs beornes lufan
42   fæste wiðhogde,   þeah þe feohgestreon
66v   under hordlocan,   hyrsta unrim
æhte ofer eorþan.   Heo þæt eal forseah,
45   ond þæt word acwæð   on wera mengu:
"Ic þe mæg gesecgan   þæt þu þec sylfne ne þearft
swiþor swencan.   Gif þu soðne god
48   lufast ond gelyfest,   ond his lof rærest,
ongietest gæsta hleo,   ic beo gearo sona
unwaclice   willan þines.
51   Swylce ic þe secge,   gif þu to sæmran gode

---

23 word] o *is written over an erased letter.*
30 mana] *with 2 accents.*
35 geong] *2nd* g *is written over an erased* d.
42 wiðhogde] *MS* wið hog de, *with damage to the manuscript (consisting of a few small holes and a worn area) after* hog.   feohgestreon / under] *66v begins.*
43 hordlocan] d *is written over an erased letter.*   unrim] *has 2 accents.*
46 ic] *MS* in.
47 swiþor] wynn *is over an erased letter.*

þurh deofolgield dæde biþencest,
hætsð hæþenweoh, ne meaht þu habban mec,
54   ne geþreatian þe to gesingan.
Næfre þu þæs swiðlic sar gegearwast
þurh hæstne nið heardra wita,
57   þæt þu mec onwende worda þissa."
Ða se æþeling wearð yrre gebolgen,
firendædum fah, gehyrde þære fæmnan word,
60   het ða gefetigan ferend snelle,
hreoh ond hygeblind, haligre fæder,
recene to rune. Reord up astag,
63   siþþan hy togædre garas hlændon,
hildeþremman. Hæðne wæron begen
synnum seoce, sweor ond aþum.
66   Ða reordode rices hyrde
wið þære fæmnan fæder frecne mode,
daraðhæbbende: "Me þin dohtor hafað
69   geywed orwyrðu. Heo me on an sagað
þæt heo mæglufan minre ne gyme,
freondrædenne. Me þa fraceðu sind
72   on modsifan mæste weorce,
þæt heo mec swa torne tæle gerahte
fore þissum folce, het me fremdne god,
75   ofer þa oþre þe we ær cuþon,
welum weorþian, wordum lofian,
67r   on hyge hergan, oþþe hi nabban."
78   Geswearc þa swiðferð, swor æfter worde

---

54 gesingan] *see commentary.*
62 up] *accented.* astag] *1st* a *accented.*
64 wæron] wær *is poorly formed and in a blacker ink; the letters were added later in another hand over erased letters (the same hand made the adjustment in line 102).*
65 synnum] s *is written over an erased letter (which had a descender).*
69 on] *accented.* an] *accented.*
70 mæglufan] æ *accented.*
72 modsifan] *The upper loop of* e *is scraped away to produce an* i.
74 fremdne] n *is written over an erased letter.*
76 lofian / on] *67r begins.*

þære fæmnan fæder, ferðlocan onspeon:
"Ic þæt geswerge þurh soð godu,
81   swa ic are æt him æfre finde,
oþþe, þeoden, æt þe þine hyldu
winburgum in, gif þas word sind soþ,
84   monna leofast, þe þu me sagast,
þæt ic hy ne sparige, ac on spild giefe,
þeoden mæra, þe to gewealde.
87   Dem þu hi to deaþe, gif þe gedafen þince,
swa to life læt, swa þe leofre sy."
      Eode þa fromlice fæmnan to spræce,
90   anræd ond yfelþweorg, yrre gebolgen,
þær he glædmode geonge wiste
wic weardian. He þa worde cwæð:
93   "Ðu eart dohtor min seo dyreste
ond seo sweteste in sefan minum,
ange for eorþan, minra eagna leoht,
96   Iuliana. Þu on geaþe hafast
þurh þin orlegu unbiþyrfe
ofer witena dom wisan gefongen.
99   Wiðsæcest þu to swiþe sylfre rædes
þinum brydguman, se is betra þonne þu,
æþelra for eorþan, æhtspedigra
102   feohgestreona. He is to freonde god.
Forþon is þæs wyrþe, þæt þu þæs weres frige,
ece eadlufan, an ne forlæte."

---

81 are] *accented.*
86 gewealde] *MS* ge weald.
90 yfelþweorg] *MS* yreþweorg.
91 glædmode] *MS* glæd mod.
100 þu] *accented.*
102 feohgestreona] *2nd* eo *is written over erased letters; they are at the end of the MS line and are followed by a dash in lighter ink. This correction was made by the same hand that altered line 64.*
104 an ne forlæte] *MS* anne-forlæte, *with the dash in the same ink. Punctuation:* :7

105 Him þa seo eadge   ageaf ondsware,
    Iuliana (hio to gode hæfde
    freondrædenne fæste gestaþelad):
108 "Næfre ic þæs þeodnes þafian wille
    mægrædenne, nemne he mægna god
    geornor bigonge þonne he gen dyde,
67v lufige mid lacum þone þe leoht gescop,
    heofon ond eorðan ond holma bigong,
    eodera ymbhwyrft. Ne mæg he elles mec
114 bringan to bolde. He þa brydlufan
    sceal to oþerre æhtgestealdum
    idese secan; nafað he ænige her."
117 Hyre þa þurh yrre ageaf ondsware
    fæder feondlice, nales frætwe onheht:
    "Ic þæt gefremme, gif min feorh leofað
120 gif þu unrædes ær ne geswicest,
    ond þu fremdu godu forð bigongest
    ond þa forlætest þe us leofran sind,
123 þe þissum folce to freme stondað,
    þæt þu ungeara ealdre scyldig
    þurh deora gripe deaþe sweltest,
126 gif þu geþafian nelt þingrædenne,
    modges gemanan. Micel is þæt ongin
    ond þreaniedlic þinre gelican,
129 þæt þu forhycge hlaford urne."
    Him þa seo eadge   ageaf ondsware,
    gleaw ond gode leof, Iuliana:
132 "Ic þe to soðe   secgan wille,
    bi me lifgendre nelle ic lyge fremman.
    Næfre ic me ondræde domas þine,
135 ne me weorce sind witebrogan,

---

105 *MS* HIM. *This section is preceded by one blank line; initials: 23 mm, 7 mm and 7 mm.*
111 lacum / þone] *67v begins.*
116 ænige] *MS* ænig.
123 þissum] *2nd* s *is written over an erased letter (which had a descender).*
128 þreaniedlic] *MS* prea med lic; *see commentary.*

hildewoman,   þe þu hæstlice
manfremmende to me beotast,
138   ne þu næfre gedest   þurh gedwolan þinne
þæt þu mec acyrre   from Cristes lofe."
Ða wæs ellenwod,   yrre ond reþe,
141   frecne ond ferðgrim,   fæder wið dehter.
Het hi þa swingan,   susle þreagan,
witum wægan,   ond þæt word acwæð:
144   "Onwend þec in gewitte,   ond þa word oncyr
þe þu unsnyttrum   ær gespræce,
þa þu goda ussa   gield forhogdest."
147   Him seo unforhte   ageaf ondsware
þurh gæstgehygd,   Iuliana:
68r   "Næfre þu gelærest   þæt ic leasingum,
150   dumbum ond deafum   deofolgieldum,
gæste geniðlum   gaful onhate,
þam wyrrestum   wites þegnum,
153   ac ic weorðige   wuldres ealdor
middangeardes   ond mægenþrymmes,
ond him anum to   eal biþence,
156   þæt he mundbora   min geweorþe,
helpend ond hælend   wið hellsceaþum."
Hy þa þurh yrre   Affricanus,
159   fæder fæmnan ageaf   on feonda geweald
Heliseo.   He in æringe
gelædan het   æfter leohtes cyme
162   to his domsetle.   Duguð wafade
on þære fæmnan wlite,   folc eal geador.
Hy þa se æðeling   ærest grette,

---

137 manfremmende] a *accented.*
140 ellenwod] o *accented.*
142 preagan] *MS* þrea gan, *with a scraped area above the 2nd* a *(as if the loop*
of an earlier tall e *has been erased).*
144 onwend] o *accented.*
149 ic / leasingum] *68r begins.*
151 gæste] *see commentary.*
155 biþence] en *is written over erased letters.*
161 lædan] a *is altered at the top by scraping.*

165 hire brydguma, bliþum wordum:
     "Min se swetesta sunnan scima,
     Iuliana. Hwæt, þu glæm hafast,
168 ginfæste giefe, geoguðhades blæd.
     Gif þu godum ussum gen gecwemest,
     ond þe to swa mildum mundbyrd secest,
171 yldo to halgum, beoð þe ahylded fram
     wraþe geworhtra wita unrim,
     grimra gyrna, þe þe gegearwad sind,
174 gif þu onsecgan nelt soþum gieldum."
     Him seo æpele mæg ageaf ondsware:
     "Næfre þu geþreatast þinum beotum,
177 ne wita þæs fela wraðra gegearwast,
     þæt ic þeodscype þinne lufie,
     buton þu forlæte þa leasinga,
180 weohweorðinga, ond wuldres god
     ongyte gleawlice, gæsta scyppend,
     meotud moncynnes, in þæs meahtum sind
183 a butan ende ealle gesceafta."
     Ða for þam folce frecne mode
     beotwordum spræc, bealg hine swiþe
186 folcagende, ond þa fæmnan het
68v þurh niðwræce nacode þennan,
     ond mid sweopum swingan synna lease.
189 Ahlog þa se hererinc, hospwordum spræc:
     "Þis is ealdordom uncres gewynnes
     on fruman gefongen. Gen ic feores þe
192 unnan wille, þeah þu ær fela
     unwærlicra worda gespræce,
     onsoce to swiðe þæt þu soð godu
195 lufian wolde. Þe þa lean sceolan

---

166 min] *accented.* swetesta] a *is altered from* e.
168 blæd] *accented.*
169 gen] *accented.*
171 yldo] *For* hyldo; *see commentary.*
187 niðwræce / nacode] *68v begins.*
188 swingan] g *is altered from* c.

wiþerhycgendre, witebrogan,
æfter weorþan, butan þu ær wiþ hi
198   geþingige, ond him þoncwyrþe
æfter leahtorcwidum lac onsecge,
sibbe gesette. Læt þa sace restan,
201   lað leodgewin. Gif þu leng ofer þis
þurh þin dolwillen gedwolan fylgest,
þonne ic nyde sceal niþa gebæded
204   on þe þa grimmestan godscyld wrecan,
torne teoncwide, þe þu tælnissum
wiþ þa selestan sacan ongunne,
207   ond þa mildestan þara þe men witen,
þe þes leodscype mid him longe bieode."
Him þæt æþele mod unforht oncwæð:
210   "Ne ondræde ic me domas þine,
awyrged womsceaða, ne þinra wita bealo.
Hæbbe ic me to hyhte heofonrices weard,
213   mildne mundboran, mægna waldend,
se mec gescyldeð wið þinum scinlace
of gromra gripe, þe þu to godum tiohhast.
216   Ða sind geasne goda gehwylces,
idle, orfeorme, unbiþyrfe,
ne þær freme meteð fira ænig
219   soðe sibbe, þeah þe sece to him
freondrædenne. He ne findeð þær
duguþe mid deoflum. Ic to dryhtne min
222   mod staþelige, se ofer mægna gehwylc
69r   waldeð wideferh, wuldres agend,
sigora gehwylces. Þæt is soð cyning."

225 Ða þam folctogan fracuðlic þuhte
þæt he ne meahte mod oncyrran,
fæmnan foreþonc. He bi feaxe het
228 ahon ond ahebban on heanne beam,
þær seo sunsciene slege þrowade,
sace singrimme, siex tida dæges,
231 ond he ædre het eft asettan,
laðgeniðla, ond gelædan bibead
to carcerne. Hyre wæs Cristes lof
234 in ferðlocan fæste biwunden,
milde modsefan, mægen unbrice.
Ða wæs mid clustre carcernes duru
237 behliden, homra geweorc. Halig þær inne
wærfæst wunade. Symle heo wuldorcyning
herede æt heortan, heofonrices god,
240 in þam nydclafan, nergend fira,
heolstre bihelmad. Hyre wæs halig gæst
singal gesið.
Ða cwom semninga
243 in þæt hlinræced hæleða gewinna,
yfeles ondwis. Hæfde engles hiw,
gleaw gyrnstafa gæstgeniðla,
246 helle hæftling, to þære halgan spræc:
"Hwæt dreogest þu, seo dyreste
ond seo weorþeste wuldorcyninge,
249 dryhtne ussum? Ðe þes dema hafað
þa wyrrestan witu gegearwad
sar endeleas, gif þu onsecgan nelt,
252 gleawhycgende, ond his godum cweman.
Wes þu on ofeste, swa he þec ut heonan

---

225 *MS* ðA. *This section is preceded by one blank line; initials: 23 mm and 9 mm.*
226 mod] *accented.*
228 ahon] o *accented.*
253 on] *accented.* ofeste] o *accented.*

lædan hate, þæt þu lac hraþe
onsecge sigortifre, ær þec swylt nime,
deað fore duguðe. Þy þu þæs deman scealt,
eadhreðig mæg yrre gedygan."

258   Frægn þa fromlice, seo þe forht ne wæs,
Criste gecweme, hwonan his cyme wære.
Hyre se wræcmæcga wið þingade:
261 "Ic eom engel godes ufan siþende,
þegn geþungen, ond to þe sended,
halig of heahþu. Þe sind heardlicu,
264 wundrum welgrim, witu geteohhad
to gringwræce. Het þe god beodan,
bearn waldendes, þæt þe burge þa."
267   Ða wæs seo fæmne for þam færspelle
egsan geaclad, þe hyre se aglæca,
wuldres wiþerbreca, wordum sægde.
270 Ongan þa fæstlice ferð staþelian,
geong grondorleas, to [gode] cleopian:
"Nu ic þec, beorna hleo, biddan wille
273 ece ælmihtig, þurh þæt æþele gesceap
þe þu, fæder engla, æt fruman settest,
þæt þu me ne læte of lofe hweorfan
276 þinre eadgife, swa me þes ar bodað
frecne færspel, þe me fore stondeð.
Swa ic þe, bilwitne, biddan wille
279 þæt þu me gecyðe, cyninga wuldor,
þrymmes hyrde, hwæt þes þegn sy
lyftlacende, þe mec læreð from þe
282 on stearcne weg." Hyre stefn oncwæð
wlitig of wolcnum, word hleoþrade:
"Forfoh þone frætgan ond fæste geheald,

---

255 sigortifre / ær] *69v begins.*
264 welgrim] *see commentary.*
270 staþelian] e *is altered from* i *(the correction was made while the original transcription was in progress).*
271 gode] *add. ed.*
272 nu] *MS* ne *(appended to* cleopian*).*

285 oþþæt he his siðfæt   secge mid ryhte,
ealne from orde,   hwæt his æþelu syn."
Ða wæs þære fæmnan   ferð geblissad,
288 domeadigra.   Heo þæt deofol genom ...

[* * *]

70r   "... ealra cyninga cyning   to cwale syllan
Ða gen ic gecræfte   þæt se cempa ongon
291 waldend wundian   — weorud to segon —
þæt þær blod ond wæter   bu tu ætgædre
eorþan sohtun.   Ða gen ic Herode
294 in hyge bisweop   þæt he Iohannes bibead
heafde biheawan,   ða se halga wer
þære wiflufan   wordum styrde,
297 unryhtre æ.   Eac ic gelærde
Simon searoþoncum   þæt he sacan ongon
wiþ þa gecorenan   Cristes þegnas,
300 ond þa halgan weras   hospe gerahte
þurh deopne gedwolan,   sægde hy drys wæron.
Neþde ic nearobregdum   þær ic Neron bisweac,
303 þæt he acwellan het   Cristes þegnas,
Petrus ond Paulus.   Pilatus ær
on rode aheng   rodera waldend,
306 meotud meahtigne   minum larum.
Swylce ic Egias   eac gelærde
þæt he unsnytrum   Andreas het
309 ahon haligne   on heanne beam,
þæt he of galgan his   gæst onsende

---

286 ealne] *MS* ealdne, *with* d *expuncted.*
288 domeadigra] *MS* dom eadigra, *with* o *accented; see commentary.*   genom
/ ealra] 70r *begins. At least one folio is missing at this point.*
294 bisweop] *MS* bispeop.
297 æ] *accented.*
301 drys] *MS* dryas.
302 neþde] *MS* neþ de, *with a letter (which had a descender) erased after* þ.
307 swylce] e *is added above in a tiny script (in a light brown ink).*
309 ahon] *with 2 accents.*

in wuldres wlite. Þus ic wraþra fela
312   mid minum broþrum bealwa gefremede,
        sweartra synna,   þe ic asecgan ne mæg,
        rume areccan, ne gerim witan,
315   heardra heteþonca." Him seo halge oncwæð
        þurh gæstes giefe, Iuliana:
        "Þu scealt furþor gen feond moncynnes
318   siþfæt secgan hwa þec sende to me."
        Hyre se aglæca ageaf ondsware
        forhtafongen friþes orwena:
321   "Hwæt, mec min fæder on þas fore to þe,
        hellwarena cyning, hider onsende
70v   of þam engan ham, se is yfla gehwæs
324   in þam grornhofe geornfulra þonne ic.
        þonne he usic sendeð þæt we soðfæstra
        þurh misgedwield mod oncyrren,
327   ahwyrfen from halor, we beoð hygegeomre,
        forhte on ferðþe. Ne biþ us frea milde,
        egesful ealdor, gif we yfles noht
330   gedon habbaþ; ne durran we siþþan
        for his onsyne ower geferan.
        þonne he onsendeð geond sidne grund
333   þegnas of þystrum, hateð þræce ræran,
        gif we gemete sin on moldwege,
        oþþe feor oþþe neah fundne weorþen,
336   þæt hi usic binden ond in bælwylme
        suslum swingen. Gif soðfæstra

---

313 asecgan] *MS* asengan.
314 gerim] *accented.*
317 gen] *accented.*
321 hwæt] h *is altered from* n — *an ascender has been added and the serif
erased.*   fore] *accented.*
322 hellwarena] *MS* hell werena, *with a small* a *added above the 1st* e. *(The
scribe had trouble with this word again at lines 437 and 544).*
323 ham] *accented.*   yfla / gehwæs] *70v begins.*
325 sendeð] ð *is altered from* d *(by adding a crossbar).*   we] *MS* se.
326 mod] *accented.*   oncyrren] o *accented. The 2nd minim of the 1st* n *is over
an erased letter.*
334 gemete] *MS* ge mete; *see commentary.*   sin] *accented.*

þurh myrrelsan mod ne oðcyrreð,
339 haligra hyge, we þa heardestan
ond þa wyrrestan witu geþoliað
þurh sarslege. Nu þu sylfa meaht
342 on sefan þinum soð gecnawan,
þæt ic þisse noþe wæs nyde gebæded,
þragmælum geþread, þæt ic þe sohte."

345 Þa gen seo halge ongon hæleþa gewinnan,
wrohtes wyrhtan, wordum frignan,
fyrnsynna fruman: "þu me furþor scealt
348 secgan, sawla feond, hu þu soðfæstum
þurh synna slide swiþast sceþþe,
facne bifongen." Hyre se feond oncwæð,
351 wræcca wærleas, wordum mælde:
"Ic þe, ead mæg, yfla gehwylces
or gecyðe oð ende forð
354 þara þe ic gefremede, nalæs feam siðum,
synna wundum, þæt þu þy sweotolicor
71r sylf gecnawe þæt þis is soð, nales leas.
357 Ic þæt wende ond witod tealde
þriste geþoncge, þæt ic þe meahte
butan earfeþum anes cræfte
360 ahwyrfan from halor, þæt þu heofoncyninge
wiðsoce, sigora frean, ond to sæmran gebuge,
onsægde synna fruman. Þus ic soðfæstum
363 þurh mislic bleo mod oncyrre.

---

338 ne oðcyrreð] *MS* neod cyrreð.
340 geþoliað] *For reasons unclear, the* i *has been expuncted.*
344 *Punctuation:* :7
345 *MS* ÞA. *This section is preceded by one blank line; initials: 73 mm and 7.5 mm.*
348 soðfæstum] *MS* soð fæst, *with* tum *at the beginning of the next line.*
350 hyre] *This is followed by two or three erased letters (the gap is 11 mm long).*
353 or] *accented.*
354 feam] *accented.* siðum] *MS* sindon.
356 gecnawe / þæt] 71r *begins.* þæt] þ *is altered from* wynn; *the original serif is still visible on the ascender.*

Þær ic hine finde ferð staþelian
to godes willan, ic beo gearo sona
366 þæt ic him monigfealde modes gælsan
ongean bere grimra geþonca,
dyrnra gedwilda, þurh gedwolena rim.
369 Ic him geswete synna lustas,
mæne modlufan, þæt he minum hraþe,
leahtrum gelenge, larum hyrað.
372 Ic hine þæs swiþe synnum onæle
þæt he byrnende from gebede swiceð,
stepeð stronglice, staþolfæst ne mæg
375 fore leahtra lufan lenge gewunian
in gebedstowe. Swa ic brogan to
laðne gelæde þam þe ic lifes ofonn,
378 leohtes geleafan, ond he larum wile
þurh modes myne minum hyran,
synne fremman, he siþþan sceal
381 godra gumcysta geasne hweorfan.
Gif ic ænigne ellenrofne
gemete modigne metodes cempan
384 wið flanþræce, nele feor þonan
bugan from beaduwe, ac he bord ongean
hefeð hygesnottor, haligne scyld,
387 gæstlic guðreaf, nele gode swican,
ac he beald in gebede bidsteal gifeð
fæste on feðan, ic sceal feor þonan
390 heanmod hweorfan, hroþra bidæled,
71v in gleda gripe, gehðu mænan,
þæt ic ne meahte mægnes cræfte
393 guðe wiðgongan, ac ic geomor sceal
secan oþerne ellenleasran,

368 rim] *accented.*
371 hyrað] *see commentary.*
377 ofonn] *2nd* o *accented.*
390 bidæled / in] *71v begins.*
391 in gleda] in *and* l *are over erased letters; those beneath the* i *and* l *had ascenders.*

under cumbolhagan, cempan sænran,
396 þe ic onbryrdan mæge beorman mine,
agælan æt guþe. þeah he godes hwæt
onginne gæstlice, ic beo gearo sona,
399 þæt ic ingehygd eal geondwlite,
hu gefæsnad sy ferð innanweard,
wiðersteall geworht. Ic þæs wealles geat
402 ontyne þurh teonan; bið se torr þyrel,
ingong geopenad, þonne ic ærest him
þurh eargfare in onsende
405 in breostsefan bitre geþoncas
þurh mislice modes willan,
þæt him sylfum selle þynceð
408 leahtras to fremman ofer lof godes,
lices lustas. Ic beo lareow georn
þæt he monþeawum minum lifge
411 acyrred cuðlice from Cristes æ,
mod gemyrred me to gewealde
in synna seað. Ic þære sawle ma
414 geornor gyme ymb þæs gæstes forwyrd
þonne þæs lichoman, se þe on legre sceal
weorðan in worulde wyrme to hroþor,
417 bifolen in foldan."
           Ða gien seo fæmne spræc:
"Saga earmsceapen, unclæne gæst,
hu þu þec geþyde, þystra stihtend,
420 on clænra gemong? þu wið Criste geo
wærleas wunne ond gewin tuge,
hogdes wiþ halgum. þe wearð helle seað

---

400 gefæsnad] *MS* ge fæsnad, *with* n *over an erased letter; see commentary.*
401 wiðersteall] *MS* wiðsteall.
410 monþeawum] *There is an erased descender between* wynn *and* u.
411 æ] *accented.*
412 mod] *accented.*
420 geo] *accented.*
421 wærleas] æ *accented.*

423 niþer gedolfen, þær þu nydbysig
   fore oferhygdum eard gesohtes.
   Wende ic þæt þu þy wærra weorþan sceolde
72r wið soðfæstum swylces gemotes
   ond þy unbealdra, þe þe oft wiðstod
   þurh wuldorcyning willan þines."
429 Hyre þa se werga wið þingade
   earm aglæca: "Þu me ærest saga,
   hu þu gedyrstig þurh deop gehygd
432 wurde þus wigþrist ofer eall wifa cyn,
   þæt þu mec þus fæste fetrum gebunde,
   æghwæs orwigne. Þu in ecne god,
435 þrymsittendne, þinne getreowdes,
   meotud moncynnes, swa ic in minne fæder,
   hellwarena cyning, hyht staþelie.
438 Þonne ic beom onsended wið soðfæstum,
   þæt ic in manweorcum mod oncyrre,
   hyge from halor, me hwilum biþ
441 forwyrned þurh wiþersteall willan mines,
   hyhtes æt halgum, swa me her gelamp
   sorg on siþe. Ic þæt sylf gecneow
444 to late micles, sceal nu lange ofer þis,
   scyldwyrcende, scame þrowian.
   Forþon ic þec halsige þurh þæs hyhstan meaht,
447 rodorcyninges giefe, se þe on rode treo
   geþrowade, þrymmes ealdor,
   þæt þu miltsige me þearfendum,

---

423 nydbysig] *1st* y *accented.*
425 wærra] æ *is poorly formed — the scribe began some other letter and then corrected himself.*
426 wið / soðfæstum] *72r begins.*
432 wigþrist] þ *is altered from* wynn — *the original serif is still visible on the ascender.*
437 hellwarena] *MS* hell werena, *with a small* a *added above the 1st* e, *probably in the same hand. (The scribe also had trouble with this word at lines 322 and 544.)* cyning] g *is written over an erased letter.*
439 manweorcum] a *accented.* oncyrre] *This is preceded by an erased letter (which had an ascender).*
449 þearfendum] *2nd minim of* a *is over an erased letter.*

450 þæt unsælig eall ne forweorþe,
 þeah ic þec gedyrstig ond þus dolwillen
 siþe gesohte, þær ic swiþe me
453 þyslicre ær þrage ne wende."

 Ða seo wlitescyne wuldres condel
 to þam wærlogan wordum mælde:
456 "Þu scealt ondettan yfeldæda ma,
 hean helle gæst, ær þu heonan mote,
72v hwæt þu to teonan þurhtogen hæbbe
459 micelra manweorca manna tudre
 deorcum gedwildum." Hyre þæt deofol oncwæð:
 "Nu ic þæt gehyre þurh þinne hleoþorcwide,
462 þæt ic nyde sceal niþa gebæded
 mod meldian, swa þu me beodest,
 þreaned þolian. Is þeos þrag ful strong,
465 þreat ormæte. Ic sceal þinga gehwylc
 þolian ond þafian on þinne dom,
 womdæda onwreon, þe ic wideferg
468 sweartra gesyrede. Oft ic syne ofteah,
 ablende bealoþoncum beorna unrim
 monna cynnes, misthelme forbrægd
471 þurh attres ord eagna leoman
 sweartum scurum, ond ic sumra fet
 forbræc bealosearwum, sume in bryne sende,
474 in liges locan, þæt him lasta wearð

---

450 unsælig] u accented.
453 ne wende] MS ne ge wende, with ge expuncted. Punctuation: :⁊
454 MS ÐA. The preceding line has been left blank on the left hand side; initials: 25 mm and 9 mm.
455 wærlogan] MS wær lo gan, with wynn altered from þ (and gan falling at the beginning of the next MS line).
456 ondettan] MS ⁊ dettan.
458 þu / to] 72v begins.
459 manweorca] 1st a accented.
466 dom] accented.
467 onwreon] n is altered from h. þe] MS þy.
468 oft] MS of.
469 unrim] u accented; 2nd and 3rd minims of m are over an erased letter.

siþast gesyne. Eac ic sume gedyde
þæt him banlocan blode spiowedan,
477   þæt hi færinga feorh aleton
þurh ædra wylm. Sume on yðfare
wurdon on wege wætrum bisencte,
480   on mereflode, minum cræftum
under reone stream. Sume ic rode bifealh,
þæt hi heorudreorge on hean galgan
483   lif aletan. Sume ic larum geteah,
to geflite fremede, þæt hy færinga
ealde æfþoncan edniwedan,
486   beore druncne. Ic him byrlade
wroht of wege, þæt hi in winsele
þurh sweordgripe sawle forletan
489   of flæschoman fæge scyndan,
sarum gesohte. Sume, þa ic funde
73r   butan godes tacne, gymelease,
492   ungebletsade, þa ic bealdlice
þurh mislic cwealm minum hondum
searoþoncum slog. Ic asecgan ne mæg,
495   þeah ic gesitte sumerlongne dæg,
eal þa earfeþu þe ic ær ond siþ
gefremede to facne, siþþan furþum wæs
498   rodor aræred ond ryne tungla,
folde gefæstnad ond þa forman men,
Adam ond Aeue, þam ic ealdor oðþrong,
501   ond hy gelærde þæt hi lufan dryhtnes,
ece eadgiefe anforleton,
beorhtne boldwelan, þæt him bæm gewearð
504   yrmþu to ealdre, ond hyra eaferum swa,

---

478 on] *This is followed by an erased letter (which had an ascender).*
479 wege] *MS* weg.
482 heorudreorge] *MS* hyra dreorge.
485 ealde] *MS* eald. æfþoncan] an *is altered from* um.
486 druncne] *MS* drucne.
491 butan / godes] *73r begins.*
492 þa] *MS* þeah.

mircast manweorca. Hwæt sceal ic ma riman
yfel endeleas? Ic eall gebær,
507 wraþe wrohtas geond werþeode,
þa þe gewordun widan feore
from fruman worulde fira cynne,
510 eorlum on eorþan. Ne wæs ænig þara
þæt me þus þriste, swa þu nu þa,
halig mid hondum, hrinan dorste,
513 næs ænig þæs modig mon ofer eorþan
þurh halge meaht, heahfædra nan
ne witgena. Þeah þe him weoruda god
516 onwrige, wuldres cyning, wisdomes gæst,
giefe unmæte, hwæþre ic gong to þam
agan moste. Næs ænig þara
519 þæt mec þus bealdlice bennum bilegde,
þream forþrycte, ær þu nu þa
þa miclam meaht mine oferswiðdest,
522 fæste forfenge, þe me fæder sealde,
feond moncynnes, þa he mec feran het,
þeoden of þystrum, þæt ic þe sceolde
73v synne swetan. Þær mec sorg bicwom,
hefig hondgewinn. Ic bihlyhhan ne þearf
æfter sarwræce siðfæt þisne
528 magum in gemonge, þonne ic mine sceal
agiefan gnorncearig gafulrædenne
in þam reongan ham."
Ða se gerefa het,
531 gealgmod guma, Iulianan
of þam engan hofe ut gelædan

---

505 manweorca] *1st* a *accented.* ma] *accented.*
508 gewordun] *MS* ge wordun, *with* n *altered from* m; *see commentary.*
511 þu] þ *is altered from* wynn; *the serif is still visible on the ascender.*
514 nan] *accented.*
519 bennum] *For* bendum; *see commentary.*
521 miclam] *see commentary.* mine] *MS* min.
525 bi- / cwom] *73v begins.*
527 siðfæt] f *is written over an erased letter (which had an ascender).*
530 ham] *accented.*

on hyge halge   hæþnum to spræce
534   to his domsetle.   Heo þæt deofol teah
breostum inbryrded,   bendum fæstne,
halig hæþenne.   Ongan þa hreowcearig
537   siðfæt seofian,   sar cwanian,
wyrd wanian,   wordum mælde:
"Ic þec halsige,   hlæfdige min,
540   Iuliana,   fore godes sibbum,
þæt þu furþur me   fraceþu ne wyrce,
edwit for eorlum,   þonne þu ær dydest,
543   þa þu oferswiþdest   þone snotrestan
under hlinscuan   helwarena cyning
in feonda byrig;   þæt his fæder user,
546   morþres manfrea.   Hwæt, þu mec þreades
þurh sarslege.   Ic to soþe wat
þæt ic ær ne sið   ænig ne mette
549   in woruldrice   wif þe gelic,
þristran geþohtes   ne þweorhtimbran
mægþa cynnes.   Is on me sweotul
552   þæt þu unscamge   æghwæs wurde
on ferþe frod."   Ða hine seo fæmne forlet
æfter præchwile   þystra neosan
555   in sweartne grund,   sawla gewinna,
on wita forwyrd.   Wiste he þi gearwor,
manes melda,   magum to secgan,

---

533 halge] MS halige, with i expuncted.
534 heo] o is altered from t.
537 sar] accented.
540 sibbum] This is followed by an erased letter.
543 oferswiþdest] There is a small erasure between þ and d.
544 helwarena] MS helwerena (the scribe has a similar problem with this word at lines 322 and 437).
545 his] For is; see commentary.
546 manfrea] with 2 accents.
547 sarslege] a accented.
548 mette] te is written over erased letters.
549 wif] MS wiþ.
553 frod] accented.
555 sweartne] tn is over an erasure.   gewinna] see commentary.

558   susles þegnum,   hu him on siðe gelomp …

[*   *   *]

74r   "… georne ær
heredon on heahþu ond his halig [weorc],
561   sægdon soðlice   þæt he sigora gehwæs
ofer ealle gesceaft ana weolde,
ecra eadgiefa." Ða cwom engel godes
564   frætwum blican ond þæt fyr tosceaf,
gefreode ond gefreoðade   facnes clæne,
leahtra lease, ond þone lig towearp,
567   heorogiferne,   þær seo halie stod,
mægþa bealdor, on þam midle gesund.
Þæt þam weligan wæs   weorc to þolianne,
570   þær he hit for worulde   wendan meahte,
sohte synnum fah,   hu he sarlicast
þurh þa wyrrestan witu meahte
573   feorhcwale findan. Næs se feond to læt,
se hine gelærde   þæt he læmen fæt
biwyrcan het   wundorcræfte,
576   wiges womum,   ond wudubeamum,
holte bilænan. Ða se [hearda] bibead
þæt mon þæt lamfæt   leades gefylde,
579   ond þa onbærnan het   bælfira mæst,
ad onælan,   se wæs æghwonan
ymbboren mid brondum. Bæð hate weol.
582   Het þa ofestlice   yrre gebolgen

---

558 gelomp / georne] *74r begins; at least one folio is missing here. Punctuation:*
:-:7
560 weorc] *add. ed.*
562 weolde] *MS* wolde.
564 fyr] *accented.* tosceaf] *This is followed by an erased letter.*
567 stod] *accented.*
573 feorhcwale] *MS* feorh cwa le, *with* wynn *over an erased letter.*   næs se]
MS næsse, *with* ss *written over erased letters.*
577 bilænan] *MS* bi lænan, *for* bihlænan; *see commentary.*   hearda] *add. ed.*
580 ad] *accented.*

leahtra lease in þæs leades wylm
scufan butan scyldum. Þa toscaden wearð
585   lig tolysed. Lead wide sprong,
hat, heorogifre. Æleð wurdon acle
arasad for þy ræse. Þær on rime forborn
588   þurh þæs fires fnæst fif ond hundseofontig
hæðnes herges. Ða gen sio halge stod
ungewemde wlite. Næs hyre wloh ne hrægl,
591   ne feax ne fel fyre gemæled,
ne lic ne leoþu. Heo in lige stod
æghwæs onsund, sægde ealles þonc
74v   dryhtna dryhtne. Þa se dema wearð
hreoh ond hygegrim — ongon his hrægl teran,
swylce he grennade ond gristbitade,
597   wedde on gewitte swa wilde deor,
grymetade gealgmod ond his godu tælde,
þæs þe hy ne meahtum mægne wiþstondan
600   wifes willan. Wæs seo wuldres mæg
anræd ond unforht, eafoða gemyndig,
dryhtnes willan. Þa se dema het
603   aswebban sorgcearig þurh sweordbite
on hyge halge, heafde bineotan
Criste gecorene. Him se cwealm ne þeah,
606   siþþan he þone fintan furþor cuþe.

---

584 butan] a *is altered from* u.
586 æleð] *For* hæleð; *see commentary.*
587 arasad] *1st* a *accented.*   ræse] e *is over an erased letter and is followed by*
an erasure.
589 stod] *accented.*
592 lic] *accented.*   stod] *accented.*
594 dryhtna / dryhtne] *74v begins.*
596 grennade] *MS* grenna de; *the tail of the* a *is long (as if in final position) and*
the d *is written over it so that it looks like an* ð, *indicating that* de *was added as*
an afterthought as the scribe corrected himself.
597 wedde] *accented.*   gewitte] te *is over an erasure.*
598 grymetade] *1st* e *is altered from* a.   his] h *is written over an erased letter.*
599 meahtum] *see commentary.*
601 anræd] n *is altered from* r.
605 him] *MS* hine.   ne] e *is over an erased letter.*
606 *Punctuation:* :-:7

Ða wearð þære halgan hyht geniwad
ond þæs mægdnes mod miclum geblissad,
609 siþþan heo gehyrde hæleð eahtian
inwitrune, þæt hyre endestæf
of gewindagum weorþan sceolde,
612 lif alysed. Het þa leahtra ful
clæne ond gecorene to cwale lædan,
synna lease. Ða cwom semninga
615 hean helle gæst, hearmleoð agol,
earm ond unlæd, þone heo ær gebond
awyrgedne ond mid witum swong,
618 cleopade þa for corþre, ceargealdra full:
"Gyldað nu mid gyrne, þæt heo goda ussa
meaht forhogde, ond mec swiþast
621 geminsade, þæt ic to meldan wearð.
Lætað hy laþra leana hleotan
þurh wæpnes spor wrecað ealdne nið,
624 synne gesohte. Ic þa sorge gemon,
hu ic bendum fæst bisga unrim
on anre niht earfeða dreag,
75r yfel ormætu." Þa seo eadge biseah
ongean gramum, Iuliana,
gehyrde heo hearm galan helle deofol.
630 Feond moncynnes ongon þa on flean sceacan,
wita neosan, ond þæt word acwæð:
"Wa me forworhtum. Nu is wen micel

---

607 *MS* ÐA. *The right hand half of the preceding line has been left blank; initials: 32.5 mm and 8 mm.*
608 mod] *accented.*
615 agol] o *accented.*
616 unlæd] æ *accented.*
620 forhogde] *MS* for hogd.
626 earfeða] *1st* e *accented.*
627 ormætu / þa] *75r begins.*
628 Iuliana] *MS* Iulianan.
630 flean] *See commentary.* sceacan] *MS* scea can, *with a letter (which had a descender) erased after the 1st* a.
631 wita] a *is followed by an erased letter.*

633 þæt heo mec eft wille   earmne gehynan
    yflum yrmþum,   swa heo mec ær dyde."
    Ða wæs gelæded   londmearce neah
636 ond to þære stowe   þær hi stearcferþe
    þurh cumbolhete   cwellan þohtun.
    Ongon heo þa læran   ond to lofe trymman
639 folc of firenum   ond him frofre gehet,
    weg to wuldre,   ond þæt word acweð:
    "Gemunað wigena wyn   ond wuldres þrym,
642 haligra hyht,   heofonengla god.
    He is þæs wyrðe,   þæt hine werþeode
    ond eal engla cynn   up on roderum
645 hergen, heahmægen   þær is help gelong
    ece to ealdre,   þam þe agan sceal.
    Forþon ic, leof weorud,   læran wille,
648 æfremmende,   þæt ge eower hus
    gefæstnige,   þy læs hit ferblædum
    windas toweorpan.   Weal sceal þy trumra
651 strong wiþstondan   storma scurum,
    leahtra gehygdum.   Ge mid lufan sibbe,
    leohte geleafan,   to þam lifgendan
654 stane stiðhydge   staþol fæstniað,
    soðe treowe   ond sibbe mid eow
    healdað æt heortan,   halge rune
657 þurh modes myne.   þonne eow miltse giefeð
    fæder ælmihtig,   þær ge [freme] agun
75v æt mægna gode,   mæste þearfe

635 londmearce] re *is over an erasure.*
637 þohtun] h *is altered from* n.
640 acweð] a *accented and* e *hooked. The hooked* e *is altered from* a.
642 heofonengla] *MS* heofon engla, *with 2nd* n *written over an erased letter.*
644 up] *accented.*
648 æfremmende] æ *accented.*
649 gefæstnige] *see commentary.*
650 windas] a *is altered from* u *and* s *is written over an erased letter (which had a descender).*
658 freme] *add. ed.*
659 þearfe / æfter] *75v begins.*

660 æfter sorgstafum. Forþon ge sylfe neton
utgong heonan, ende lifes.
Wærlic me þinceð þæt ge wæccende
663 wið hettendra hildewoman
wearde healden, þy læs eow wiþerfeohtend
weges forwyrnen to wuldres byrig.
666 Biddað bearn godes þæt me brego engla,
meotud moncynnes, milde geweorþe,
sigora sellend. Sibb sy mid eowic,
669 symle soþ lufu." Ða hyre sawl wearð
alæded of lice to þam langan gefean
þurh sweordslege.
Þa se synscaþa
672 to scipe sceohmod sceaþena þreate
Heliseus ehstream sohte,
leolc ofer laguflod longe hwile
675 on swonrade. Swylt ealle fornom
secga hloþe ond hine sylfne mid,
ærþon hy to lande geliden hæfdon,
678 þurh þearlic þrea. Þær þritig wæs
ond feowere eac feores onsohte
þurh wæges wylm wigena cynnes,
681 heane mid hlaford, hroþra bidæled,
hyhta lease helle sohton.
Ne þorftan þa þegnas in þam þystran ham,
684 seo geneatscolu in þam neolan scræfe,
to þam frumgare feohgestealde
witedra wenan, þæt hy in winsele
687 ofer beorsetle beagas þegon

---

660 æfter sorgstafum forþon] f *of* æfter, afum *and* r *of* forþon *are written over erased letters.*
666 biddað] ð *is altered from* d.
678 þrea] *accented.* þritig] MS XXX.
684 neolan] e *is written over an erased letter.*
685 feohgestealde] MS feoh ge stealde; *see commentary.*
686 hy] *A descender has been erased at the bottom of the 1st minim of* h *and* y *is written over an erased letter.*
687 beorsetle] MS beor sele.

æpplede gold. Ungelice wæs
læded lofsongum   lic haligre
690   micle mægne   to moldgræfe,
þæt hy hit gebrohton   burgum in innan,
sidfolc micel. Þær siððan wæs
693   geara gongum   godes lof hafen
þrymme micle   oþ þisne dæg
mid þeodscipe.
76r   Is me þearf micel
696   þæt seo halge me   helpe gefremme,
þonne me gedælað   deorast ealra,
sibbe toslitað   sinhiwan tu,
699   micle modlufan. Min sceal of lice
sawul on siðfæt,   nat ic sylfa hwider,
eardes uncyðþu;   of sceal ic þissum,
702   secan oþerne   ærgewyrhtum
gongan iudædum. Geomor hweorfeð
.C.Y. ond **.N.** Cyning biþ reþe,
705   sigora syllend,   þonne synnum fah
.E.W. ond **U**. acle bidað
hwæt him æfter dædum   deman wille
708   lifes to leane. **.L.F.** beofað,
seomað sorgcearig. Sar eal gemon,
synna wunde,   þe ic siþ oþþe ær
711   geworhte in worulde. Þæt ic wopig sceal
tearum mænan. Wæs an tid to læt
þæt ic yfeldæda   ær gescomede
714   þenden gæst ond lic   geador siþedan
onsund on earde. Þonne arna biþearf,

---

695 micel / þæt] 76r *begins.*
698 sinhiwan] *MS* sin hwan, *with a small* i *added above; there is an insertion mark below the line of writing.*
701 þissum] i *is followed by an erased letter.*
703 iudædum] udæd *is written over erased letters.*
704 *Cynewulf's runic signature begins here — see commentary.*
712 *At this point the scribe realized that he had ample space on this folio to fit in the text. Consequently, he dispensed with punctuation and began to space out the words more generously.*

þæt me seo halge wið þone hyhstan cyning
717 geþingige. Mec þæs þearf monaþ,
micel modes sorg. Bidde ic monna gehwone
gumena cynnes, þe þis gied wræce,
720 þæt he mec neodful bi noman minum
gemyne modig, ond meotud bidde
þæt me heofona helm helpe gefremme,
723 meahta waldend, on þam miclam dæge,
fæder, frofre gæst, in þa frecnan tid,
dæda demend, ond se deora sunu,
726 þonne seo þrynis þrymsittende
in annesse ælda cynne
þurh þa sciran gesceaft scrifeð bi gewyrhtum
729 meorde monna gehwam. Forgif us mægna god,
þæt we þine onsyne, æþelinga wyn,
milde gemeten on þa mæran tid. Amen.

---

723 miclam] *see commentary.*
729 monna] a *is altered from* u *and an* m *erased at the end (ie. the original reading was* monnum*).*
731 Amen /] *76v. begins. Punctuation:* tid:-AMEN:7

The Wanderer

76v   Oft him anhaga are gebideð,
       metudes miltse, þeah þe he modcearig
3   geond lagulade longe sceolde
       hreran mid hondum hrimcealde sæ,
       wadan wræclastas — wyrd bið ful ared.
6   Swa cwæð eardstapa, earfeþa gemyndig,
       wraþra wælsleahta, winemæga hryre:
       "Oft ic sceolde ana uhtna gehwylce
9   mine ceare cwiþan. Nis nu cwicra nan
       þe ic him modsefan minne durre
       sweotule asecgan. Ic to soþe wat
12   þæt biþ in eorle indryhten þeaw
       þæt he his ferðlocan fæste binde,
       healde his hordcofan, hycge swa he wille.
15   Ne mæg werig mod wyrde wiðstondan,
       ne se hreo hyge helpe gefremman.
       Forðon domgeorne dreorigne oft
18   in hyra breostcofan bindað fæste.
       Swa ic modsefan minne sceolde
       oft earmcearig, eðle bidæled,
21   freomægum feor feterum sælan,
       siþþan geara iu goldwine minne
       hruse heolstre biwrah, ond ic hean þonan
24   wod wintercearig ofer waþema gebind,
       sohte seledreorig sinces bryttan,

---

1 *MS* OFT. *This poem begins at the top of a new folio; initials: 24 mm, 11 mm and 9 mm.*
5 ared] e *is hooked.*
9 nan] *accented.*
14 healde] *MS* healdne.
22 minne] *MS* mine.
23 hruse] *MS* hrusan. biwrah] h *is altered from* n — *the original serif is still visible half way up its ascender.*
24 waþema] *MS* waþena.

hwær ic feor oþþe neah findan meahte
27 þone þe in meoduhealle [minne] myne wisse,
oþþe mec freondleasne frefran wolde,
wenian mid wynnum. Wat se þe cunnað
30 hu sliþen bið sorg to geferan,
þam þe him lyt hafað leofra geholena.
Warað hine wræclast, nales wunden gold,
77r ferðloca freorig, nalæs foldan blæd.
Gemon he selesecgas ond sincþege,
hu hine on geoguðe his goldwine
36 wenede to wiste — wyn eal gedreas.
Forþon wat se þe sceal his winedryhtnes
leofes larcwidum longe forþolian —
39 ðonne sorg ond slæp somod ætgædre
earmne anhogan oft gebindað,
þinceð him on mode þæt he his mondryhten
42 clyppe ond cysse, ond on cneo lecge
honda ond heafod, swa he hwilum ær
in geardagum giefstolas breac.
45 Ðonne onwæcneð eft wineleas guma —
gesihð him biforan fealwe wegas,
baþian brimfuglas, brædan feþra,
48 hreosan hrim ond snaw hagle gemenged.
Þonne beoð þy hefigran heortan benne,
sare æfter swæsne. Sorg bið geniwad
51 þonne maga gemynd mod geondhweorfeð;
greteð gliwstafum, georne geondsceawað
secga geseldan; swimmað oft on weg —
54 fleotendra ferð no þær fela bringeð
cuðra cwidegiedda. Cearo bið geniwad
þam þe sendan sceal swiþe geneahhe

---

27 minne] *add. ed.* myne] *MS* mine; *see commentary.*
28 freondleasne] *MS* freond lease.
29 wenian] *MS* weman.
33 freorig / nalæs] 77r *begins.*
44 giefstolas] *see commentary.*

57   ofer waþema gebind   werigne sefan.
        Forþon ic geþencan ne mæg   geond þas woruld
        for hwan modsefa   min ne gesweorce
60   þonne ic eorla lif   eal geondþence,
        hu hi færlice   flet ofgeafon,
        modge maguþegnas.   Swa þes middangeard
63   ealra dogra gehwam   dreoseð ond fealleþ,
        forþon ne mæg wearþan wis   wer, ær he age
77v   wintra dæl in woruldrice.   Wita sceal geþyldig —
66   ne sceal no to hatheort   ne to hrædwyrde,
        ne to wac wiga   ne to wanhydig,
        ne to forht ne to fægen,   ne to feohgifre
69   ne næfre gielpes to georn   ær he geare cunne.
        Beorn sceal gebidan,   þonne he beot spriceð,
        oþþæt collenferð   cunne gearwe
72   hwider hweþra gehygd   hweorfan wille.
        Ongietan sceal gleaw hæle   hu gæstlic bið
        þonne ealre þisse worulde wela   weste stondeð,
75   swa nu missenlice   geond þisne middangeard
        winde biwaune   weallas stondaþ,
        hrime bihrorene,   hryðge þa ederas.
78   Woniað þa winsalo;   waldend licgað
        dreame bidrorene,   duguþ eal gecrong
        wlonc bi wealle.   Sume wig fornom,
81   ferede in forðwege: sumne fugel oþbær
        ofer heanne holm;   sumne se hara wulf
        deaðe gedælde;   sumne dreorighleor
84   in eorðscræfe   eorl gehydde.
        Yþde swa þisne eardgeard   ælda scyppend
        oþþæt burgwara   breahtma lease
87   eald enta geweorc   idlu stodon.

---

59 hwan] h *is over an erased* wynn.   modsefa] *MS* mod sefan.
64 wearþan] *see commentary.*
65 woruldrice / wita] *77v begins.*
74 ealre] *MS* ealle.
78 woniað] *MS* w oriað, *with a letter erased after* wynn, *probably a tall* e *(cf.*
steoreð, God's Gifts to Humankind *line 54 [79r, line 9]).*

Se þonne þisne wealsteal wise geþohte
ond þis deorce lif deope geondþenceð,
90 frod in ferðe, feor oft gemon
wælsleahta worn, ond þas word acwið:
'Hwær cwom mearg? Hwær cwom mago? Hwær cwom
maþþumgyfa?
93 Hwær cwom symbla gesetu? Hwær sindon seledreamas?
Eala beorht bune. Eala byrnwiga.
Eala þeodnes þrym. Hu seo þrag gewat,
96 genap under nihthelm, swa heo no wære.
Stondeð nu on laste leofre duguþe
78r weal wundrum heah, wyrmlicum fah.
99 Eorlas fornoman asca þryþe,
wæpen wælgifru, wyrd seo mære,
ond þas stanhleoþu stormas cnyssað,
102 hrið hreosende hrusan bindeð,
wintres woma, þonne won cymeð,
nipeð nihtscua, norþan onsendeð
105 hreo hæglfare hæleþum on andan.
Eall is earfoðlic eorþan rice,
onwendeð wyrda gesceaft weoruld under heofonum.
108 Her bið feoh læne; her bið freond læne;
her bið mon læne; her bið mæg læne —
eal þis eorþan gesteal idel weorþeð.'"
111 Swa cwæð snottor on mode — gesæt him sundor æt rune.
Til biþ se þe his treowe gehealdeþ, ne sceal næfre his torn to
rycene
beorn of his breostum acyþan, nemþe he ær þa bote cunne,
114 eorl mid elne gefremman. Wel bið þam þe him are seceð,

---

89 deorce] *MS* deornce.
90 frod] d *is altered from* ð — *the crossbar is erased, but the* d *still has the form of* ð.
98 weal / wundrum] *78r begins. There is a dry point illustration (of a winged angel's head) opposite lines 1-4 of the right hand margin of this folio. [Its impression can be seen on folios 79 and 80.]*
100 mære] e *is altered from* o.
102 hrusan] *MS* hruse.
112 næfre] f *is written over an erased letter (which had a descender).*

frofre to fæder on heofonum,   þær us eal seo fæstnung

stondeð.

---

115 heofonum] ofo *is written over an erasure. There is a trace of an original*
descender to the left of f.   *Punctuation:* :-:7

God's Gifts to Humankind

Fela bið on foldan   forðgesynra
geongra geofona,   þa þa gæstberend
3   wegað in gewitte,   swa her weoruda god,
meotud meahtum swið,   monnum dæleð,
syleð sundorgiefe,   sendeð wide
6   agne spede,   þara æghwylc mot
dryhtwuniendra   dæl onfon.
78v   Ne bið ænig þæs   earfoðsælig
9   mon on moldan,   ne þæs medspedig,
lytelhydig,   ne þæs læthydig,
þæt hine se argifa   ealles biscyrge
12   modes cræfta   oþþe mægendæda,
wis on gewitte   ond on wordcwidum,
þy læs ormod sy   ealra þinga,
15   þara þe he geworhte   in woruldlife,
geofona gehwylcre.   Næfre god demeð
þæt ænig eft   þæs earm geweorðe.
18   Nænig eft þæs swiþe   þurh snyttrucræft
in þeode þrym   þisses lifes
forð gestigeð,   þæt him folca weard
21   þurh his halige giefe   hider onsende
wise geþohtas   ond woruldcræftas,
under anes meaht   ealle forlæte,
24   þy læs he for wlence   wuldorgeofona ful,
mon mode swið   of gemete hweorfe
ond þonne forhycge   heanspedigran;

---

1 *MS* FELA BIð ON FOLDan. *This poem is preceded by one blank line, but because the initials are so large here, there are only 20 lines of text on this folio; initials: 94 mm and 12-13 mm (up to and including* d *of* foldan).
7 onfon] *2nd* o *accented.*
8 ænig / þæs] *78v begins.*   earfoðsælig] ð *is altered from* d *(by adding a crossbar).*
13 ond] *MS* oþþe.

27   ac he gedæleð, se þe ah domes geweald,
     missenlice geond þisne middangeard
     leoda leoþocræftas londbuendum:
30   sumum her ofer eorþan æhta onlihð,
     woruldgestreona; sum bið wonspedig,
     heardsælig hæle, biþ hwæþre gleaw
33   modes cræfta; sum mægenstrengo
     furþor onfehð; sum freolic bið
     wlitig on wæstmum; sum biþ woðbora,
36   giedda giffæst; sum biþ gearuwyrdig;
     sum bið on huntoþe hreðeadigra
     deora dræfend; sum dyre bið
39   woruldricum men; sum bið wiges heard
79r beadocræftig beorn, þær bord stunað;
     sum in mæðle mæg modsnottera
42   folcrædenne forð gehycgan,
     þær witena biþ worn ætsomne;
     sum mæg wrætlice weorc ahyggan
45   heahtimbra gehwæs — hond bið gelæred,
     wis ond gewealden, swa bið wyrhtan ryht,
     sele asettan, con he sidne ræced
48   fæste gefegan wiþ færdryrum;
     sum mid hondum mæg hearpan gretan,
     ah he gleobeames gearobrygda list;
51   sum bið rynig, sum ryhtscytte,
     sum leoða gleaw, sum on londe snel,
     feþespedig; sum [on] fealone wæg
54   stefnan steoreð, streamrade con,
     weorudes wisa, ofer widne holm,
     þonne særofe snelle mægne

---

30 sumum] *MS* sum.
40 bord / stunað] *79r begins.*
44 ahyggan] *see commentary.*
50 gearobrygda] *MS* gearo bryda, with g *squeezed in on the line of writing,
probably by the same hand; there is no insertion stroke.*
52 leoða] ð *is altered from* d *(by adding a crossbar).*
53 on] *add. ed.*

57   arum bregdað yðborde neah;
       sum bið syndig, sum searocræftig
       goldes ond gimma, þonne him gumena weard
60   hateð him to mærþum maþþum renian;
       sum mæg wæpenþræce, wige to nytte,
       modcræftig smið monige gefremman,
63   þonne he gewyrceð to wera hilde
       helm oþþe hupseax oððe heaþubyrnan,
       scirne mece oððe scyldes rond,
66   fæste gefeged wið flyge gares;
       sum bið arfæst ond ælmesgeorn,
       þeawum geþyde; sum bið þegn gehweorf
69   on meoduhealle; sum bið meares gleaw,
       wiccræfta wis; sum gewealdenmod
       þafað in geþylde þæt he þonne sceal;
72   sum domas con, þær dryhtguman
       ræd eahtiað; sum bið hrædtæfle;
79v   sum bið gewittig æt winþege,
75   beorhyrde god; sum bið bylda til
       ham to hebbanne; sum bið heretoga,
       fyrdwisa from; sum biþ folcwita;
78   sum biþ æt þearfe þristhydigra
       þegn mid his þeodne; sum geþyld hafað
       fæstgongel ferð; sum bið fugelbona,
81   hafeces cræftig; sum bið to horse hwæt;
       sum bið swiðsnel; hafað searolic gomen,
       gleodæda gife for gumþegnum,
84   leoht ond leoþuwac; sum bið leofwende,

---

66 gefeged] *MS* gefegan *(the scribe may have had line 48a still in mind when he made this slip).* gares] g *is over an erased letter.*
70 wiccræfta] *MS* wic cræfta, *for* wicgcræfta; *see commentary.* gewealden-mod] o *accented.*
71 geþylde] de *is over an erasure.*
74 hrædtæfle / sum] *79v begins.*
76 hebbanne] *MS* habbenne.
77 folcwita] wynn *is altered (from* u, *it seems).*
78 þearfe] *MS* þearf.

hafað mod ond word   monnum geþwære;
sum her geornlice   gæstes þearfe
87   mode bewindeþ,   ond him metudes est
ofer eorðwelan   ealne geceoseð;
sum bið deormod   deofles gewinnes,
90   bið a wið firenum   in gefeoht gearo;
sum cræft hafað   circnytta fela,
mæg on lofsongum   lifes waldend
93   hlude hergan,   hafað healice
beorhte stefne;   sum bið boca gleaw,
larum leoþufæst;   sum biþ listhendig
96   to awritanne   wordgeryno.
       Nis nu ofer eorþan   ænig monna
mode þæs cræftig,   ne þæs mægeneacen,
99   þæt hi æfre anum   ealle weorþen
gegearwade,   þy læs him gilp sceððe,
oþþe fore þære mærþe   mod astige,
102   gif he hafaþ ana   ofer ealle men
wlite ond wisdom   ond weorca blæd;
ac he missenlice   monna cynne
105   gielpes styreð   ond his giefe bryttað,
sumum on cystum,   sumum on cræftum,
sumum on wlite,   sumum on wige,
80r   sumum he syleð monna   milde heortan,
þeawfæstne geþoht,   sum biþ þeodne hold.
       Swa weorðlice   wide tosaweð

---

85 mod] *accented.*
87 est] *MS* eft.
93 healice] *MS* ealice, *with* h *squeezed in before it subsequently.*
95 leoþufæst] *MS* leo þu fæst, *with one letter erased after* o *and two after* u.
101 mod] *accented.*
106a sumum] *MS* summum, *with 1st* m *expuncted.*
108 monna / milde] *80r begins.   There are two drypoint etchings in the right margin of this folio, both of uppercase* Ð: *the first is 28 mm tall and is opposite lines 5-7 in the right margin; the second, in the same margin, is 35 mm tall and is opposite lines 14-17; the impression of the etching of an angel's head on 78r is also visible on this folio.*
109 þeawfæstne] *MS* þeaw fæft ne, *over an erased area.*

111   dryhten his duguþe.   A þes dom age,
       leohtbære lof,   se us þis lif giefeð
       ond his milde mod   monnum cyþeð.

---

111 þes] e *is hooked.*   dom] *accented.*
112 leohtbære] h *is altered from* n.
113 *Punctuation:* :7

Precepts

Ðus frod fæder freobearn lærde,
modsnottor [mon], maga cystum eald,

3   wordum wisfæstum, þæt he wel þunge:
"Do a þætte duge, deag þin gewyrhtu;
god þe biþ symle goda gehwylces

6   frea ond fultum, feond þam oþrum
wyrsan gewyrhta. Wene þec þy betran,
efn elne þis a þenden þu lifge.

9   Fæder ond modor freo þu mid heortan,
maga gehwylcne, gif him sy meotud on lufan.
Wes þu þinum yldrum arfæst symle,

12   fægerwyrde, ond þe in ferðe læt
þine lareowas leofe in mode,
þa þec geornast to gode trymmen."

15   Fæder eft his sunu frod gegrette
oþre siþe: "Heald elne þis —
ne freme firene, ne næfre freonde þinum,

18   mæge man ne geþafa, þy læs þec meotud oncunne,
þæt þu sy wommes gewita. He þe mid wite gieldeð,
swylce þam oþrum mid eadwelan."

21   Ðriddan syþe þoncsnottor guma
breostgehygdum his bearn lærde:
"Ne gewuna wyrsa, widan feore,

24   ængum eahta, ac þu þe anne genim

---

1 *MS* ÐUS. *The line preceding this poem is blank except for* cyþeð, *written at the far right hand side of the space; initials: 22 mm, 10 mm and 10 mm.*
2 mon] *add. ed.*
5 gehwylces] *MS* ge/ hwyl ces. *There is a damaged area after* hwyl *which was present before the text was copied. It is a series of three holes, in a row vertically, extending down into manuscript line 10. It is 10 mm wide and 30 mm long. The holes in lines 9 and 10 fall between* gewyrhta — wene *and* fæder — ond modor. *There is another original hole (7 mm wide — perhaps from an insect bite) in line 19 between the* r *and* n *of* bearn.
21 guma] *accented.*

    to gesprecan symle spella ond lara

    rædhycgendne. Sy ymb rice swa hit mæge."

27   Feorþan siðe fæder eft lærde

80v   modleofne magan, þæt he gemunde þis:

    "Ne aswic sundorwine, ac a symle geheald

30   ryhtum gerisnum. Ræfn elne þis,

    þæt þu næfre fæcne weorðe freonde þinum."

    Fiftan siþe fæder eft ongon

33   breostgeþoncum his bearn læran:

    "Druncen beorg þe ond dollic word,

    man on mode ond in muþe lyge,

36   yrre ond æfeste ond idese lufan.

    Forðon sceal æwiscmod oft siþian,

    se þe gewiteð in wifes lufan,

39   fremdre meowlan. þær bið a firena wen,

    laðlicre scome, long nið wið god,

    geotende gielp. Wes þu a giedda wis,

42   wær wið willan, worda hyrde."

    Siextan siþe swæs eft ongon

    þurh bliðne geþoht his bearn læran:

45   "Ongiet georne hwæt sy god oþþe yfel,

    ond toscead simle scearpe mode

    in sefan þinum ond þe a þæt selle geceos.

48   A þe bið gedæled; gif þe deah hyge,

    wunað wisdom in, ond þu wast geare

    ondgit yfles, heald þe elne wið,

---

26 rædhycgendne] *MS* rædhycgende.

27 feorþan] eorþan *is written over an erasure; that the original* f *was not erased suggests that the scribe got ahead of himself here and wrote* fiftan.

28 gemunde / þis] *80v begins.*

31 weorðe] *MS* weroð.

35 man] *accented.*

37 forðon] ðon *added above in a smaller script (with an insertion mark below); the ink is browner, but the hand appears to be the same.*

42 wið willan] *There is a damaged area after* wið *corresponding to that on the recto described in the note to line 5 above. The holes in lines 9 and 10 fall between* þurh — bliðne *and* sy — god. *The hole in manuscript line 19 occurs between* siþe *and* eald.

45 god] *accented.*

51   feorma þu symle   in þinum ferðe god."
       Seofeþan siþe   his sunu lærde
       fæder, frod guma,   sægde fela geongum:
54   "Seldan snottor guma   sorgleas blissað,
       swylce dol seldon   drymeð sorgful
       ymb his forðgesceaft,   nefne he fæhþe wite.
57   Wærwyrde sceal   wisfæst hæle
       breostum hycgan,   nales breahtme hlud."
       Eahtoþan siþe   eald fæder ongon
60   his mago monian   mildum wordum:
       "Leorna lare   lærgedefe,
       wene þec in wisdom,   weoruda scyppend
63   hafa þe to hyhte,   haligra gemynd,
81r   ond a soð to syge,   þonne þu secge hwæt."
       Nigeþan siþe   nægde se gomola,
66   eald uðwita   sægde eaforan worn:
       "Nis nu fela folca   þætte fyrngewritu
       healdan wille   ac him hyge brosnað,
69   ellen colað,   idlað þeodscype;
       ne habbað wiht for þæt,   þeah hi wom don
       ofer meotudes bibod.   Monig sceal ongieldan
72   sawelsusles.   Ac læt þinne sefan healdan
       forð fyrngewritu   ond frean domas,
       þa þe her on mægðe gehwære   men forlætaþ
75   swiþor asigan,   þonne him sy sylfum ryht."
       Teoþan siþe   tornsorgna ful,
       eald eft ongon   eaforan læran:
78   "Snyttra bruceþ   þe fore sawle lufan
       warnað him wommas   worda ond dæda

---

51 god] *accented.*
53 frod] *accented.* geongum] *MS* geogum.
64 syge / þonne] *81r begins. The spacing of the words on this folio is generous and the punctuation light, indicating that the scribe knew from his exemplar that he could fit the rest of this poem onto this folio comfortably.*
70 don] *accented.*
73 forð fyrngewritu] *MS* fyrn forð gewri tu.
78 snyttra] a *is altered from* u.

on sefan symle   ond soþ fremeð;

81   bið him geofona gehwylc   gode geyced —
      meahtum spedig, þonne he mon flyhð.
      Yrre ne læt þe   æfre gewealdan,

84   heah in hreþre, heoroworda grund
      wylme bismitan, ac him warnað þæt
      on geheortum hyge. Hæle sceal wisfæst

87   ond gemetlice, modes snottor,
      gleaw in gehygdum,   georn wisdomes,
      swa he wið ælda mæg   eades hleotan.

90   Ne beo þu no to tælende, ne to tweospræce,
      ne þe on mode læt   men to fracoþe,
      ac beo leofwende, leoht on gehygdum

93   ber breostcofan. Swa þu, min bearn, gemyne

81v   frode fæder lare   ond þec a wið firenum geheald."

---

82 mon] *accented.*
94 geheald /] *81v begins.   Punctuation:* :-:7

The Seafarer

Mæg ic be me sylfum   soðgied wrecan,
siþas secgan,   hu ic geswincdagum
3   earfoðhwile   oft þrowade,
bitre breostceare   gebiden hæbbe,
gecunnad in ceole   cearselda fela,
6   atol yþa gewealc,   þær mec oft bigeat
nearo nihtwaco   æt nacan stefnan,
þonne he be clifum cnossað.   Calde geþrungen
9   wæron mine fet   forste gebunden,
caldum clommum,   þær þa ceare seofedun
hat' ymb heortan;   hungor innan slat
12   merewerges mod.   Þæt se mon ne wat
þe him on foldan   fægrost limpeð,
hu ic earmcearig   iscealdne sæ
15   winter wunade   wræccan lastum,
winemægum bidroren,
bihongen hrimgicelum.   Hægl scurum fleag —
18   þær ic ne gehyrde   butan hlimman sæ,
iscaldne wæg.   Hwilum ylfete song
dyde ic me to gomene   ganetes hleoþor
21   ond huilpan sweg   fore hleahtor wera,
mæw singende   fore medodrince.
Stormas þær stanclifu beotan,   þær him stearn oncwæð,

---

1 *MS* MÆG. *This poem begins at the top of folio 81v. Approximately half the body of this rounded initial stands in the margin, and the rest of it intrudes into the first three lines of the text; initials: 35 mm, 7 mm and 7 mm. There is some writing in the lower margin* — *one line of continuous text and a few scattered letters and erasures. The long line reads:* me gretan het se þe þisne, *and may be compared with lines 13-15 of* The Husband's Message. *The letter shapes are not calligraphic and may have been added some time later by a reader trying to imitate the tenth-century script.*
6 bigeat] *accented.*
10 seofedun] n *is altered from* m.
14 sæ] *accented.*
18 hlimman] *accented.* sæ] *accented.*

24   isigfeþera; ful oft þæt earm bigeal,
      urigfeþra — ne ænig hleomæga
      feasceaftig ferð frefran meahte.

27   Forþon him gelyfeð lyt, se þe ah lifes wyn
      gebiden in burgum, bealosiþa hwon,
      wlonc ond wingal, hu ic werig oft

30   in brimlade bidan sceolde.
      Nap nihtscua, norþan sniwde,
      hrim hrusan bond, hægl feol on eorþan,

33   corna caldast. Forþon cnyssað nu
82r heortan geþohtas, þæt ic hean streamas,
      sealtyþa gelac sylf cunnige;

36   monað modes lust mæla gehwylce
      ferð to feran, þæt ic feor heonan
      elþeodigra eard gesece.

39   Forþon nis þæs modwlonc mon ofer eorþan,
      ne his gifena þæs god, ne in geoguþe to þæs hwæt,
      ne in his dædum to þæs deor, ne him his dryhten to þæs hold,

42   þæt he a his sæfore sorge næbbe,
      to hwon hine dryhten gedon wille.
      Ne biþ him to hearpan hyge ne to hringþege,

45   ne to wife wyn ne to worulde hyht,
      ne ymbe owiht elles, nefne ymb yða gewealc,
      ac a hafað longunge se þe on lagu fundað.

48   Bearwas blostmum nimað, byrig fægriað,
      wongas wlitigiað, woruld onetteð —
      ealle þa gemoniað modes fusne

51   sefan to siþe, þam þe swa þenceð
      on flodwegas feor gewitan.

---

25 urigfeþra] a *is altered from* e. ne ænig] *MS* nænig.
26 frefran] *MS* feran.
33 nu] *accented.*
34 hean / streamas] *82r begins.*
42 sæfore] æ *accented.*
46 ymb] m *is over an erased letter.*
49 wlitigiað] *MS* wlitigað. onetteð] *a letter (which had a descender) has been erased after* o, *which falls at the end of the line.*
52 gewitan] *MS* gewitað.

Swylce geac monað geomran reorde,
54   singeð sumeres weard, sorge beodeð
bitter in breosthord. þæt se beorn ne wat,
esteadig secg, hwæt þa sume dreogað
57   þe þa wræclastas widost lecgað.
Forþon nu min hyge hweorfeð ofer hreþerlocan,
min modsefa mid mereflode
60   ofer hwæles eþel hweorfeð wide,
eorþan sceatas, cymeð eft to me
gifre ond grædig, gielleð anfloga,
63   hweteð on wælweg hreþer unwearnum
ofer holma gelagu. Forþon me hatran sind
dryhtnes dreamas þonne þis deade lif,
66   læne on londe. Ic gelyfe no
þæt him eorðwelan ece stondeð:
simle þreora sum þinga gehwylce,
82v   ær his tiddæge, to tweon weorþeð —
adl oþþe yldo oþþe ecghete
fægum fromweardum feorh oðþringeð.
72   Forþon bið eorla gehwam æftercweþendra
lof lifgendra lastworda betst,
þæt he gewyrce, ær he on weg scyle,
75   fremum on foldan wið feonda niþ,
deorum dædum deofle togeanes,
þæt hine ælda bearn æfter hergen
78   ond his lof siþþan lifge mid englum
awa to ealdre, ecan lifes blæd,

---

56 esteadig] *MS* eft eadig.
58 nu] *accented.*
63 wælweg] *MS* wæl weg, for hwælweg; see commentary.*
64 gelagu] gelag *is written over an erasure.*
67 stondeð] *For* stondað; *see commentary.*
69 gehwylce / ær] *82v begins.* tiddæge] *MS* tide ge.
71 feorh] e *is added above in a smaller script, probably in the same hand; there is an insertion stroke below.*
72 bið] *MS* þæt.
75 fremum] *MS* fremman.
79 blæd] *MS* blæð.

dream mid dugeþum.   Dagas sind gewitene,
81 ealle onmedlan   eorþan rices —
nearon nu cyningas   ne caseras,
ne goldgiefan   swylce iu wæron,
84 þonne hi mæst mid him   mærþa gefremedon
ond on dryhtlicestum   dome lifdon.
Gedroren is þeos duguð eal,   dreamas sind gewitene,
87 wuniað þa wacran   ond þas woruld healdaþ,
brucað þurh bisgo.   Blæd is gehnæged,
eorþan indryhto   ealdað ond searað,
90 swa nu monna gehwylc   geond middangeard.
Yldo him on fareð,   onsyn blacað,
gomelfeax gnornað,   wat his iuwine,
93 æþelinga bearn,   eorþan forgiefene.
Ne mæg him þonne se flæschoma,   þonne him þæt feorg losað,
ne swete forswelgan   ne sar gefelan,
96 ne hond onhreran   ne mid hyge þencan.
Þeah þe græf wille   golde stregan
broþor his geborenum   — byrgan be deadum —
99 maþmum mislicum   þæt hine mid wille,
ne mæg þære sawle   þe biþ synna ful
gold to geoce   for godes egsan,
102 þonne he hit ær hydeð   þenden he her leofað.
83r Micel biþ se meotudes egsa,   forþon hi seo molde oncyrreð;
se gestaþelade   stiþe grundas,
105 eorþan sceatas   ond uprodor.
Dol biþ se þe him his dryhten ne ondrædeþ — cymeð him se
deað unþinged.
Eadig bið se þe eaþmod leofaþ — cymeð him seo ar of
heofonum,

---

82 nearon] *MS* næron.
86 gedroren is þeos] dro *and* þeos *are written over heavily scraped areas — even the ruling has been obliterated.*
100 ful] f *is over an erased letter (which had an ascender).*
102 hydeð] ð *has the form of* d, *indicating that the scribe corrected himself as he was writing.*
103 leofað / micel] *83r begins.*

108 meotod him þæt mod gestaþelað, forþon he in his meahte
                                                          gelyfeð.
     Stieran mon sceal strongum mode, ond þæt on staþelum
                                                          healdan,
     ond gewis werum, wisum clæne,
111 scyle monna gehwylc mid gemete healdan
     [lufan] wiþ leofne ond wið laþne bealo,
     þeah þe he hine wille fyres fulne [* * *]
114 oþþe on bæle forbærnedne
     his geworhtne wine. Wyrd biþ swiþre,
     meotud meahtigra þonne ænges monnes gehygd.
117 Uton we hycgan hwær we ham agen,
     ond þonne geþencan hu we þider cumen,
     ond we þonne eac tilien, þæt we to moten
120 in þa ecan eadignesse,
     þær is lif gelong in lufan dryhtnes,
     hyht in heofonum. Þæs sy þam halgan þonc,
123 þæt he usic geweorþade, wuldres ealdor,
     ece dryhten, in ealle tid. Amen.

---

109 mon] *MS* mod.
112 lufan] *add. ed.*
113 *see commentary.*
115 swiþre] *MS* swire.
117b we] *MS* se.
124 *Punctuation:* :7

Vainglory

Hwæt, me frod wita on fyrndagum
sægde, snottor ar, sundorwundra fela.
3 Wordhord onwreah witgan larum
beorn boca gleaw, bodan ærcwide,
þæt ic soðlice siþþan meahte
83v ongitan bi þam gealdre godes agen bearn,
wilgest on wicum, ond þone wacran swa some,
scyldum bescyredne, on gescead witon.
9 Þæt mæg æghwylc mon eaþe geþencan,
se þe hine [ne] læteð on þas lænan tid
amyrran his gemyndum modes gælsan
12 ond on his dægrime druncen to rice,
þonne monige beoð mæþelhergendra,
wlonce wigsmiþas winburgum in,
15 sittaþ æt symble, soðgied wrecað,
wordum wrixlað, witan fundiaþ
hwylc æscstede inne in ræcede
18 mid werum wunige, þonne win hweteð
beornes breostsefan. Breahtem stigeð,
cirm on corþre, cwide scralletaþ
21 missenlice. Swa beoþ modsefan
dalum gedæled, sindon dryhtguman
ungelice. Sum on oferhygdo

---

1 *MS* HWæt. *This poem is preceded by one blank line. The ascender of the
initial stands in the margin and its body intrudes into the first two lines of the text;
initials: 49 mm and 11.5 mm.*
2 ar] *accented.*
3 onwreah] *MS* onwearh.
6 agen / bearn] *83v begins.*
8 witon] *For* witon; *see commentary.*
9 mon] *This is over an erasure.*
10 ne] *add. ed.* tid] *The bowl of* d *is written over a scraped area.*
12 druncen] *MS* drucen.
15 sittaþ] ttaþ *is written over an erasure.*
18 wunige] e *is written over an erased letter.*

24   þrymme þringeð,   þrinteð him in innan
        ungemedemad mod — sindan to monige þæt.
        Bið þæt æfþonca eal gefylled
27   feondes fligepilum, facensearwum;
        breodað he ond bælceð,   boð his sylfes
        swiþor micle   þonne se sella mon,
30   þenceð þæt his wise   welhwam þince
        eal unforcuþ. Biþ þæs oþer swice,
        þonne he þæs facnes   fintan sceawað.
33   Wrenceþ he ond blenceþ,   worn geþenceþ
        hinderhoca, hygegar leteð,
        scurum sceoteþ.   He þa scylde ne wat
36   fæhþe gefremede,   feoþ his betran
        eorl fore æfstum,   læteð inwitflan
        brecan þone burgweal,   þe him bebead meotud
39   þæt he þæt wigsteal   wergan scealde,
84r   siteþ symbelwlonc,   searwum læteð
        wine gewæged   word ut faran,
42   þræfte þringan   þrymme gebyrmed,
        æfæstum onæled,   oferhygda ful,
        niþum nearowrencum.   Nu þu cunnan meaht,
45   gif þu þyslicne   þegn gemittest
        wunian in wicum,   wite þe be þissum
        feawum forðspellum   þæt þæt biþ feondes bearn
48   flæsce bifongen,   hafað fræte lif,
        grundfusne gæst   gode orfeormne,
        wuldorcyninge.   Þæt se witga song,
51   gearowyrdig guma,   ond þæt gyd awræc:

---

24 þringeð] *MS* þringe.
25 ungemedemad] med *is written over an erasure.*
36 feoþ] *MS* feoh.
38 brecan] c *is altered from* a.
39 he] *1st minim of* h *is written over an erased descender.*   scealde] *see commentary.*
40 symbelwlonc / searwum] 84r *begins.*
45 þyslicne] ne *is written over erased letters.*
51 awræc] a *accented.*

"Se þe hine sylfne in þa sliþnan tid
þurh oferhygda up ahlæneð,
54 ahefeð heahmodne, se sceal hean wesan
æfter neosiþum niþer gebiged,
wunian witum fæst, wyrmum beþrungen.
57 þæt wæs geara iu in godes rice
þætte mid englum oferhygd astag,
widmære gewin. Wroht ahofan,
60 heardne heresiþ, heofon widlædan,
forsawan hyra sellan, þa hi to swice þohton
ond þrymcyning þeodenstoles
63 ricne beryfan, swa hit ryht ne wæs,
ond þonne gesettan on hyra sylfra dom
wuldres wynlond. þæt him wige forstod
66 fæder frumsceafta — wearð him seo feohte to grim."
Ðonne bið þam oþrum ungelice
se þe her on eorþan eaðmod leofað,
69 ond wiþ gesibbra gehwone simle healdeð
freode on folce ond his freond lufað,
84v þeah þe he him abylgnesse oft gefremede
72 willum in þisse worulde. Se mot wuldres dream
in haligra hyht heonan astigan
on engla eard. Ne biþ þam oþrum swa,
75 se þe on ofermedum eargum dædum
leofaþ in leahtrum, ne beoð þa lean gelic
mid wuldorcyning. Wite þe be þissum,
78 gif þu eaðmodne eorl gemete,
þegn on þeode, þam bið simle
gæst gegæderad godes agen bearn
81 wilsum in worlde, gif me se witega ne leag.
Forþon we sculon a hycgende hælo rædes

---

52 se þe] MS seþe, *with 1st* e *altered from* i.
53 up] *accented.* ahlæneð] a *accented;* hlæ *is written over erased letters.*
60 widlædan] MS wid lædan; *see commentary.*
64 dom] *accented.*
71 abylgnesse / oft] *84v begins.*
78 gif þu] *This is over an erasure.*

gemunan in mode   mæla gehwylcum
84   þone selestan,   sigora waldend. Amen.

---

84 *MS* AMEN.   *Punctuation:* :7

Widsith

Widsið maðolade, wordhord onleac,
se þe [monna] mæst mægþa ofer eorþan,
3   folca geondferde; oft he [on] flette geþah
mynelicne maþþum. Him from Myrgingum
æþele onwocon. He mid Ealhhilde,
6   fælre freoþuwebban, forman siþe
Hreðcyninges ham gesohte
eastan of Ongle, Eormanrices,
9   wraþes wærlogan. Ongon þa worn sprecan:
"Fela ic monna gefrægn mægþum wealdan —
sceal þeodna gehwylc þeawum lifgan,
12   eorl æfter oþrum eðle rædan,
se þe his þeodenstol geþeon wile.
85r   Þara wæs Wala hwile selast,
15   ond Alexandreas ealra ricost
monna cynnes, ond he mæst geþah
þara þe ic ofer foldan gefrægen hæbbe.
18   Ætla weold Hunum, Eormanric Gotum,
Becca Baningum, Burgendum Gifica;

---

1 *MS* WIDSIÐ MAÐOLADe. *The opening of this poem receives special treatment with respect to the use of large initials and blank space. It is preceded by one completely blank line, with a second above it blank except for the words* -dend amen, *which are written to its far right side. The folio has only 20 lines of text because of the unusually large size of the letters of the first line of* Widsith; *initials: 90 mm and 12 mm (up to and including* d *of* maðolade).
2 monna] *add. ed.* mægþa] *MS* mærþa.
3 on] *add. ed.*
4 him] *MS* hine.
10 fela] f *is written over an erased letter (which had an ascender).*
11 þeodna] *MS* þeoda.
13 þe his] *The scribe initially overlooked* þe, *and began to write* his; *realising his mistake, he altered* hi *to* þe *by scraping away parts of the original letters and adding a descender to the* h *(note that the descender does not align properly with the upper part of the* þ).
14 wile / þara] *85r begins.* Wala] *see commentary.*

Casere weold Creacum ond Celic Finnum,
21 Hagena Holmrygum ond Heoden Glommum;
Witta weold Swæfum, Wada Hælsingum,
Meaca Myrgingum, Mearchealf Hundingum;
24 Þeodric weold Froncum, Þyle Rondingum,
Breoca Brondingum, Billing Wernum;
Oswine weold Eowum ond Ytum Gefwulf,
27 Fin Folcwalding Fresna cynne;
Sigehere lengest Sædenum weold,
Hnæf Hocingum, Helm Wulfingum,
30 Wald Woingum, Wod Þyringum,
Sæferð Sycgum, Sweom Ongendþeow,
Sceafthere Ymbrum, Sceafa Longbeardum,
33 Hun Hætwerum, ond Holen Wrosnum;
Hringwald wæs haten Herefarena cyning.
Offa weold Ongle, Alewih Denum;
36 se wæs þara manna modgast ealra,
no hwæþre he ofer Offan eorlscype fremede,
ac Offa geslog ærest monna,
39 cnihtwesende, cynerica mæst;
nænig efeneald him eorlscipe maran
on orette — ane sweorde
42 merce gemærde wið Myrgingum
bi Fifeldore; heoldon forð siþþan
Engle ond Swæfe swa hit Offa geslog.
45 Hroþwulf ond Hroðgar heoldon lengest
_85v_ sibbe ætsomne suhtorfædran,
siþþan hy forwræcon wicinga cynn
48 ond Ingeldes ord forbigdan,

---

20 Celic] e _is hooked._
21 Holmrygum] _MS_ holm rycum. Heoden] _MS_ henden.
33 Hun] _accented._
34 Hringwald] _MS_ hring weald, _with_ e _expuncted._
43 bi Fifeldore] _MS_ bifi fel dore, _with a letter (which had an ascender) erased after_ bifi.
46 sibbe / ætsomne] _85v begins._

forheowan æt Heorote Heaðobeardna þrym.
   Swa ic geondferde fela fremdra londa
51   geond ginne grund — godes ond yfles
   þær ic cunnade cnosle bidæled,
   freomægum feor folgade wide.
54   Forþon ic mæg singan ond secgan spell,
   mænan fore mengo in meoduhealle
   hu me cynegode cystum dohten.
57   Ic wæs mid Hunum ond mid Hreðgotum,
   mid Sweom ond mid Geatum ond mid Suþdenum;
   mid Wenlum ic wæs ond mid Wærnum ond mid wicingum;
60   mid Gefþum ic wæs ond mid Winedum ond mid Gefflegum;
   mid Englum ic wæs ond mid Swæfum ond mid Ænenum;
   mid Seaxum ic wæs ond [mid] Sycgum ond mid
                          Sweordwerum;
63   mid Hronum ic wæs ond mid Deanum ond mid
                          Heaþoreamum;
   mid Þyringum ic wæs ond mid Þrowendum;
   ond mid Burgendum, þær ic beag geþah —
66   me þær Guðhere forgeaf glædlicne maþþum
   songes to leane; næs þæt sæne cyning;
   mid Froncum ic wæs ond mid Frysum ond mid Frumtingum;
69   mid Rugum ic wæs ond mid Glommum ond mid Rumwalum.
   Swylce ic wæs on Eatule mid Ælfwine,
   se hæfde moncynnes, mine gefræge,
72   leohteste hond lofes to wyrcenne,
   heortan unhneaweste hringa gedales,

---

49 Heaðobeardna] d *is added above in a small script (with an insertion mark below). The scribe made an unusually large number of mistakes on this folio, perhaps because of the repetitious nature of the verses here. He also became utterly confused by the text on the next folio (lines 85-87).*
59 mid (3rd)] *This is preceded by an erased letter (which had a descender).*
62 mid] *add. ed.* Sycgum] y *is over an erased letter.* ond mid Sweordwerum] *over an erasure.*
63 mid Hronum ic wæs] *This is over an erasure.*
65 geþah] *MS* geþeah, *with* e *expuncted.*
66 þær] *This is followed by an erased letter.*
68 ond mid Frumtingum] ond mid fru *is written over an erasure.*

86r   beorhtra beaga, bearn Eadwines.

75   Mid Sercingum ic wæs ond mid Seringum;

mid Creacum ic wæs ond mid Finnum ond mid Casere,

se þe winburga geweald ahte,

78   wiolena ond wilna, ond Wala rices;

mid Scottum ic wæs ond mid Peohtum ond mid Scridefinnum;

midLidingum ic wæs ond mid Leonum ond mid

Longbeardum,

81   mid Hæðnum ond mid Hæleþum ond mid Hundingum;

mid Israhelum ic wæs ond mid Exsyringum,

mid Ebreum ond mid Indeum ond mid Egyptum;

84   mid Miodum ic wæs ond mid Persum ond mid Myrgingum,

[mid] Ongendmyrgingum ond mid Amothingum;

mid Eastþyringum ic wæs ond m[id] Ofdingum,

87   mid Eolum ond mid Istum ond [mid] Idumingum.

Ond ic wæs mid Eormanrice ealle þrage —

þær me Gotena cyning gode dohte;

90   se me beag forgeaf, burgwarena fruma,

on þam siex hund wæs smætes goldes,

gescyred sceatta scillingrime;

93   þone ic Eadgilse on æht sealde,

minum hleodryhtne, þa ic to ham bicwom,

leofum to leane, þæs þe he me lond forgeaf,

96   mines fæder eþel, frea Myrginga.

Ond me þa Ealhhild oþerne forgeaf,

dryhtcwen duguþe, dohtor Eadwines;

99   hyre lof lengde geond londa fela

---

73 gedales / beorhtra] *86r begins.*
78 wiolena] *MS* wiolane.
79 Scottum] tu *(with an abbreviation sign above) is over an erasure.*
80 Lidingum] *MS* lidwicingum. ng *is written over erased letters — noticing that he had left out the* n, *the scribe erased the* g *and the letter following it and inserted the missing letter; the original* g *is still visible beneath* n.
85-87 *See the commentary for a discussion of the rearrangement of these lines.*
87 mid (1st)] *This is over an erasure.*
90 burgwarena] *1st* a *is altered from* e *and* r *is altered from* wynn. *The scribe had trouble with the element* -warena *on three occasions in* Juliana *also (at lines 322, 437 and 544).*

þonne ic be songe   secgan sceolde,
hwær ic under swegle   selast wisse
86v   goldhrodene cwen   giefe bryttian.
Ðonne wit Scilling   sciran reorde
for uncrum sigedryhtne   song ahofan,
105   hlude bi hearpan   hleoþor swinsade,
þonne monige men,   modum wlonce,
wordum sprecan,   þa þe wel cuþan,
108   þæt hi næfre song   sellan ne hyrdon.
Ðonan ic ealne geondhwearf   eþel Gotena,
sohte ic a gesiþa   þa selestan —
111   þæt wæs innweorud   Earmanrices.
Hehcan   sohte ic ond Beadecan   ond Herelingas;
Emercan sohte ic ond Fridlan   ond Eastgotan,
114   frodne ond godne   fæder Unwenes;
Seccan sohte ic ond Beccan,   Seafolan ond Þeodric,
Heaþoric ond Sifecan,   Hliþe ond Incgenþeow;
117   Eadwine sohte ic ond Elsan,   Ægelmund ond Hungar,
ond þa wloncan gedryht   Wiþmyrginga;
Wulfhere sohte ic ond Wyrmhere — ful oft þær wig ne alæg,
120   þonne Hræda here   heardum sweordum
ymb Wistlawudu   wergan sceoldon
ealdne eþelstol   Ætlan leodum;
123   Rædhere sohte ic ond Rondhere,   Rumstan ond Gislhere,
Wiþergield ond Freoþeric,   Wudgan ond Haman —
ne wæran þæt gesiþa   þa sæmestan,
126   þeah þe ic hy a nihst   nemnan sceolde;
ful oft of þam heape   hwinende fleag
giellende gar   on grome þeode;
129   wræccan þær weoldan   wundnan golde

---

101 swegle] *MS* swegl.
102 cwen / giefe] *86v begins.   The impression of the angel holding a book incised on 87v is faintly visible opposite lines 1-8 of this folio.*
103 ðonne] *MS* don, *with an abbreviation sign over* o.
110 a] *accented.* gesiþa] *MS* siþa.
112 Hehcan] *MS* Heðcan.
126 a] *accented.* nihst] h *is over an erased letter.*

werum ond wifum,   Wudga ond Hama.
87r   Swa ic þæt symle onfond   on þære feringe,
132   þæt se biþ leofast   londbuendum,
se þe him god syleð   gumena rice
to gehealdenne,   þenden he her leofað."
135   Swa scriþende   gesceapum hweorfað
gleomen gumena   geond grunda fela,
þearfe secgað,   þoncword sprecaþ;
138   simle suð oþþe norð   sumne gemetað
gydda gleawne,   geofum unhneawne,
se þe fore duguþe wile   dom aræran,
141   eorlscipe æfnan,   oþþæt eal scæceð,
leoht ond lif somod;   lof se gewyrceð,
hafað under heofonum   heahfæstne dom.

---

131 onfond / on] *87r begins.*
140 dom] *accented.*   aræran] *1st* a *accented.*
143 dom] *accented.*   *Punctuation:* :-:7 *(there is a 5 mm gap between the 2nd and 3rd elements of the group).*

The Fates of Mortals

Ful oft þæt gegongeð, mid godes meahtum,
þætte wer ond wif in woruld cennað
3 bearn mid gebyrdum ond mid bleom gyrwað,
tennaþ ond tætaþ, oþþæt seo tid cymeð,
gegæð gearrimum, þæt þa geongan leomu,
6 liffæstan leoþu, geloden weorþað.
Fergað swa ond feþað fæder ond modor,
giefað ond gierwaþ. God ana wat
9 hwæt him weaxendum winter bringað.
Sumum þæt gegongeð on geoguðfeore
þæt se endestæf earfeðmæcgum
12 wealic weorþeð — sceal hine wulf etan,
har hæðstapa; hinsiþ þonne
modor bimurneð. Ne bið swylc monnes geweald.
15 Sumne sceal hungor ahiþan; sumne sceal hreoh fordrifan;
sumne sceal gar agetan, sumne guð abreotan;
87v sum sceal leomena leas lifes neotan,
18 folmum ætfeohtan; sum on feðe lef,
seonobennum seoc, sar cwanian,
murnan meotudgesceaft mode gebysgad;
21 sum sceal on holte of hean beame
fiþerleas feallan — bið on flihte seþeah,
laceð on lyfte, oþþæt lengre ne bið
24 westem wudubeames; þonne he on wyrtruman
sigeð sworcenferð, sawle bireafod,
fealleþ on foldan, feorð biþ on siþe;
27 sum sceal on feþe on feorwegas

---

1 *MS* FUL. *This text is preceded by one blank line. The tongue of the initial intrudes into the second line of text; initials: 68 mm, 6 mm and 6 mm.*
13 har] *accented.*
17 leas / lifes] 87v *begins. In the left margin opposite manuscript lines 1-8 there is an incised figure of an angel holding a book in its left hand.*
21 beame] *MS* beane.

nyde gongan ond his nest beran,
tredan uriglast elþeodigra,
30 frecne foldan; ah he feormendra
lyt lifgendra, lað biþ æghwær
fore his wonsceaftum wineleas hæle;
33 sum sceal on geapum galgan ridan,
seomian æt swylte, oþþæt sawlhord,
bancofa blodig, abrocen weorþeð —
36 þær him hrefn nimeþ heafodsyne,
sliteð salwigpad sawelleasne;
noþer he þy facne mæg folmum biwergan,
39 laþum lyftsceaþan, biþ his lif scæcen,
ond he feleleas, feores orwena,
blac on beame bideð wyrde,
42 bewegen wælmiste. Bið him werig noma.
    Sumne on bæle sceal brond aswencan,
fretan frecne lig fægne monnan;
45 þær him lifgedal lungre weorðeð,
read reþe gled; reoteð meowle,
seo hyre bearn gesihð brondas þeccan;
48 sumum meces ecg on meodubence
yrrum ealowosan ealdor oþþringeð,
88r were winsadum — bið ær his worda to hræd;
51 sum sceal on beore þurh byreles hond
meodugal mæcga; þonne he gemet ne con
gemearcian his muþe mode sine,
54 ac sceal ful earmlice ealdre linnan,
dreogan dryhtenbealo dreamum biscyred,
ond hine to sylfcwale secgas nemnað,

---

30 foldan] f *is written over an erased letter.*
34 sawlhord] *2nd stroke of* h *is altered by scraping away its foot.*
37 salwigpad] *MS* sal wig pad, *with* g *altered from* t.
43 sumne] *MS* sum. brond aswencan] *MS* brondas þencan.
44 lig] *MS* lif.
50 ær / his] *88r begins.*

57   mænað mid muþe meodugales gedrinc;
     sum sceal on geoguþe mid godes meahtum
     his earfoðsiþ ealne forspildan,
60   ond on yldo eft eadig weorþan,
     wunian wyndagum ond welan þicgan,
     maþmas ond meoduful mægburge on,
63   þæs þe ænig fira mæge forð gehealdan.
        Swa missenlice meahtig dryhten
     geond eorþan sceat eallum dæleð,
66   scyreþ ond scrifeð ond gesceapo healdeð,
     sumum eadwelan, sumum earfeþa dæl,
     sumum geoguþe glæd, sumum guþe blæd,
69   gewealdenne wigplegan, sumum wyrp oþþe scyte,
     torhtlicne tiir, sumum tæfle cræft ,
     bleobordes gebregd; sume boceras
72   weorþað wisfæste; sumum wundorgiefe
     þurh goldsmiþe gearwad weorþað;
     ful oft he gehyrdeð ond gehyrsteð wel,
75   brytencyninges beorn, ond he him brad syleð
     lond to leane. He hit on lust þigeð.
        Sum sceal on heape hæleþum cweman,
78   blissian æt beore bencsittendum;
     þær biþ drincendra dream se micla;
     sum sceal mid hearpan æt his hlafordes
81   fotum sittan, feoh þicgan,
88v ond a snellice snere wræstan,
     lætan scralletan sceacol, se þe hleapeð,
84   nægl neomegende — biþ him neod micel.

---

57 gedrinc] n *is poorly formed. The scribe seems to have written* dru *at first, and then corrected himself.*
59 earfoðsiþ] ð *is altered from* d *(by adding a crossbar).*
63 forð] *MS* forh.
70 tiir] *accented.*
73 weorþað] *MS* weorþeð *2nd* e *is over an imperfection in the manuscript so that it appears to be a corrected form).*
82 snellice / snere] *88v begins.*
83 sceacol] *MS* gearo.
84 neomegende] *MS* neome cende.

Sum sceal wildne fugel wloncne atemian,
heafoc on honda, oþþæt seo heoroswealwe

87   wynsum weorþeð; deþ he wyrplas on,
fedeþ swa on feterum fiþrum dealne,
lepeþ lyftswiftne lytlum gieflum,

90   oþþæt se wælisca wædum ond dædum
his ætgiefan eaðmod weorþeð
ond to hagostealdes honda gelæred.

93   Swa wrætlice weoroda nergend
geond middangeard monna cræftas
sceop ond scyrede ond gesceapo ferede

96   æghwylcum on eorþan eormencynnes.
Forþon him nu ealles þonc æghwa secge,
þæs þe he fore his miltsum monnum scrifeð.

---

93 weoroda nergend] *MS* weorod anes god.
98 *Punctuation:* :7

Maxims I (A)

Frige mec frodum wordum. Ne læt þinne ferð onhælne,
degol þæt þu deopost cunne. Nelle ic þe min dyrne gesecgan,

3   gif þu me þinne hygecræft hylest ond þine heortan geþohtas.
Gleawe men sceolon gieddum wrixlan. God sceal mon ærest
                                    hergan
fægre, fæder userne, forþon þe he us æt frymþe geteode

6   lif ond lænne willan; he usic wile þara leana gemonian.
Meotud sceal in wuldre, mon sceal on eorþan
geong ealdian. God us ece biþ,

9   ne wendað hine wyrda ne hine wiht dreceþ,
89r adl ne yldo ælmihtigne;
ne gomelað he in gæste, ac he is gen swa he wæs.

12   þeoden geþyldig. He us geþonc syleð,
missenlicu mod, monge reorde.
Feorhcynna fela fæþmeþ wide

15   eglond monig. Eardas rume
meotud arærde for moncynne,
ælmihtig god, efenfela bega

18   þeoda ond þeawa. Þing sceal gehegan
frod wiþ frodne — biþ hyra ferð gelic
hi a sace semaþ, sibbe gelæra$ð$,

21   þa ær wonsælge awegen habbað.
Ræd sceal mid snyttro, ryht mid wisum,
til sceal mid tilum. Tu beoð gemæccan —

24   sceal wif ond wer in woruld cennan
bearn mid gebyrdum. Beam sceal on eorðan
leafum liþan, leomu gnornian.

---

1 *MS* FRIGE. *This text is preceded by one blank line. The first five lines of text are indented variously to accommodate the large capital; initials: 70 mm and 8-9 mm for* rige.
6 lænne] *2nd* n *is written over an erased letter.*
10 adl / ne] *89r begins.*
20 a] *accented.*

27   Fus sceal feran,   fæge sweltan
     ond dogra gehwam   ymb gedal sacan
     middangeardes.   Meotud ana wat
30   hwær se cwealm cymeþ,   þe heonan of cyþþe gewiteþ.
     Umbor yceð,   þa æradl nimeð;
     þy weorþeð on foldan swa fela   fira cynnes,
33   ne sy þæs magutimbres   gemet ofer eorþan,
     gif hi ne wanige   se þas woruld teode.
       Dol biþ se þe his dryhten nat —   to þæs oft cymeð deað
                                           unþinged.
36   Snotre men sawlum beorgað,   healdað hyra soð mid ryhte.
     Eadig bið se þe in his eþle geþihð;   earm se him his frynd
                                           geswicað.
89v Nefre sceal se him his nest aspringeð —   nyde sceal þrage
                                           gebunden.
39   Bliþe sceal bealoleas heorte.   Blind sceal his eagna þolian —
     oftigen biþ him torhtre gesihþe;   ne magon hi tunglu bewitian,
     swegltorht sunnan ne monan;   þæt him biþ sar in his mode,
42   onge þonne he hit ana wat,   ne weneð þæt him þæs edhwyrft
                                           cyme.
     Waldend him þæt wite teode;   se him mæg wyrpe syllan,
     hælo of heofodgimme,   gif he wat heortan clæne;
45   lef mon læces behofað.   Læran sceal mon geongne monnan,
     trymman ond tyhtan þæt he teala cunne,   oþþæt hine mon
                                           atemedne hæbbe,
     sylle him wist ond wædo,   oþþæt hine mon on gewitte alæde.
48   Ne sceal hine mon cildgeongne forcweþan,   ær he hine acyþan
                                           mote;
     þy sceal on þeode geþeon,   þæt he wese þristhycgende.

---

40 torhtre] o *is altered from a letter which had a descender (and is thus flat on
one side).* hi] *MS* hine. bewitian] *2nd i is added above in a smaller hand;
there is an insertion mark below.*
41 sunnan] s *is altered from* wynn (?). biþ] *The descender of* þ *has been traced
over (for reasons uncertain; the scribe may have begun a* wynn *and then corrected
himself).* sar] *accented.*
42 he] e *is over an erased letter.*
48 ne] e *is written over an erased letter.*

Styran sceal mon strongum mode.   Storm oft holm gebringeþ,
51   geofen in grimmum sælum;   onginnað grome fundian
fealwe on feorran to londe,   hwæþer he fæste stonde.
Weallas him wiþre healdað,   him biþ wind gemæne.
54   Swa biþ sæ smilte   þonne hy sund ne weceð,
swa beoþ þeoda geþwære   þonne hy geþingad habbað —
gesittað him on gesundum þingum,   ond þonne mid gesiþum
healdaþ
57   cene men gecynde rice.   Cyning biþ anwealdes georn;
lað se þe londes monað,   leof se þe mare beodeð.
þrym sceal mid wlenco,   þriste mid cenum,
60   sceolun bu recene   beadwe fremman.
90r   Eorl sceal on eos boge,   eorod sceal getrume ridan,
fæste feþa stondan.   Fæmne æt hyre bordan geriseð;
63   widgongel wif word gespringeð —   oft hy mon wommum
bilihð,
hæleð hy hospe mænað;   oft hyre hleor abreopeð.
Sceomiande man sceal in sceade hweorfan;   scir in leohte
geriseð.
66   Hond sceal heofod inwyrcan,   hord in streonum bidan,
gifstol gegierwed stondan,   hwonne hine guman gedælen.
Gifre biþ se þam golde onfehð,   guma þæs on heahsetle
geneah;
69   lean sceal, gif we leogan nellað,   þam þe us þas lisse geteode.

---

51 grimmum] u *is altered (from* n?).
54 sund] *MS* wind.
55 geþingad] d *is altered from* ð — *the lower part of the hairline crossbar is not erased.*
60 recene] c *is altered from* e.
61 eorod] *MS* worod.   eorod (worod) / sceal] *90r begins.*
63 hy] *This is followed by an erasure (2-3 letters).*
68 þæs] þ *is altered from* wynn — *the original serif is still visible on the ascender of* þ.
69 *Punctuation:* :-:7

Maxims I (B)

Forst sceal freosan, fyr wudu meltan,
eorþe growan, is brycgian,
3   wæter helm wegan, wundrum lucan
74   eorþan ciþas. An sceal inbindan
forstes fetre felameahtig god;
6   winter sceal geweorpan, weder eft cuman,
77   sumor swegle hat, sund unstille.
Deop deada wæg dyrne bið lengest;
9   holen sceal inæled, yrfe gedæled
80   deades monnes. Dom biþ selast.
Cyning sceal mid ceape cwene gebicgan,
12   bunum ond beagum; bu sceolon ærest
83   geofum god wesan. Guð sceal in eorle,
wig geweaxan, ond wif geþeon
15   leof mid hyre leodum, leohtmod wesan,
86   rune healdan, rumheort beon
mearum ond maþmum meodorædenne
18   for gesiðmægen symle æghwær
eodor æþelinge ærest gegretan,
90v forman fulle to frean hond
21   ricene geræcan, ond him ræd witan
92   boldagendum bæm ætsomne.
Scip sceal genægled, scyld gebunden,

---

1 *MS* FORST. *The scribe has not left a blank line before this text because the preceding line is mostly without text. The capital letter intrudes into the first three lines of text; initials: 72 mm and 6-7 mm each for* orst.   fyr] *This is followed by an erased letter.*   meltan] e *is altered from* i.
8 deada] *MS* d eada, *with a letter erased between* d *and* e.
10 dom] *accented.*
12 sceolon] n *is written over an erasure (wide enough for 2-3 letters).*
13 god] *accented.*   sceal] sc *is written over an erasure.*
15 leof] *MS* lof.
19 æþelinge] *For* æþelinga; *see commentary.*
20 gegretan / forman] *90v begins.*

24   leoht linden bord, leof wilcuma
95   Frysan wife, þonne flota stondeð —
       biþ his ceol cumen ond hyre ceorl to ham,
27   agen ætgeofa, ond heo hine in laðaþ,
98   wæsceð his warig hrægl ond him syleþ wæde niwe,
       liþ him on londe þæs his lufu bædeð.
30   Wif sceal wiþ wer wære gehealdan. Oft hi mon wommum
                                 belihð —
101   fela bið fæsthydigra; fela bið fyrwetgeornra,
       freoð hy fremde monnan, þonne se oþer feor gewiteþ.
33   Lida biþ longe on siþe; a mon sceal seþeah leofes wenan,
104   gebidan þæs he gebædan ne mæg. Hwonne him eft gebyre
                              weorðe,
       ham cymeð, gif he hal leofað, nefne him holm gestyreð,
36   mere hafað mundum mægðes agen wyn.
107   Ceapeadig mon cyningwic þonne
       leodon cypeþ, þonne liþan cymeð;
39   wudu ond wætres nyttað, þonne him biþ wic alyfed,
110   mete bygeþ, gif he maran þearf, ærþon he to meþe weorþe.
       Seoc se biþ þe to seldan ieteð — þeah hine mon on sunnan
                              læde
42   ne mæg he be þy wedre wesan, þeah hit sy wearm on sumera;
113   ofercumen biþ he ær he acwele, gif he nat hwa hine cwicne
                              fede.
91r   Mægen mon sceal mid mete fedan, morþor under eorþan
                              befeolan,

---

24 wilcuma] *MS* wi lcu / ma, *with a minim erased after* i.
25 wife] Wynn *is altered from* s — *note the unusually sharp angle at the top of the diagonal stroke, which is also finer than it normally is. There is also evidence of scraping within its bowl.*
27 laðaþ] ð *is altered from* d *(it has the form of* d*).*
31 fyrwetgeornra] *MS* fyrwet geonra.
33 a] *accented.*
35 ham] *accented.*
36 mægðes agen wyn] *MS* mægðegsan wyn, *with* wyn *accented.*
39 alyfed] *MS* alyfeð.
41 mon] *accented.*
43 acwele] a *accented.*
44 fedan / morþor] *91r begins.*

45   hinder under hrusan, þe hit forhelan penceð;
116   ne biþ þæt gedefe deaþ, þonne hit gedyrned weorþeð.
      Hean sceal gehnigan, adl gesigan,
48   ryht rogian. Ræd biþ nyttost,
119   yfel unnyttost, þæt unlæd nimeð.
      God bið genge, ond wiþ god lenge.
51   Hyge sceal gehealden, hond gewealden.
122   Seo sceal in eagan, snyttro in breostum,
      þær biþ þæs monnes modgeþoncas.
54   Muþa gehwylc mete þearf — mæl sceolon tidum gongan.
125   Gold geriseþ on guman sweorde,
      sellic sigesceorp, sinc on cwene,
57   god scop gumum, garniþ werum,
128   wig towiþre wicfreoþa healdan.
      Scyld sceal cempan, sceaft reafere,
60   sceal bryde beag, bec leornere,
131   husl halgum men, hæþnum synne.
      Woden worhte weos; wuldor alwalda
63   rume roderas — þæt is rice god,
134   sylf soðcyning, sawla nergend,
      se us eal forgeaf þæt we on lifgaþ,
66   ond eft æt þam ende eallum wealdeð
137   monna cynne. Þæt is meotud sylfa.

---

47 adl] *For* hadl *(=* hald*); see commentary.*
49 yfel unnyttost þæt] *This is over an erased area and followed by a (25 mm) blank space extending to the right hand ruling; there is a raised point 5 mm after the final* t.
50 god] *accented.*
52b in] *This is followed by two or three erased letters (traces of an ascender and of a descender are visible).*
58 towiþre] iþr *is over an erasure.*
67 monna] a *is altered from* e; *the scribe has not attempted to scrape away the tongue of the* e, *as he usually does when making this correction. Punctuation:* :7

Maxims I (C)

	Ræd sceal mon secgan, rune writan,
	leoþ gesingan, lofes gearnian,
3	dom areccan, dæges onettan.
141	Til mon tiles ond tomes meares,
	cuþes ond gecostes ond calcrondes;
6	nænig fira to fela gestryneð.
144	Wel mon sceal wine healdan on wega gehwylcum;
91v	oft mon fereð feor bi tune, þær him wat freond unwiotodne.
9	Wineleas, wonsælig mon genimeð him wulfas to geferan
147	felafæcne deor; ful oft hine se gefera sliteð.
	Gryre sceal for greggum, græf deadum men;
12	hungre heofeð, nales þæt heafe bewindeð,
150	ne huru wæl wepeð wulf se græga,
	morþorcwealm mæcga, ac hit a mare wille.
15	Wræd sceal wunden, wracu heardum men.
153	Boga sceal stræle — sceal bam gelic
	mon to gemæccan. Maþþum oþres weorð,
18	gold mon sceal gifan. Mæg god syllan
156	eadgum æhte ond eft niman.
	Sele sceal stondan, sylf ealdian.
21	Licgende beam læsest groweð.
159	Treo sceolon bræden ond treow weaxan,
	sio geond bilwitra breost ariseð.
24	Wærleas mon ond wonhydig,
162	ætrenmod ond ungetreow,

---

1 *MS* RæD. *The right hand half of the preceding line is blank. The ascender of the capital letter stands in the margin and the rest of it intrudes into the first three lines of the text; initials: 54 mm, 9 mm and 9mm.*
2 lofes] *MS* leofes. gearnian] *Final* n *was added as an afterthought — its first minim crosses the tail of the preceding* a.
7 wel] *This is followed by an erasure (38 mm in length).*
8 mon / fereð] *91v begins.*
16 bam] *This is over an erasure.*

þæs ne gymeð god.

27 Fela sceop meotud þæs þe fyrn gewearð,   het siþþan swa forð
                                                        wesan.
165 Wæra gehwylcum wislicu   word gerisað,
       gleomen gied   ond guman snyttro.
30 Swa monige beoþ men ofer eorþan,   swa beoþ
                                        modgeþoncas —
168 ælc him hafað sundorsefan.
       Longað þonne þy læs   þe him con leoþa worn,
33 oþþe mid hondum con   hearpan gretan —
171 hafaþ him his gliwes giefe,   þe him god sealde.
       Earm biþ se þe sceal   ana lifgan —
36 wineleas wunian   hafaþ him wyrd geteod;
174 betre him wære þæt he broþor ahte,   begen hi anes monnes,
92r eorles eaforan wæran,   gif hi sceoldan eofor onginnan
39 oþþe begen beran —   biþ þæt sliþhende deor.
177 A scyle þa rincas   gerædan lædan
       ond him ætsomne swefan;
42 næfre hy mon tomælde,
180 ær hy deað todæle.
       Hy twegen sceolon tæfle ymbsittan,   þenden him hyra torn
                                                        toglide,
45 forgietan þara geocran gesceafte,   habban him gomen on borde;
183 idle hond æmetlan geneah tæfles monnes,   þonne teoselum
                                                        weorþeð,
       seldan in sidum ceole,   nefne he under segle yrne.
48 Werig sceal se wiþ winde roweþ;   ful oft mon wearnum tihð
186 eargne þæt he elne forleose —   drugað his ar on borde.
       Lot sceal mid lyswe   list mid gedefum;
51 þy weorþeð se stan forstolen.
189 Oft hy wordum toweorpað,
       ær hy bacum tobreden.

---

27 sceop] eop *is over an erasure.*
28 gerisað] að *is squeezed in (curving downwards).*
38 eorles] *MS* eorle.   eaforan / wæran] *92r begins.*
42 mon tomælde] *MS* mon to mon to mædle.

54   Geara is hwær aræd —

192   wearð fæhþo fyra cynne,   siþþan furþum swealg

        eorðe Abeles blode. Næs þæt andæge nið —

57   of þam wrohtdropan   wide gesprungon,

195   micel mon ældum,   monegum þeodum

        bealoblonden niþ. Slog his broðor swæsne

60   Cain, þone cwealm nerede; cuþ wæs wide siþþan,

198   þæt ece nið ældum scod,   swa aþolwarum,

        drugon wæpna gewin   wide geond eorþan,

63   ahogodan ond ahyrdon   heoro sliþendne.

201   Gearo sceal guðbord,   gar on sceafte,

        ecg on sweorde   ond ord spere,

66   hyge heardum men. Helm sceal cenum,

92v   ond a þæs heanan hyge   hord unginnost.

---

54 geara] *accented.* aræd] æ *accented.*
55 wearð] Wynn *is followed by an erased letter, and* a *is altered from* r. *The high position of the* e *suggests that the scribe was intending to write* wærð, *when he corrected himself.*
58 mon] *accented.*
59 broðor] *MS* bro *at the end of the line with* swæsne *beginning the next.*
67 a] *accented.* a / þæs] *92v begins. Punctuation:* :⁊

The Order of the World

Wilt þu, fus hæle,   fremdne monnan,
wisne woðboran   wordum gretan,
3   fricgan felageongne   ymb forðgesceaft,
biddan þe gesecge   sidra gesceafta
cræftas cyndelice   cwichrerende,
6   þa þe dogra gehwam   þurh dom godes
bringe wundra fela   wera cneorissum.
Is þara anra gehwam   orgeate tacen,
9   þam þurh wisdom   woruld ealle con
behabban on hreþre,   hycgende mon,
þæt geara iu,   gliwes cræfte,
12   mid gieddingum   guman oft wrecan,
rincas rædfæste;   cuþon ryht sprecan,
þæt a fricgende   fira cynnes
15   ond secgende   searoruna gespon
a gemyndge mæst   monna wiston.
Forþon scyle ascian,   se þe on elne leofað,
18   deophydig mon,   dygelra gesceafta,
bewriten in gewitte   wordhordes cræft,
fæstnian ferðsefan,   þencan forð teala;
21   ne sceal þæs aþreotan   þegn modigne,
þæt he wislice   woruld fulgonge.
Leorna þas lare.   Ic þe lungre sceal

---

1 *MS* WILT. *Approximately one third of the preceding line (on the right hand side) is blank. The ascender of the initial stands in the margin and its pointed bow intrudes into the first three lines of the text; initials: 65 mm and 8 mm (for* ILT*).*
6 dogra] *MS* wundra.   dom] *accented.*
9 wisdom] o *accented.*
11 þæt] *This word appears at first to be over an erasure, but closer examination shows that there is a rough area of parchment extending down the right hand side of the folio creating this (false) impression.*
14 a] *accented.*
17 þe] *This is followed by an erasure (2-3 letters; 10 mm).*
19 bewriten] *see commentary.*

24 meotudes mægensped maran gesecgan,
  þonne þu hygecræftig in hreþre mæge
  mode gegripan. Is þin meaht forswiþ?

27 Nis þæt monnes gemet moldhrerendra,
  þæt he mæge in hreþre his heah geweorc
  furþor aspyrgen þonne him frea sylle

93r to ongietanne godes agen bibod;
  ac we sculon þoncian þeodne mærum
  awa to ealdre, þæs þe us se eca cyning

33 on gæste wlite forgiefan wille
  þæt we eaðe magon upcund rice
  forð gestigan, gif us on ferðe geneah

36 ond we willað healdan heofoncyninges bibod.
  Gehyr nu þis herespel ond þinne hyge gefæstna.
   Hwæt, [on] frymþe gescop fæder ælmihtig,

39 heah hordes weard, heofon ond eorðan,
  sæs sidne grund, sweotule gesceafte,
  þa nu in þam þream þurh þeodnes hond

42 heaþ ond hebbaþ þone halge blæd.
  Forþon eal swa teofanade, se þe teala cuþe,
  æghwylc wiþ oþrum; sceoldon eal beran

45 stiþe stefnbyrd, swa him se steora bibead
  missenlice gemetu þurh þa miclan gecynd.
  Swa hi to worulde wlite forþ berað

48 dryhtnes duguþe ond his dæda þrym,
  lixende lof in þa longan tid,
  fremmaþ fæstlice frean ece word

51 in þam frumstole þe him frea sette,
  hluttor heofones weard, healdað georne

---

29 aspyrgen] a *accented; see commentary.*
30 agen / bibod] *93r begins.*
38 on] *add. ed.*
39 eorðan] a *is altered from* e *(here, as in line 55, the scribe has not bothered to scrape away any parts of the* a, *as he often does — cf.* secgað, Panther, *line 20 note).*
42 halge] *see commentary.*
46 gecynd] *MS* gemynd.

        mere gemære;   meaht forð tihð
54   heofoncondelle   ond holmas mid,
        laþað ond lædeþ   lifes agend
        in his anes fæþm   ealle gesceafta.
57   Swa him wideferh   wuldor stondeþ,
        ealra demena   þam gedefestan,
        þe us þis lif gescop,   ond þis leohte beorht
60   cymeð morgna gehwam   ofer misthleoþu
        wadan ofer wægas   wundrum gegierwed
        ond mid ærdæge   eastan snoweð
63   wlitig ond wynsum   wera cneorissum;
93v   lifgendra gehwam   leoht forð biereð
        bronda beorhtost,   ond his brucan mot
66   æghwylc on eorþan,   þe him eagna gesihð
        sigora soðcyning   syllan wolde.
        Gewiteð þonne mid þy wuldre   on westrodor
69   forðmære tungol   faran on heape,
        oþþæt on æfenne   ut garsecges
        grundas pæþeð,   glom oþer cigð;
72   niht æfter cymeð,   healdeð nydbibod
        halgan dryhtnes.   Heofontorht swegl
        scir gescyndeð   in gesceaft godes
75   under foldan fæþm,   farende tungol.
        Forþon nænig fira   þæs frod leofað
        þæt his mæge æspringe   þurh his ægne sped witan,
78   hu geond grund færeð   goldtorht sunne
        in þæt wonne genip   under wætra geþring,
        oþþe hwa þes leohtes   londbuende
81   brucan mote,   siþþan heo ofer brim hweorfeð.

---

55 lædeþ] e *is altered from* a.
64 cneorissum / lifgendra] *93v begins.*
70 garsecges] *MS* gar seces, *with* g *squeezed in below the line of writing in a smaller script (by the same hand) after* c.
71 glom] *accented.*   oþer] *accented.*
73 swegl] g *is squeezed in in a smaller script and is over an erasure.*
77 witan] witeð.
78 grund] g *is over an erased letter.*
80 þes] e *is hooked.*

Forþon swa teofenede, se þe teala cuþe,
dæg wiþ nihte, deop wið hean,

84 lyft wið lagustream, lond wiþ wæge,
flod wið flode, fisc wið yþum.

Ne waciað þas geweorc ac he [hi] wel healdeð;

87 stondeð stiðlice bestryþed fæste
miclum meahtlocum in þam mægenþrymme
mid þam sy ahefed heofon ond eorþe.

90 Beoð þonne eadge þa þær in wuniað,
hyhtlic is þæt eorðwerud. Þæt is herga mæst,
eadigra unrim, engla þreatas —

93 hy geseoð symle hyra sylfra cyning,
eagum on wlitað, habbað æghwæs genoh;

94r nis him wihte won, þam þe wuldres cyning

96 geseoþ in swegle; him is symbel ond dream
ece unhwylen eadgum to frofre.

Forþon scyle mon gehycgan þæt he meotude hyre;

99 æghwylc ælda bearna forlæte idle lustas,
læne lifes wynne, fundige him to lissa blisse,
forlæte heteniþa gehwone sigan

102 mid synna fyrnum, fere him to þam sellan rice.

---

86 hi] add. ed. healdeð] aldeð is over an erasure.
87 stondeð] see commentary.
89 ahefed] a accented.
90 wuniað] ð is over the tail of the preceding a and in the right margin, indicating that it was added by the scribe as an afterthought.
91 eorðwerud] MS eorð werud, for heorðwerud; see commentary.
94 genoh] h is over an erased letter.
95 nis / him] 94r begins.
97 eadgum] a is altered from g.
99 forlæte] r is over an erased letter.
102 Punctuation: :7

The Riming Poem

    Me lifes onlah   se þis leoht onwrah,
    ond þæt torhte geteoh,   tillice onwrah.
3   Glæd wæs ic gliwum,   glenged hiwum,
    blissa bleoum,   blostma hiwum.
    Secgas mec segon,   symbel ne alegon,
6   feorhgiefe gefegon;   frætwed wægum
    wic ofer wongum   wennan gongum,
    lisse mid longum   leoma getongum.
9   Þa wæs wæstmum aweaht,   world onspreht,
    under roderum areaht,   rædmægne oferþeaht.
    Giestas gengdon,   gerscype mengdon,
12   lisse lengdon,   lustum glengdon.
    Scrifen scrad glad   þurh gescad in brad,
    wæs on lagustreame lad,   þær me leoþu ne biglad.
15   Hæfde ic heanne had,   ne wæs me in healle gad,
    þæt þær rof weord rad.   Oft þær rinc gebad,
    þæt he in sele sæge   sincgewæge,
18   þegnum geþyhte.   Þenden wæs ic [in] mægen,
    horsce mec heredon,   hilde generedon,
    fægre feredon,   feondon biweredon.

---

1 *MS* ME. *The line before this poem is blank except for the last words of the previous poem,* -lan rice, *written at the left hand side of the page. The large capital, which has uncial form, letter intrudes to varying degrees into the first three manuscript lines of the text; initials: 33 mm and 10 mm.*   onlah] on *is over an erasure.*
4 blostma] m *is over an erased letter.*
6 wægum] see commentary.
7 wic] *For* wicg — see commentary.
12 glengdon] g *is altered from* t.
13 scrad] d *is altered from* ð *(the lower portion of the hairline crossbar is still visible).*
15 had] *accented.*   gad] *accented;* d *has the form of an* ð *(as does that of* gebad *in the next line).*
16 rad] *accented.*   gebad] *accented.*
18 ic in maegen] *MS* ic mægen.

94v Swa mec hyhtgiefu heold, hygedryht befeold,
  staþolæhtum steold, stepegongum weold
  swylce eorþe ol, ahte ic ealdorstol,
24 galdorwordum gol. Gomen sibbe ne ofoll,
  ac wæs gefest gear, gellende sner,
  wuniendo wær wilbec bescær.
27 Scealcas wæron scearpe, scyl wæs hearpe,
  hlude hlynede, hleoþor dynede,
  sweglrad swinsade, swiþe ne minsade.
30 Burgsele beofode, beorht hlifade,
  ellen eacnade, ead beacnade,
  freaum frodade, fromum godade,
33 mod mægnade, mine fægnade,
  treow telgade, tir welgade,
  blæd blissade,
36 gold gearwade, gim hwearfade,
  sinc searwade, sib nearwade.
   From ic wæs in frætwum, freolic in geatwum;
39 wæs min dream dryhtlic, drohtað hyhtlic.
  Foldan ic freoþode, folcum ic leoþode,
  lif wæs min longe, leodum in gemonge,
42 tirum getonge, teala gehonge.
   Nu min hreþer is hreoh, heowsiþum sceoh,
  nydbysgum neah; gewiteð nihtes in fleah
45 se ær in dæge wæs dyre. Scriþeð nu deop [in] feore
  brondhord geblowen breostum in forgrowen,
  flyhtum toflowen. Flah is geblowen

---

21 hyht- / giefu] *94v begins.*
22 steold] *MS* steald.
24 gomen] *MS* gomel. ne] *accented.* ofoll] *2nd* o *accented.*
26 wær] *accented.*
29 sweglrad] a *accented.*
33 mod] *accented.*
34 tir] *accented.*
35 blæd] *accented.*
36 hwearfade] f *is altered from* s — *there is a second ascender superimposed on the first that is shorter and in a darker ink.*
45 in] *add. ed.* feore] *MS* feor.

48   miclum in gemynde;   modes gecynde
       greteð ungrynde   grorn efenpynde,
       bealofus byrneð,   bittre toyrneð.
51   Werig winneð,   widsið onginneð,
       sar ne sinniþ,   sorgum cinnið,
       blæd his blinnið,   blisse linnið,
54   listum linneð,   lustum ne tinneð.
95r   Dreamas swa her gedreosað,   dryhtscype gehreosað,
       lif her men forleosað,   leahtras oft geceosað;
57   treowþrag is to trag,   seo untrume genag,
       steapum eatole misþah,   ond eal stund genag.
       Swa nu world wendeþ,   wyrde sendeþ,
60   ond hetes henteð,   hæleþe scyndeð.
       Wencyn gewiteð,   wælgar sliteð,
       flahmah fliteþ,   flan mon hwiteð,
63   borgsorg biteð,   bald ald þwiteþ,
       wræcfæc wriþað,   wraþ að smiteþ,
       singryn sidað,   searofearo glideþ,
66   gromtorn græfeþ,   græf [hæft] hafað,
       searohwit solaþ,   sumurhat colað,
       foldwela fealleð,   feondscipe wealleð,
69   eorðmægen ealdaþ,   ellen colað.
       Me þæt wyrd gewæf,   ond gehwyrft forgeaf,
       þæt ic grofe græf,   ond þæt grimme scræf
72   flean flæsce ne mæg,   þonne flanhred dæg

---

49 grorn] *1st* r *is altered from* n *by extending its 1st minim below the line.*
52 sar] *accented.*
53 linnið] *MS* linnað.
55 tinneð / dreamas] *95r begins.*
58 genag] g *is over an erased letter.*
61 wælgar] a *accented.*
62 mon] *For* man; *see commentary.*
63 borgsorg] *MS* burg sorg.
64 wraþ] *accented.* að] *accented;* ð *is altered from* d — *it has the form of* d.
65 singryn] *MS* singrynd.   searofearo] *MS* sæcra fearo.
66 græf] *MS* græft.   hæft] *add. ed. Though there is no gap in the manuscript, it is clear that some text has been left out at this point* — *see commentary.*
70 gehwyrft] *MS* gehwyrt.
71 scræf] *MS* græf.
72 flanhred] e *is over an erased letter.*

nydgrapum nimeþ,   þonne seo neaht becymeð
seo me eðles ofonn   ond mec her heardes onconn.
75   Þonne lichoma ligeð,   lima wyrm friteþ,
ac him wenne gewigeð   ond þa wist geþygeð,
oþþæt beoþ þa ban   [gebrosnad on] an,
78   ond æt nyhstan nan   nefne se neda tan
balawun her gehloten.   Ne biþ se hlisa adroren.
Ær þæt eadig geþenceð,   he hine þe oftor swenceð,
81   byrgeð him þa bitran synne,   hogaþ to þære betran wynne,
gemon morþa lisse,   þær sindon miltsa blisse
hyhtlice in heofona rice.   Uton nu halgum gelice
84   scyldum biscyrede   scyndan generede,
95v   wommum biwerede,   wuldre generede,
þær moncyn mot   for meotude rot
87   soðne god geseon,   ond aa in sibbe gefean.

---

73 neaht] *MS* neah.
74 ofonn] *MS* on fonn, *with two accents.*   heardes] *For* eardes; *see commentary.*   onconn] *MS* on conn, *with two accents.*
77 ban] *accented.*   an] *accented. Though there is no gap in the manuscript, it is clear that some text has been left out at this point — see commentary.*
78 nan] *accented.*
79 balawun] *see commentary.*   gehloten] *MS* ge hlotene.
82 þær] *MS* her.
83 nu] *accented.*
85 wuldre / generede] *95v begins.*
87 aa] *accented. Punctuation:* :7

The Panther

Monge sindon geond middangeard
unrimu cynn, þe we æþelu ne magon
3   ryhte areccan ne rim witan;
þæs wide sind geond world innan
fugla ond deora foldhrerendra
6   wornas widsceope, swa wæter bibugeð
þisne beorhtan bosm brim grymetende
sealtyþa geswing. We bi sumum hyrdon
9   wrætlice gecynd wildra secgan
firum freamærne feorlondum on
eard weardian, eðles neotan
12   æfter dunscrafum. Is þæt deor pandher
bi noman haten, þæs þe niþþa bearn,
wisfæste weras on gewritum cyþað
15   bi þam anstapan. Se is æghwam freond,
duguða estig, butan dracan anum,
þam he in ealle tid ondwrað leofaþ
18   þurh yfla gehwylc þe he geæfnan mæg.
Ðæt is wrætlic deor, wundrum scyne
hiwa gehwylces; swa hæleð secgað,
21   gæsthalge guman, þætte Iosephes

1 *MS* MONge. *The last six words of the previous poem are written at the right hand side of the line preceding this text, leaving more than half of it blank to help offset the beginning of the new poem. The large capital is half in the margin; initials: 19 mm and 8 mm each for* ON. *There are four drypoint etchings down the left hand margin, two initial* Ps *(the top one being decorated with burgeoning foliation) and two draped hands pointing downwards.*
4 world] *MS* worl.
10 on] *accented.*
12 dunscrafum] *1st* u *accented and* a *is altered from* u.
13 bearn] *MS* beard.
14 cyþað] *MS* cyþan.
15 anstapan] *1st* a *accented.* æghwam] *MS* æthwam.
19 deor] *accented.*
20 secgað] a *is altered from* e *(the tongue has been scraped away).*
21 guman] um *is over an erasure.*

tunece wære telga gehwylces
bleom bregdende, þara beorhtra gehwylc
24 æghwæs ænlicra oþrum lixte
dryhta bearnum, swa þæs deores hiw,
blæc brigda gehwæs, beorhtra ond scynra
27 wundrum lixeð, þætte wrætlicra
æghwylc oþrum, ænlicra gien
ond fægerra frætwum bliceð,
30 symle sellicra. He hafað sundorgecynd,
milde, gemetfæst. He is monþwære,
96r lufsum ond leoftæl, nele laþes wiht
33 ængum geæfnan butan þam attorsceaþan,
his fyrngeflitan, þe ic ær fore sægde.
Symle fylle fægen, þonne foddor þigeð,
36 æfter þam gereordum ræste seceð
dygle stowe under dunscrafum;
ðær se þeodwiga þreonihta fæc
39 swifeð on swefote, slæpe gebiesgad.
Þonne ellenrof up astondeð,
þrymme gewelgad, on þone þriddan dæg,
42 sneome of slæpe. Sweghleoþor cymeð,
woþa wynsumast þurh þæs wildres muð.
Æfter þære stefne stenc ut cymeð
45 of þam wongstede, wynsumra steam,

---

24 oþrum] þrum *has a blurred appearance as if it was written on a damp spot after being corrected. However, the strokes of the letters also appear to be darker in the centre than towards the edges, as if they may have been freshened up by a darker pen.*
28 gien] *accented.*
32 monþwære / lufsum] *96r begins.*
33 ængum] *MS* ægnum.
34 sægde] *MS* sæde, *with* g *squeezed in below the line of writing in a smaller script (in the same hand).*
37 dunscrafum] *1st* u *accented.*
38 þeodwiga] *MS* þeoð wiga.
39 gebiesgad] *MS* ge biesgað.
41 gewelgad] *MS* gewelgað.
43 wynsumast] y *is altered from* i.

swettra ond swiþra   swæcca gehwylcum,
wyrta blostmum   ond wudubledum,
48   eallum æþelicra   eorþan frætwum.
Þonne of ceastrum   ond cynestolum
ond of burgsalum   beornþreat monig
51   farað foldwegum   folca þryþum,
eoredcystum,   ofestum gefysde,
dareðlacende;   deor efne swa some
54   æfter þære stefne   on þone stenc farað.
Swa is dryhten god,   dreama rædend,
eallum eaðmede   oþrum gesceaftum,
57   duguða gehwylcre,   butan dracan anum,
attres ordfruman.   Þæt is se ealda feond,
þone he gesælde   in susla grund,
60   ond gefetrade   fyrnum teagum,
biþeahte þreanydum,   ond þy þriddan dæge
of digle aras,   þæs þe he deað fore us
63   þreoniht þolade,   þeoden engla,
96v   sigora sellend.   Þæt wæs swete stenc,
wlitig ond wynsum   geond woruld ealle.
66   Siþþan to þam swicce   soðfæste men
on healfa gehwone   heapum þrungon
geond ealne ymbhwyrft   eorþan sceata.
69   Swa se snottra gecwæð   sanctus Paulus:
"Monigfealde sind   geond middangeard
god ungnyðe   þe us to giefe dæleð
72   ond to feorhnere   fæder ælmihtig,

---

46 swettra] *The scribe began an* st *ligature and then finished by making a* wynn
(note its unusually sharply angled bowl and flat top); compare the st *con-
figuration with those in* steam *(immediately preceding) and* swiþra *(just after it).*
48 frætwum] *MS* frætwa.
56 eaðmede] *Final* e *is added interlinearly (in a different hand) over an
expuncted* um.
59 grund] d *is altered from* ð — *the lower end of the hairline crossbar has not
been erased.*
62 aras] *with 2 accents.*
64 sellend / þæt] *96v begins.*
68 sceata] *MS* scea tan.
71 god] *accented.* ungnyðe] *MS* ungnyde.

ond se anga hyht ealra gesceafta,
uppe ge niþre." Þæt is æþele stenc.

---

74 *Punctuation:* :-7 *(the 7 has a diaeresis above it instead of ':' before it).*

The Whale

Nu ic fitte gen   ymb fisca cynn
wille woðcræfte   wordum cyþan
3   þurh modgemynd bi þam miclan hwale.
   Se bið unwillum   oft gemeted,
   frecne ond ferðgrim, fareðlacendum,
6   niþþa gehwylcum; þam is noma cenned,
   fyrnstreama geflotan, Fastitocalon.
   Is þæs hiw gelic   hreofum stane,   ·
9   swylce worie bi wædes ofre,
   sondbeorgum ymbseald, særyrica mæst,
   swa þæt wenaþ   wægliþende
12   þæt hy on ealond sum   eagum wliten,
   ond þonne gehydað   heahstefn scipu
   to þam unlonde oncyrrapum,
15   sælaþ sæmearas   sundes æt ende,
   ond þonne in þæt eglond   up gewitað
   collenferþe; ceolas stondað
18   bi staþe fæste, streame biwunden.
   Ðonne gewiciað   werigferðe,
   faroðlacende, frecnes ne wenað,
21   on þam ealonde   æled weccað,
   heahfyr ælað; hæleþ beoþ on wynnum,
97r   reonigmode, ræste geliste.
24   þonne gefeleð   facnes cræftig

---

1 *MS* NU. *This text is preceded by one blank line in the manuscript. There is a small cross (probably modern) in the left margin opposite this manuscript line. The large capital is half in the margin; initials: 20 mm and 8 mm.*
6 þam] *The scribe began an* æ, *but stopped half way through the curving upper stroke.*
14 unlonde] u *accented.*
15 sælaþ] *MS* setlaþ.
18 streame] *Final* e *has been altered from* a — *the scribe has not erased the tongue of* e.
23 ræste / geliste] *97r begins.*

þæt him þa ferend on   fæste wuniaþ,
wic weardiað   wedres on luste,
27   ðonne semninga   on sealtne wæg
mid þa noþe   niþer gewiteþ
garsecges gæst,   grund geseceð,
30   ond þonne in deaðsele   drence bifæsteð
scipu mid scealcum.
                    Swa biþ scinna þeaw,
deofla wise,   þæt hi drohtende
33   þurh dyrne meaht   duguðe beswicað,
ond on teosu tyhtaþ   tilra dæda,
wemað on willan,   þæt hy wraþe secen,
36   frofre to feondum,   oþþæt hy fæste ðær
æt þam wærlogan   wic geceosað.
Þonne þæt gecnaweð   of cwicsusle
39   flah feond gemah,   þætte fira gehwylc
hæleþa cynnes   on his hringe biþ
fæste gefeged,   he him feorgbona
42   þurh sliþen searo   siþþan weorþeð,
wloncum ond heanum,   þe his willan her
firenum fremmað;   mid þam he færinga,
45   heoloþhelme biþeaht,   helle seceð,
goda geasne,   grundleasne wylm
under mistglome,   swa se micla hwæl,
48   se þe bisenceð   sæliþende
eorlas ond yðmearas.
                    He hafað oþre gecynd,
wæterþisa wlonc,   wrætlicran gien.
51   Þonne hine on holme   hungor bysgað
ond þone aglæcan   ætes lysteþ,
ðonne se mereweard   muð ontyneð,
54   wide weleras;   cymeð wynsum stenc

---

29 garsecges] a *accented.*
38 þonne] on *is over an erasure.*
48 bisenceð] *MS* bisen ceð, *with* en *over an erasure.* sæliþende] æ *accented.*
50 gien] *accented.*

of his innoþe, þætte oþre þurh þone,
sæfisca cynn, beswicen weorðaþ,
57 swimmað sundhwate þær se sweta stenc
ut gewitað. Hi þær in farað
97v unware weorude, oþþæt se wida ceafl
60 gefylled bið; þonne færinga
ymbe þa herehuþe hlemmeð togædre
grimme goman. Swa biþ gumena gehwam,
63 se þe oftost his unwærlice
on þas lænan tid lif bisceawað,
læteð hine beswican þurh swetne stenc,
66 leasne willan, þæt he biþ leahtrum fah
wið wuldorcyning. Him se awyrgda ongean
æfter hinsiþe helle ontyneð,
69 þam þe leaslice lices wynne
ofer ferhðgereaht fremedon on unræd.
Þonne se fæcna in þam fæstenne
72 gebroht hafað, bealwes cræftig,
æt þam edwylme þa þe him on cleofiað,
gyltum gehrodene, ond ær georne his
75 in hira lifdagum larum hyrdon,
þonne he þa grimman goman bihlemmeð
æfter feorhcwale fæste togædre,
78 helle hlinduru; nagon hwyrft ne swice,
utsiþ æfre, þa þær in cumað,
þon ma þe þa fiscas faraðlacende
81 of þæs hwæles fenge hweorfan motan.
Forþon is eallinga [* * *]

---

58 gewitað] *MS* ge witað, *with* a *altered from* e; *see commentary.*
59 unware / weorude] *97v begins.*
64 tid] *accented.* bisceawað] ð *is altered from* d *(by adding a crossbar — it has the form of* d*).*
66 fah] *accented.*
67 ongean] o *accented.*
70 ofer] *This is followed by an erased letter.* ferhðgereaht] *MS* ferhtgereaht. unræd] æ *accented.*
82 *It is clear from the incomplete sense of this passage that at least one verse has been omitted here.*

dryhtna dryhtne, ond a deoflum wiðsace
84   wordum ond weorcum, þæt we wuldorcyning
geseon moton. Uton a sibbe to him
on þas hwilnan tid hælu secan,
87   þæt we mid swa leofne in lofe motan
to widan feore wuldres neotan.

---

83 dryhtne] *MS* dryhtene, *with 1st* e *expuncted.* a] *accented.*
85 a] *accented.*
88 *Punctuation:* :-:7

The Partridge

Hyrde ic secgan gen bi sumum fugle
wundorlicne [* * *]

---

1 *MS* HYRde. *This text is preceded by one blank line. The large capital is half in the margin; initials: 22 mm, 13 mm and 6.5 mm.*
2 *A folio (the conjugate of the present folio 91) is missing here.* wundorlice /]
98r begins.

Homiletic Fragment III

98r [* * *]   fæger,
þæt word þe gecwæð wuldres ealdor:

3   "In swa hwylce tiid swa ge mid treowe to me
on hyge hweorfað, ond ge hellfirena
sweartra geswicað, swa ic symle to eow

6   mid siblufan sona gecyrre
þurh milde mod. Ge beoð me siþþan
torhte tireadge talade ond rimde,

9   beorhte gebroþor on bearna stæl."
    Uton we þy geornor gode oliccan,
firene feogan, friþes earnian,

12   duguðe to dryhtne, þenden us dæg scine,
þæt swa æþelne eardwica cyst
in wuldres wlite wunian motan. Finit.

---

1 *This fragment has been treated as the conclusion of* Partridge *by previous editors; see the headnotes to this poem and to* Panther *in the commentary.*
3 tiid] *accented.*
4 hellfirena] *The scribe originally wrote* hellfira. *He then altered* a *to* e *and added* na —*the tail of the original* a *crosses up over the 2nd minim of* n.
7 mod] *accented.*
14 *MS* motan:- FINIT:7

Soul and Body II

Huru, ðæs behofaþ   hæleþa æghwylc
þæt he his sawle sið   sylfa bewitige,
3   hu þæt bið deoplic   þonne se dead cymeð,
asundrað þa sibbe,   þa þe ær somud wæron,
lic ond sawle.   Long bið siþþan
6   þæt se gæst nimeð   æt gode sylfum
swa wite swa wuldor,   swa him in worulde ær
efne þæt eorðfæt   ær geworhte.
9   Sceal se gæst cuman   gehþum hremig,
symle ymb seofon niht   sawle findan
þone lichoman   þe heo ær longe wæg,
12   þreo hund wintra,
butan ær wyrce   ece dryhten,
ælmihtig god,   ende worlde.
15   Cleopað þonne swa cearful   caldan reorde,
98v   spriceð grimlice   gæst to þam duste:
"Hwæt, drug þu dreorga,   to hwon dreahtest þu me,
18   eorþan fylnes? Eal forweornast,
lames gelicnes.   Lyt þu geþohtes
to won þinre sawle sið   siþþan wurde,
21   siþþan heo of lichoman   læded wære.
Hwæt, wite þu me, werga.   Hwæt, þu huru wyrma gifl
lyt geþohtes,   hu þis is long hider,

---

1 *MS* HURU ÐÆS BEHOFAþ. *This text is preceded by two blank lines and
its beginning is marked clearly by a full line of large capitals (a technique the
scribe uses to mark poem openings on eight other occasions in the manuscript).
The first three manuscript lines of text follow the curve of the bow of the capital
h; initials: 60 mm and 12 mm (for the rest of the line, except for the final* þ *which
has a descender and is 18 mm).*
4 asundrað] n *is over an erased letter.*
5 sawle] *MS* sawl.
8 geworhte] g *is over an erased letter.*
16 to / þam] *98v begins.*
17 drug þu] *MS* druguþu.
20 won] *For* hwon; *see commentary.*

24   ond þe þurh engel ufan of roderum
      sawle onsende þurh his sylfes hond,
      meotud ælmihtig, of his mægenþrymme,
27   ond þe þa gebohte blode þy halgan,
      ond þu me þy heardan hungre gebunde
      ond gehæftnadest helle witum.
30   [Eardode] ic þe in innan. No ic þe of meahte,
      flæsce bifongen, ond me firenlustas
      þine geþrungon. þæt me þuhte ful oft
33   þæt wære þritig þusend wintra
      to þinum deaðdæge. Hwæt, ic uncres gedales bad
      earfoðlice. Nis nu se ende to god.
36   Wære þu þe wiste wlonc ond wines sæd,
      þrymful þunedest, ond ic ofþyrsted wæs
      godes lichoman, gæstes drinces.
39   Þær þu þonne hogode her on life,
      þenden ic þe in worulde wunian sceolde,
      þæt þu wære þurh flæsc ond þurh firenlustas
42   stronge gestyred ond gestaþelad þurh me,
      ond ic wæs gæst on þe from gode sended,
      næfre þu me swa heardra helle wita
45   ned gearwode þurh þinra neoda lust.
      Scealt þu nu hwæþre minra gescenta scome þrowian
      on þam miclan dæge, þonne monna cynn
99r   se ancenda ealle gegædrað.
      Ne eart þu nu þon leofre nængum lifgendra,
      menn to gemæccan, ne medder ne fæder,

---

30 eardode] add. ed. The text of Soul and Body I (in the Vercelli Book) has
been used to reconstruct the text here and elsewhere.
32 þine] e has been squeezed in later between þin and geþrungon; there is a fine
insertion mark below it.
34 bad] accented.
40 wunian] Original m is altered to ni by scraping away its 2nd shoulder —
consequently, i lacks its usual serif at the top.
42 stronge] MS strong. me] MS mec, with c partly erased.
44 me] MS mec, with c partly erased.
45 ned] MS ne.
48 se / ancenda] 99r begins. ancenda] MS acenda, with a tiny n added above
and an insertion mark below.

51   ne nængum gesibbra, þonne se swearta hrefn,
      siþþan ic ana of þe ut siþade
      þurh þæs sylfes hond þe ic ær onsended wæs.
54   Ne magon þe nu heonan adon hyrste þa readan,
      ne gold ne sylfor ne þinra goda nan,
      ac her sculon abidan ban bireafod,
57   besliten seonwum, ond þe þin sawl sceal
      minum unwillan oft gesecan,
      wemman mid wordum, swa þu worhtest to me.
60   Eart þu dumb ond deaf, ne sindan þine dreamas wiht.
      Sceal ic þe nihtes seþeah nyde gesecan,
      synnum gesargad, ond eft sona from ðe
63   hweorfan on honcred, þonne halege menn
      gode lifgendum lofsong doð,
      secan þa hamas þe þu me ær scrife,
66   ond þa arleasan eardungstowe,
      ond þe sculon moldwyrmas monige ceowan,
      seonowum beslitan swearte wihte,
69   gifre ond grædge. Ne sindon þine geahþe wiht,
      þa þu her on moldan monnum eawdest.
      Forþon þe wære selle swiþe micle
72   þonne þe wæran ealle eorþan spede —
      butan þu hy gedælde dryhtne sylfum —
      þær þu wurde æt frumsceafte fugel oþþe fisc on sæ,
75   oððe eorþan neat ætes tiolode,
      feldgongende feoh butan snyttro,
      ge on westenne wildra deora
78   þæt grimmeste, þær swa god wolde,
      ge þeah þu wære wyrmcynna þæt wyrreste,

---

51 se] e *is over an erased letter (which had a descender).*
53 wæs] *This is added later and is written in a cramped style so that it would not extend too far into the right hand margin.*
54 þe] *MS* þec, *with* c *erased.*
55 nan] *accented.*
57 þe] *MS* þec, *with* c *partly erased.*
58 unwillan] u *accented.*
67 þe] *MS* þec, *with* c *partly erased.*
74 sæ] *accented.*

99v þonne þu æfre on moldan mon gewurde,

81 oþþe æfre fulwihte onfon sceolde.

Þonne þu for unc bu ondwyrdan scealt

on þam miclan dæge, þonne eallum monnum beoð

84 wunde onwrigene, þa þe in worulde ær

firenfulle menn fyrn geworhton,

ðonne wile dryhten sylf dæda gehyran,

87 æt ealra monna gehwam muþes reorde

wunde wiþerlean. Ac hwæt wilt þu þær

on domdæge dryhtne secgan?

90 þonne ne bið nænig to þæs lytel lið on lime geweaxen,

þæt þu ne scyle for æghwylc anra onsundran

ryht agieldan, ðonne reþe bið

93 dryhten æt dome. Ac hwæt do wit unc,

þonne he unc hafað geedbyrded oþre siþe?

Sculon wit þonne ætsomne siþþan brucan

96 swylcra yrmþa, swa þu unc ær scrife."

Firenaþ þus þæt flæschord, sceal þonne feran on weg,

secan helle grund, nales heofondreamas,

99 dædum gedrefed. Ligeð dust þær hit wæs,

ne mæg him ondsware ænige secgan,

ne þær edringe ænge gehatan

102 gæste geomrum geoce oþþe frofre.

Biþ þæt heafod tohliden, honda tohleoþode,

geaflas toginene, goman toslitene,

105 seonwe beoð asogene, sweora bicowen;

rib reafiað reþe wyrmas,

drincað hloþum hra, heolfres þurstge.

108 Bið seo tunge totogen on tyn healfe

hungrum to hroþor. Forþon heo ne mæg horsclice

wordum wrixlan wið þone wergan gæst.

---

80 æfre / on] *99v begins.*
82 bu] *accented.*
84 ær] *accented.*
89 domdæge] o *accented.*
94 he unc] *This is over an erasure.*
107 hra] *accented.*

100r Gifer hatte se wyrm,   þam þe geaflas beoð
      nædle scearpran.   Se geneþeð to
      ærest ealra   on þam eorðscræfe;
114   he þa tungan totyhð   ond þa toþas þurhsmyhð,
      ond þa eagan þurhiteð   ufon on þæt heafod
      ond to ætwelan   oþrum gerymeð,
117   wyrmum to wiste,   þonne biþ þæt werge
      lic acolad   þæt he longe ær
      werede mid wædum.   Bið þonne wyrmes giefl,
120   æt on eorþan.   Þæt mæg æghwylcum
      men to gemyndum   modsnotterra.

111 geaflas / beoð] *100r begins.*   geaflas] las *is written in the lower margin*
beneath geaf.
115 eagan] *MS* eaxan. *Lines 115 and 116 are transposed in the MS.*
116 gerymeð] y *is altered from* i.
121 modsnotterra] *1st* o *accented and* e *is altered from* r — *its descender is still*
visible.   Punctuation: :7

Deor

Welund him be wurman   wræces cunnade,
anhydig eorl   earfoþa dreag,
3   hæfde him to gesiþþe   sorge ond longaþ,
wintercealde wræce;   wean oft onfond,
siþþan hine Niðhad on   nede legde,
6   swoncre seonobende   on syllan monn.

þæs ofereode,   þisses swa mæg.

Beadohilde ne wæs   hyre broþra deaþ
9   on sefan swa sar   swa hyre sylfre þing —
þæt heo gearolice   ongieten hæfde
þæt heo eacen wæs;   æfre ne meahte
12   þriste geþencan,   hu ymb þæt sceolde.

þæs ofereode,   þisses swa mæg.

We þæt Mæðhilde monge frugnon —
15   wurdon grundlease   Geatas frige,
þæt him seo sorglufu   slæp ealle binom.

---

1 *MS* WElund. *The line preceding this poem is blank except for the part of the last word of the previous poem (* -terra*), written at the right hand side of the line. The text of the first four manuscript lines conforms to the shape of the bow of the large capital, which is very angular; initials: 64 mm and 12 mm. The scribe has marked the beginning of each verse of the poem with a large capital; these are positioned in the margin.*
7 *Punctuation:* :-:7
8 Beadohilde] *Initial: 16 mm.*
9 sar] *accented.*
12 geþencan] *2nd* n *is over an erased letter.*
13 *Punctuation:* :7
14 We] *Initial: 21 mm.   There is a small cross in the left margin next to* we, *and a similar sign before the first words of the next two stanzas.*   Mæðhilde] *MS* mæð hilde, *with* æð *over an erasure (which extends a little beyond the end of the word).*   frugnon] *MS* gefrugnon.
16 him] *MS* hi.

þæs ofereode, þisses swa mæg.

18 Ðeodric ahte þritig wintra
Mæringa burg — þæt wæs monegum cuþ.

þæs ofereode, þisses swa mæg.

21 We geascodan Eormanrices
100v wylfenne geþoht — ahte wide folc
Gotena rices. þæt wæs grim cyning.
24 Sæt secg monig sorgum gebunden,
wean on wenan, wyscte geneahhe
þæt þæs cynerices ofercumen wære.

27   þæs ofereode, þisses swa mæg.

Siteð sorgcearig, sælum bidæled,
on sefan sweorceð, sylfum þinceð
30 þæt sy endeleas earfoða dæl;
mæg þonne geþencan þæt geond þas woruld
witig dryhten wendeþ geneahhe,
33 eorle monegum are gesceawað
wislicne blæd, sumum weana dæl.
þæt ic bi me sylfum secgan wille,
36 þæt ic hwile wæs Heodeninga scop,
dryhtne dyre — me wæs Deor noma.

---

17 *Punctuation:* :7
18 Ðeodric] *Initial: 13 mm.*
20 *Punctuation:* :-:7
21 We] *Initial: 17 mm.*
22 wide / folc] *100v begins.*
27 *Punctuation:* :7-- *The h-rune (or perhaps a capital N) is incised 6 mm after the dash and there is a part of another letter visible above it (o?); there is no way of establishing when these were added to the manuscript and they appear to have nothing to do with the text.*
28 siteð] *Initial: 13 mm.*
30 earfoða] *MS earfoda.*

ahte ic fela wintra folgað tilne,
39   holdne hlaford, oþþæt Heorrenda nu,
leoðcræftig monn, londryht geþah
þæt me eorla hleo ær gesealde.

42   Þæs ofereode, þisses swa mæg.

---

39 nu] *accented.*
42 *Punctuation:* :7

Wulf and Eadwacer

Leodum is minum   swylce him mon lac gife;
willað hy hine aþecgan,   gif he on þreat cymeð.

3   Ungelic is us.

Wulf is on iege,   ic on oþerre.
Fæst is þæt eglond,   fenne biworpen.
6   Sindon wælreowe   weras þær on ige;
willað hy hine aþecgan,   gif he on þreat cymeð.

Ungelice is us.

9   Wulfes ic mines widlastum   wenum hogode;
þonne hit wæs renig weder   ond ic reotugu sæt,
þonne mec se beaducafa   bogum bilegde,
12   wæs me wyn to þon,   wæs me hwæþre eac lað.
Wulf, min Wulf,   wena me þine
101r seoce gedydon,   þine seldcymas,
15   murnende mod,   nales meteliste.
Gehyrest þu, Eadwacer ?   Uncerne earmne hwelp
bireð wulf to wuda.
18   Þæt mon eaþe tosliteð   þætte næfre gesomnad wæs —
uncer giedd geador.

---

1 *The line preceding this text is blank except for the last few words of the previous text (-ses swa mæg), which are written at the right side of the line. The capital here is unremarkable, and suggests that the scribe perhaps did not recognise this as the beginning of a new text; initial: 23 mm.*   lac] *accented.*
3 us] *accented.*
9 hogode] *MS* dogode.
14 þine / seldcymas] *101r begins.*
15 mod] *accented.*   nales] na *is over an erasure.*
16 earmne] *MS* earne.   hwelp] wel *is over an erasure.*
19 *Punctuation:* :7

Riddles

ONE

Hwylc is hæleþa þæs horsc ond þæs hygecræftig
þæt þæt mæge asecgan, hwa mec on sið wræce,
3   þonne ic astige strong, stundum reþe,
þrymful þunie, þragum wræce
fere geond foldan, folcsalo bærne,
6   ræced reafige? Recas stigað,
haswe ofer hrofum. Hlyn bið on eorþan,
wælcwealm wera, þonne ic wudu hrere,
9   bearwas bledhwate, beamas fylle,
holme gehrefed, heahum meahtum
wrecan on waþe, wide sended;
12   hæbbe me on hrycge þæt ær hadas wreah
foldbuendra, flæsc ond gæstas,
somod on sunde. Saga hwa mec þecce,
15   oþþe hu ic hatte, þe þa hlæst bere.

1.1 *The line preceding this poem is blank except for the last word of the previous
text, which is written at the right side of the space. The bow of the large initial
intrudes into the text; initial: 33 mm. The scribe has not made any special effort to
mark the beginning of individual riddles by leaving a blank line before them —
the exception is number 40, which is much longer than the others. However,
nearly all the texts begin with a large initial (the height of each large initial is given
in brackets in millimetres at the beginning of each poem). It is not uncommon for
the letter(s) following the initial to be slightly larger than the normal script.*
[*ASPR* - 1, W - 1.1-15]
3 stundum] nd *is over an erasure.*
7 hrofum] h *is altered from* n, *and* r *from* f *(the original* n, *however, seems
also to have been altered from a letter with a short descender (*r?*) — clearly the
scribe had trouble with this word).* hlyn] y *is written above* i *(in a tiny script).*
10 heahum] *MS* heanum.
11 wrecan] *see commentary.*
15 wrugon / hwilum] *Punctuation:* :- *See the headnote to* Riddles 1-59 *in the
commentary for a discussion of the paleographical and textual problems associ-
ated with* Riddles 1-3.

TWO

Hwilum ic gewite, swa ne wenaþ men,
under yþa geþræc eorþan secan,
3   garsecges grund. Gifen biþ gewreged,
fam gewealcen;
hwælmere hlimmeð, hlude grimmeð,
6   streamas staþu beatað, stundum weorpaþ
on stealc hleoþa stane ond sonde,
ware ond wæge, þonne ic winnende,
9   holmmægne biþeaht, hrusan styrge,
side sægrundas. Sundhelme ne mæg
losian ær mec læte se þe min latteow bið
12   on siþa gehwam. Saga, þoncol mon,
hwa mec bregde of brimes fæþmum,
þonne streamas eft stille weorpað,
15   yþa geþwære, þe mec ær wrugon.

THREE

101v   Hwilum mec min frea fæste genearwað,
sendeð þonne under salwonges
3   bearm [þone] bradan, ond on bid wriceð,
þrafað on þystrum þrymma sumne,
hæste on enge þær me heord siteð
6   hruse on hrycge. Nah ic hwyrftweges

2.1 *The bow of the large initial (16 mm) intrudes into the first manuscript line of
the text.* [ASPR - 2, W - 1.16-30]
4 fam] *accented. Though this line lacks a b-verse, the text makes sense.*
10 sægrundas] æ *accented.*
15 wrugon / hwilum] *101v begins. This text does not end with one of the usual
configurations of punctuation marks; see the headnote to the commentary.*
3.1 *There is no large initial introducing this text, which begins at the top of a new
folio; see the commentary.* frea] *accented.* [ASPR - 3, W - 1.31-104]
2 salwonges] *MS* sal wonge.
3 þone] *add. ed.*
5 hæste] *MS* hætst.   siteð] *MS* sited, with* d *altered from* ð — *the lower part
of the crossbar remains.*

of þam aglace, ac ic eþelstol
hæleþa hreru; hornsalu wagiað,
9   wera wicstede, weallas beofiað,
steape ofer stiwitum. Stille þynceð
lyft ofer londe ond lagu swige,
12   oþþæt ic of enge up aþringe,
efne swa mec wisaþ se mec wræde on
æt frumsceafte furþum legde,
15   bende ond clomme, þæt ic onbugan ne mot
of þæs gewealde þe me wegas tæcneð.
     Hwilum ic sceal ufan yþa wregan,
18   [streamas] styrgan ond to staþe þywan
flintgrægne flod. Famig winneð
wæg wið wealle, wonn ariseð
21   dun ofer dype; hyre deorc on last,
eare geblonden, oþer fereð,
þæt hy gemittað mearclonde neah
24   hea hlincas. Þær bið hlud wudu,
brimgiesta breahtm; bidað stille
stealc stanhleoþu streamgewinnes,
27   hopgehnastes, þonne heah geþring
on cleofu crydeþ. Þær bið ceole wen
sliþre sæcce, gif hine sæ byreð
30   on þa grimman tid, gæsta fulne,
þæt he scyle rice birofen weorþan,
feore bifohten fæmig ridan
33   yþa hrycgum. Þær bið egsa sum

---

7 aglace] *MS* aglaca.
8 hreru] *MS* hrera.
12 aþringe] a *is added interlinearly in a smaller script, with an insertion mark below.*
16 tæcneð] æ *is altered from* a *(by adding a loop).*
18 streamas] *add. ed.* þywan] *MS* þyran.
19 winneð] *MS* winned, *with a crossbar added later — it has the body of* d.
22 oþer] þ *is over an erased letter.*
24 hea] *accented.*
32 bifohten] h *is altered from* n — *an original serif is still visible on the ascender.*

ældum geywed, þær þær ic yrnan sceal
strong on stiðweg. Hwa gestilleð þæt?
36   Hwilum ic þurhræse, þæt me on bæce rideð
102r won wægfatu, wide toþringe
lagustreama full, hwilum læte eft
39   slupan tosomne. Se bið swega mæst,
breahtma ofer burgum, ond gebreca hludast,
þonne scearp cymeð sceo wiþ oþrum,
42   ecg wið ecge; earpan gesceafte
fus ofer folcum fyre swætað,
blacan lige, ond gebrecu ferað
45   deorc ofer dreorgum gedyne micle,
farað feohtende, feallan lætað
sweart sumsendu seaw of bosme,
48   wætan of wombe. Winnende fareð
atol eoredþreat, egsa astigeð,
micel modþrea monna cynne,
51   brogan on burgum, þonne blace scotiað
scriþende scin scearpum wæpnum.
Dol him ne ondrædeð ða deaðsperu,
54   swylteð hwæþre, gif him soð meotud
on geryhtu þurh regn ufan
of gestune læteð stræle fleogan,
57   farende flan. Fea þæt gedygað,
þara þe geræceð rynegiestes wæpen.
Ic þæs orleges or anstelle,
60   þonne gewite wolcengehnaste
þurh geþræc þringan þrimme micle
ofer burnan bosm. Biersteð hlude

---

34 þær þær] MS þara þe. yrnan] MS hyran.
35 gestilleð] MS gestilled, *with a crossbar added later — it has the body of* d.
37 wægfatu / wide] *102r begins.*
45 dreorgum] MS dreontum.
49 atol] l *is altered from a minim — an original serif is visible half way up it.*
51 brogan] o *is altered from* a, *and* g *from* t.
53 him] h *is over an erased letter.*
56 læteð] e *is altered from* a.
62 burnan] MS byrnan.

63   heah hloðgecrod; þonne hnige eft
     under lyfte helm londe near,
     ond me [on] hrycg hlade þæt ic habban sceal,
66   meahtum gemagnad mines frean.
     Swa ic þrymful þeow þragum winne,
     hwilum under eorþan, hwilum yþa sceal
69   hean underhnigan, hwilum holm ufan
     streamas styrge, hwilum stige up,
     wolcnfare wrege, wide fere
102v swift ond swiþfeorm. Saga hwæt ic hatte,
     oþþe hwa mec rære, þonne ic restan ne mot,
     oþþe hwa mec stæðþe, þonne ic stille beom.

FOUR

     Ic sceal þragbysig þegne minum,
     hringan hæfted, hyran georne,
3   min bed brecan, breahtme cyþan
     þæt me halswriþan hlaford sealde.
     Oft mec slæpwerigne secg oðþe meowle
6   gretan eode; ic him gromheortum
     winterceald oncweþe. Wearm lim
     gebundenne bæg hwilum bersteð;
9   se þeah biþ on þonce þegne minum,
     medwisum men, me þæt sylfe,
     þær wiht wite, ond wordum min

---

65 on] *add. ed.*
66 gemagnad] *MS* ge manad.
69 hean] *MS* heah.
71 wolcnfare] *MS* wolcn fare, *with* n *followed by an erased letter.*
72 swiþfeorm / saga] *102v begins.*
74 *Punctuation:* :7
4.1 *The large initial (18 mm) is entirely in the margin.* [*ASPR* - 4, W - 2]
2 hringan] *see commentary.*
3 brecan] re *is over an erasure.*
5 meowle] m *is over an erased letter (which had a descender).*
8 hwilum] *MS* hwil um, *with* c *erased after* l.
11 min] *accented.*

12   on sped mæge   spel gesecgan.

FIVE

Ic eom anhaga   iserne wund,
bille gebennad,   beadoweorca sæd,
3   ecgum werig.   Oft ic wig seo,
frecne feohtan.   Frofre ne wene,
þæt mec geoc cyme   guðgewinnes,
6   ær ic mid ældum   eal forwurðe,
ac mec hnossiað   homera lafe,
heardecg heoroscearp,   ondweorc smiþa,
9   bitað in burgum;   ic abidan sceal
laþran gemotes.   Næfre læcecynn
on folcstede   findan meahte,
12   þara þe mid wyrtum   wunde gehælde,
ac me ecga dolg   eacen weorðað
þurh deaðslege   dagum ond nihtum.

---

12 *Punctuation:* :⁊
5.1 *The large initial (31 mm) is completely in the margin.*   [*ASPR* - 5, W - 3]
5 guðgewinnes] ð *is altered from* d *by adding a crossbar; it has the body of* d.
6 forwurðe] *MS* for wurde.
7 hnossiað] *2nd* s *is over an erased letter (which had a descender).*
8 ondweorc] *MS* ⁊ weorc, *for* hondweorc; *see commentary.*
14 *The s-rune (sigel) has been written in the blank space after the last words of this riddle; see commentary.*   *Punctuation:* :-:⁊

SIX

Mec gesette soð sigora waldend
Crist to compe. Oft ic cwice bærne
3   unrimu cyn eorþan getenge,
næte mid niþe, swa ic him no hrine,
þonne mec min frea feohtan hateþ.
6   Hwilum ic monigra mod arete,
103r hwilum ic frefre þa ic ær winne on
feorran swiþe; hi þæs felað þeah,
9   swylce þæs oþres, þonne ic eft hyra
ofer deop gedreag drohtað bete.

SEVEN

Hrægl min swigað, þonne ic hrusan trede,
oþþe þa wic buge, oþþe wado drefe.
3   Hwilum mec ahebbað ofer hæleþa byht
hyrste mine, ond þeos hea lyft,
ond mec þonne wide wolcna strengu
6   ofer folc byreð. Frætwe mine
swogað hlude ond swinsiað,
torhte singað, þonne ic getenge ne beom
9   flode ond foldan, ferende gæst.

6.1 *The large initial (18 mm), which has uncial form, is half in the margin; the 1st and 2nd manuscript lines of the text are indented to accommodate its rounded shape.* [ASPR - 6, W - 4]
7 winne / on] *103r begins.* on] *accented.*
10 bete] *MS* betan, *with* n *over an erased letter. The s-rune (sigel) has been written at the end of this line; see commentary. Punctuation:* :7
7.1 *The large initial (25 mm), which has the minuscule form with a rounded bow, is half in the margin.* [ASPR - 7, W - 5]
9 *The last two words of this riddle are on a separate line, preceded by a blank space in which (in early modern times?) a letter has been written; see commentary. Punctuation:* :7

EIGHT

Ic þurh muþ sprece   mongum reordum,
wrencum singe,   wrixle geneahhe
3   heafodwoþe,   hlude cirme,
healde mine wisan,   hleoþre ne miþe,
eald æfensceop,   eorlum bringe
6   blisse in burgum,   þonne ic bugendre
stefne styrme   stille on wicum
siteð nigende.   Saga hwæt ic hatte,
9   þe swa scirenige   sceawendwisan
hlude onhyrge,   hæleþum bodige
wilcumena fela   woþe minre.

NINE

Mec on þissum dagum   deadne ofgeafum
fæder ond modor;   ne wæs me feorh þa gen,
3   ealdor in innan.   Þa mec [an] ongon,
welhold mege,   wedum þeccan,
heold ond freoþode,   hleosceorpe wrah
6   swa arlice   swa hire agen bearn,
oþþæt ic under sceate,   swa min gesceapu wæron
ungesibbum wearð   eacen gæste.
9   Mec seo friþemæg   fedde siþþan,
oþþæt ic aweox,   widdor meahte

8.1 *The large initial (20 mm) is completely in the margin.*   [*ASPR* - 8, W - 6]
3 cirme] e *is over an erased letter.*
8 siteð] *see commentary.*   nigende] *For* hnigende; *see commentary.*
9 þe] *MS* þa.
11 wilcumena] *There is an insertion mark before* c, *but no letter has been added above.*   fela] a *is over an erased letter.*   *Punctuation:* :7
9.1 *The large initial (11 mm) is half in the margin.*   ofgeafum] *see commentary.*
[*ASPR* - 9, W - 7]
3 an] *add. ed.*
4 þeccan] *MS* weccan.
6 swa arlice] *MS* snearlice.

103v siþas asettan. Heo hæfde swæsra þy læs
12   suna ond dohtra, þy heo swa dyde.

TEN

Neb wæs min on nearwe, ond ic neoþan wætre,
flode underflowen, firgenstreamum
3   swiþe besuncen, ond on sunde awox
ufan yþum þeaht, anum getenge
liþendum wuda lice mine.
6   Hæfde feorh cwico, þa ic of fæðmum cwom
brimes ond beames on blacum hrægle;
sume wæron hwite hyrste mine,
9   þa mec lifgende lyft upp ahof,
wind of wæge, siþþan wide bær
ofer seolhbaþo. Saga hwæt ic hatte.

ELEVEN

Hrægl is min hasofag, hyrste beorhte,
reade ond scire on reafe [hafu].
3   Ic dysge dwelle ond dole hwette
unrædsiþas, oþrum styre
nyttre fore. Ic þæs nowiht wat
6   þæt heo swa gemædde, mode bestolene,

---

11 swæsra / þy] *103v begins.*
12 *Punctuation:* :7
10.1 *The large initial (10 mm) is half in the margin.* [*ASPR* - 10, W - 8]
7 hrægle] *MS* hrægl.
11 seolhbaþo] e *is over an erased letter (which had an ascender). Punctuation:* :7
11.1 *The 2nd vertical of the large initial (13 mm) intrudes into the text.*
[*ASPR* - 11, W - 9]
2 hafu] *add. ed.*
3 ic dysge] *MS* icdysge, *with an insertion mark after* ic, *though nothing has been added above.*
4 unrædsiþas] *see commentary.*

dæde gedwolene,　deoraþ mine
won wisan gehwam.　Wa him þæs þeawes,
9　siþþan heah bringeð　horda deorast,
gif hi unrædes　ær ne geswicaþ.

TWELVE

Fotum ic fere,　foldan slite,
grene wongas,　þenden ic gæst bere.
3　Gif me feorh losað,　fæste binde
swearte wealas,　hwilum sellan men.
Hwilum ic deorum　drincan selle
6　beorne of bosme;　hwilum mec bryd triedeð
felawlonc fotum;　hwilum feorran broht
wonfeax wale　wegeð ond þyð,
9　dol druncmennen　deorcum nihtum,
wæteð in wætre,　wyrmeð hwilum
fægre to fyre;　me on fæðme sticaþ
12　hygegalan hond,　hwyrfeð geneahhe,
104r　swifeð me geond sweartne.　Saga hwæt ic hatte
þe ic lifgende　lond reafige
15　ond æfter deaþe　dryhtum þeowige.

8　won] *accented.*　wa] *accented.*
9　bringeð] *see commentary.*
10　*Punctuation:* :-
12.1　*The large initial (24 mm) intrudes only slightly into the text.*　[*ASPR* - 12,
W - 10]
6　beorne] *MS* beorn.
13　saga / hwæt] *104r begins.*
15　*Punctuation:* :-:7

˒

THIRTEEN

Ic seah turf tredan, tien wæron ealra—
siex gebroþor ond hyra sweostor mid;
3   hæfdon feorg cwico. Fell hongedon
sweotol ond gesyne on seles wæge
anra gehwylces. Ne wæs hyra ængum þy wyrs,
6   ne side þy sarre, þeah hy swa sceoldon
reafe birofene, rodra weardes
meahtum aweahte, muþum slitan
9   haswe blede. Hrægl bið geniwad
þam þe ær forðcymene frætwe leton
licgan on laste, gewitan lond tredan.

FOURTEEN

Ic wæs wæpen wiga. Nu mec wlonc þeceð
geong hagostealdmon golde ond sylfore,
3   woum wirbogum. Hwilum weras cyssað;
hwilum ic to hilde hleoþre bonne
wilgehleþan; hwilum wycg byreþ
6   mec ofer mearce; hwilum merehengest
fereð ofer flodas frætwum beorhtne;
hwilum mægða sum minne gefylleð
9   bosm beaghroden; hwilum ic [on] bordum sceal,
heard, heafodleas, behlyþed licgan;
hwilum hongige hyrstum frætwed,
12   wlitig on wage þær weras drincað,

13.1 *The large initial (20 mm) is in the margin.* tien] *MS* X. [*ASPR* - 13, W - 11]
2 siex] *MS* VI.
6 sarre] *MS* sarra.
11 *Punctuation:* :⁊
14.1 *The large initial (18 mm) is in the margin.* wiga] *see commentary.* þeceð] ece *is over an erasure.* [*ASPR* - 14, W - 12]
9 on] *add. ed.*
12 þær] *This is followed by an erased minim.*

freolic fyrdsceorp; hwilum folcwigan
[on] wicge wegað, þonne ic winde sceal
15   sincfag swelgan of sumes bosme;
hwilum ic gereordum rincas laðige
wlonce to wine; hwilum wraþþum sceal
18   stefne minre forstolen hreddan,
104v flyman feondsceaþan. Frige hwæt ic hatte.

FIFTEEN

Hals is min hwit ond heafod fealo,
sidan swa some. Swift ic eom on feþe,
3   beadowæpen bere. Me on bæce standað
her swylce swe on leorum. Hlifiað tu
earan ofer eagum. Ordum ic steppe
6   in grenne græs. Me bið gyrn witod,
gif mec onhæle an onfindeð
wælgrim wiga, þær ic wic buge,
9   bold mid bearnum, ond ic bide þær
mid geoguðcnosle. Hwonne gæst cume
to durum minum, him biþ deað witod.
12   Forþon ic sceal of eðle eaforan mine
forhtmod fergan, fleame nergan,

14 on] *add. ed.*
17 wraþþum] *see commentary.*
19 hatte /] *104v begins.   There is no original punctuation at the end of this text.
However,* 7 *with a macron above it has been added 8 mm after* hatte *in lighter
ink.*
15.1 *The large initial (18 mm), which has a minuscule form, is half in the margin.
This poem begins at the top of a new folio.   [ASPR - 15, W - 13]*
2 swift] f *is altered from* s— *the loop of the tall* s *is still visible.*
4 swe on leorum] *MS* sweon leorum, *for* swe on hleorum; *see commentary.*
5 earan] *2nd* a *is altered from* u.
6 grenne] *see commentary.*
9 bold] *MS* blod.
13 nergan] *The scribe began with an* m, *but corrected himself and converted the
3rd minim to* e.

gif he me æfterweard ealles weorþeð;
15   hine breost berað. Ic his biddan ne dear,
repes on geruman — nele þæt ræd teale —
ac ic sceal fromlice feþemundum
18   þurh steapne beorg stræte wyrcan.
Eaþe ic mæg freora feorh genergan,
gif ic mægburge mot mine gelædan
21   on degolne weg þurh dunþyrel
swæse ond gesibbe; ic me siþþan ne þearf
wælhwelpes wig wiht onsittan.
24   Gif se niðsceaþa nearwe stige
me on swaþe seceþ ne tosæleþ him
on þam gegnpaþe guþgemotes,
27   siþþan ic þurh hylles hrof geræce,
ond þurh hest hrino hildepilum
laðgewinnum, þam þe ic longe fleah.

SIXTEEN

Oft ic sceal wiþ wæge winnan ond wiþ winde feohtan,
somod wið þam sæcce [fremman], þonne ic secan gewite
3   eorþan yþum þeaht; me biþ se eþel fremde.
105r Ic beom strong þæs gewinnes, gif ic stille weorþe;
gif me þæs tosæleð, hi beoð swiþran þonne ic,
6   ond mec slitende sona flymað,

14 æfterweard] d *is altered from* ð *by scraping away the crossbar* — *it has the body of* ð.
15 breost berað] *MS* berað breost. biddan] *see commentary.* ne] e *is over an erased letter.*
21 degolne] *1st* e *is altered from* o. dunþyrel] *MS* dum þyrel.
24 gif se] *MS* gifre.
29 fleah] h *is altered from* n — *there is a scraped area half way up the ascender, where the original serif was removed. Punctuation:* :7
16.1 *The large initial (13 mm) is half in the margin.* [*ASPR* - 16 W - 14]
2 fremman] *add. ed.*
4 ge- / winnes] *105r begins.*
6 flymað] *The scribe began a minim and finished by adapting it to form the* a— *the 1st stroke has a serif.*

willað opfergan þæt ic friþian sceal.
Ic him þæt forstonde gif min steort þolað
9 ond mec stiþne wiþ stanas moton
fæste gehabban. Frige hwæt ic hatte.

SEVENTEEN

Ic eom mundbora minre heorde,
eodor wirum fæst, innan gefylled
3 dryhtgestreona. Dægtidum oft
spæte sperebrogan; sped biþ þy mare
fylle minre. Freo þæt bihealdeð,
6 hu me of hrife fleogað hyldepilas.
Hwilum ic sweartum swelgan onginne
brunum beadowæpnum, bitrum ordum,
9 eglum attorsperum. Is min innað til,
wombhord wlitig, wloncum deore;
men gemunan þæt me þurh muþ fareð.

EIGHTEEN

Ic eom wunderlicu wiht — ne mæg word sprecan,
mældan for monnum, þeah ic muþ hæbbe,
3 wide wombe [* * *]

10 *The last three words of this riddle are on a separate line preceded by a blank space in which the l-rune (lagu) and the b-rune (beorc) have been written, the former above the latter; see commentary. Punctuation:* :7
17.1 *The large initial (17 mm) is in the margin.* [ASPR - 17, W - 15]
5 freo] *see commentary.*
8 brunum] n *is altered from* m *by erasing its first minim, leaving a small gap in the text.*
11 *Punctuation:* :-:7
18.1 *The large initial (30 mm) is in the margin.* wunderlicu] e *is altered from* o. [ASPR - 18, W - 16]
3 *Though there is no gap in the MS, it is clear that at least one verse is wanting here.*

Ic wæs on ceole   ond mines cnosles ma.

NINETEEN

Ic [on siþe] seah .**SRO**
H. hygewloncne, heafodbeorhtne,
3   swiftne ofer sælwong   swiþe þrægan.
Hæfde him on hrycge   hildeþryþe
.**NOM**. nægledne rad
6   .**AGEW**. Widlast ferede
rynestrong on rade   rofne .**CO**
FOAH. For wæs þy beorhtre,
9   swylcra siþfæt. Saga hwæt hit hatte.

TWENTY

Ic eom wunderlicu wiht,   on gewin sceapen,
105v frean minum leof,   fægre gegyrwed.
3   Byrne is min bleofag,   swylce beorht seomað
wir ymb þone wælgim   þe me waldend geaf,
se me widgalum   wisað hwilum
6   sylfum to sace.   Þonne ic sinc wege ·
þurh hlutterne dæg,   hondweorc smiþa,

---

4 *Punctuation:* :-:7
19.1 *The large initial (17 mm) is in the margin.*   on siþe] *add. ed.*   [*ASPR* -
19, W - 17]. *The uppercase letters* SRO, H, *etc. are runes.*
3 swiftne] *MS* swist ne.
9 hit] *MS* ic.   *Punctuation:* :7
20.1 *The large initial (18.5 mm) stands half in the margin.*   [*ASPR* - 20,
W - 18]
2 minum / leof] *105v begins.*   gegyrwed] *2nd g is over an erased letter (which
had a descender).*
3 seomað] *MS* seo / mad, *with a hairline crossbar added subsequently — it has
the body of* d.
4 wir] *accented.*
7 smiþa] a *is altered from* e *(its medial arm has been erased).*

gold ofer geardas.　Oft ic gæstberend
9　　cwelle compwæpnum.　Cyning mec gyrweð
since ond seolfre　ond mec on sele weorþað;
ne wyrneð wordlofes,　wisan mæneð
12　　mine for mengo,　þær hy meodu drincað,
healdeð mec on heaþore,　hwilum læteð eft
radwerigne　on gerum sceacan,
15　　orlegfromne.　Oft ic oþrum scod
frecne æt his freonde;　fah eom ic wide,
wæpnum awyrged.　Ic me wenan ne þearf
18　　þæt me bearn wræce　on bonan feore,
gif me gromra hwylc　guþe genægeð;
ne weorþeð sio mægburg　gemicledu
21　　eaforan minum　þe ic æfter woc,
nymþe ic hlafordleas　hweorfan mote
from þam healdende　þe me hringas geaf.
24　　Me bið forð witod,　gif ic frean hyre,
guþe fremme,　swa ic gien dyde
minum þeodne on þonc,　þæt ic þolian sceal
27　　bearngestreona.　Ic wiþ bryde ne mot
hæmed habban,　ac me þæs hyhtplegan
geno wyrneð,　se mec geara on
30　　bende legde;　forþon ic brucan sceal
on hagostealde　hæleþa gestreona.
Oft ic wirum dol · wife abelge
33　　wonie hyre willan;　heo me wom spreceð,
floceð hyre folmum,　firenaþ mec wordum,
ungod gæleð.　Ic ne gyme þæs

8　geardas] *2nd* a *is altered from* u.
11　wyrneð] *This is over an erasure.*
14　gerum] *accented.*
17　ic] c *is over an erased letter.*
29　geara] *MS* gearo.　on] *accented.*
34　firenaþ] a *is altered from* u / n; þ *is altered from* wynn, *and is followed by an* erased letter.
35　ungod] god *is over an erasure.*

36   compes...

[* * *]

TWENTY-ONE

106r Neb is min niþerweard; neol ic fere
        ond be grunde græfe,   geonge swa me wisað
3   har holtes feond,   ond hlaford min
        woh færeð   weard æt steorte,
        wrigaþ on wonge,   wegeð mec ond þyð,
6   saweþ on swæð min.   Ic snyþige forð,
        brungen of bearwe,   bunden cræfte,
        wegen on wægne,   hæbbe wundra fela;
9   me biþ gongendre   grene on healfe
        ond min swæð sweotol   sweart on oþre.
        Me þurh hrycg wrecen   hongaþ under
12   an orþoncpil,   oþer on heafde,
        fæst ond forðweard.   Fealleþ on sidan
        þæt ic toþum tere,   gif me teala þenaþ
15   hindeweardre,   þæt biþ hlaford min.

TWENTY-TWO

        Ætsomne cwom   siextig monna

36 *The outer sheet of the fourteenth gathering has been lost, so that there is a*
folio wanting here and after the present folio 111.   compes /]   *106r begins.*
21.1 *The large initial (12 mm) is half in the margin.*   [*ASPR* - 21, W - 19]
2 swa] *This is over an erasure.*
5 wrigaþ] *MS* wriguþ.
6 on] *accented.*   min] *accented.*
7 bearwe] *MS* bearme.
12 an] *accented.*
13 fæst] *This is followed by an erased letter.*
15 min] *MS* miN.   *Punctuation:* :7
22.1 *MS* ÆTsomne.   *The large initial (15 mm) is more than half in the margin;*
the T *is also a large capital (13.5 mm).*   siextig] *MS* LX; *and so also* XI *and*
IIII *in lines 3 and 4.*   [*ASPR* - 22, W - 20]

          to wægstæþe   wicgum ridan;
3   hæfdon endleofan   eoredmæcgas
          fridhengestas,   feower sceamas.
          Ne meahton magorincas   ofer mere feolan,
6   swa hi fundedon,   ac wæs flod to deop,
          atol yþa geþræc,   ofras hea,
          streamas stronge.   Ongunnon stigan þa
9   on wægn weras   ond hyra wicg somod
          hlodan under hrunge;   þa þa hors oðbær
          eh ond eorlas,   æscum dealle,
12   ofer wætres byht   wægn to lande,
          swa hine oxa ne teah   ne esna mægen
          ne fæthengest,   ne on flode swom,
15   ne be grunde wod   gestum under,
          ne lagu drefde,   ne of lyfte fleag,
          ne under bæc cyrde;   brohte hwæþre
18   beornas ofer burnan   ond hyra bloncan mid
          from stæðe heaum,   þæt hy stopan up
106v   on oþerne,   ellenrofe,
21   weras of wæge,   ond hyra wicg gesund.

          TWENTY-THREE

          Agof is min noma   eft onhwyrfed.
          Ic eom wrætlic wiht   on gewin sceapen.
3   Þonne ic onbuge,   me of bosme fareð
          ætren onga.   Ic beom eallgearo

---

5 meahton] on *is over an erasure.*
7 hea] *accented.*
17 ne under] *MS* neon der.   brohte] rohte *is over an erasure.*
20 oþerne / ellenrofe] *106v begins.*
21 *Punctuation:* :7
23.1 *The large initial (12 mm) stands in the margin. It is the most gracefully executed initial in the manuscript; it has minuscule form with an elongated pinched bow.*   onhwyrfed] d *is altered from* ð *by scraping away part of its crossbar — it has the body of* ð. [*ASPR* - 23, *W* - 21]
3 me] *MS* ond me.

þæt ic me þæt feorhbealo   feor aswape.

6   Siþþan me se waldend,   se me þæt wite gescop,
leoþo forlæteð,   ic beo lengre þonne ær,
oþþæt ic spæte,   spilde geblonden,

9   ealfelo attor   þæt ic ær geap.
Ne togongeð þæs   gumena hwylcum,
ænigum eaþe   þæt ic þær ymb sprice,

12   gif hine hrineð   þæt me of hrife fleogeð,
þæt þone mandrinc   mægne geceapaþ,
fullwered fæste   feore sine.

15   Nelle ic unbunden   ænigum hyran
nymþe searosæled.   Saga hwæt ic hatte.

TWENTY-FOUR

Ic eom wunderlicu wiht,   wræsne mine stefne —
hwilum beorce swa hund,   hwilum blæte swa gat,

3   hwilum græde swa gos,   hwilum gielle swa hafoc;
hwilum ic onhyrge   þone haswan earn,
guðfugles hleoþor,   hwilum glidan reorde

6   muþe gemæne,   hwilum mæwes song,
þær ic glado sitte.   .**G**. mec nemnað,
swylce .**Æ**. ond .**R**.   **O**. fullesteð

9   .**H**. ond .**I**.   Nu ic haten eom
swa þa siex stafas   sweotule becnaþ.

---

13 mandrinc] a *accented.*
14 fullwered] *MS* full wer.
16 *Punctuation:* ⁊,*with a diaeresis above it instead of a colon before, because of crowding at the end of the line.*
24.1 *The large initial (22 mm) stands in the margin.*   [*ASPR* - 24, W - 22]
3 gos] *accented.*
7 *The uppercase letters* G Æ R O H I *are runes.*
10 *Punctuation:* :⁊

TWENTY-FIVE

Ic eom wunderlicu wiht, wifum on hyhte,
neahbuendum nyt; nængum sceþþe
3   burgsittendra, nymþe bonan anum.
Staþol min is steapheah, stonde ic on bedde,
neoþan ruh nathwær. Neþeð hwilum
107r ful cyrtenu ceorles dohtor,
modwlonc meowle, þæt heo on mec gripeð,
ræseð mec on reodne, reafað min heafod,
9   fegeð mec on fæsten. Feleþ sona
mines gemotes, seo þe mec nearwað,
wif wundenlocc. Wæt bið þæt eage.

TWENTY-SIX

Mec feonda sum feore besnyþede,
woruldstrenga binom, wætte siþþan,
3   dyfde on wætre, dyde eft þonan,
sette on sunnan, þær ic swiþe beleas
herum þam þe ic hæfde. Heard mec siþþan
6   snað seaxses ecg, sindrum begrunden;
fingras feoldan, ond mec fugles wyn
geondsprengde speddropum spyrede geneahhe,
9   ofer brunne brerd, beamtelge swealg,
streames dæle, stop eft on mec,
siþade sweartlast. Mec siþþan wrah

25.1 *The large initial (25 mm) stands entirely in the margin.* [*ASPR* - 25, W - 23]
6 cyrtenu / ceorles] *107r begins.*
10 seo] *MS* se.
11 wæt] Wynn *is altered from* þ *by erasing its ascender.* *Punctuation:* :7
26.1 *The large initial (17.5 mm), which has uncial form, is half in the margin.*
besnyþede] n *is over an erased letter.* [*ASPR* - 26, W - 24]
3 dyfde] y *is altered from* i.
6 ecg] *MS* ecge.
8 geondsprengde] *MS* geond.

12   hæleð hleobordum, hyde beþenede,
        gierede mec mid golde; forþon me gliwedon
        wrætlic weorc smiþa, wire bifongen.
15   Nu þa gereno ond se reada telg
        ond þa wuldorgesteald wide mære
        dryhtfolca helm, nales dol wite.
18   Gif min bearn wera brucan willað,
        hy beoð þy gesundran ond þy sigefæstran,
        heortum þy hwætran ond þy hygebliþran,
21   ferþe þy frodran, habbaþ freonda þy ma,
        swæsra ond gesibbra, soþra ond godra,
        tilra ond getreowra, þa hyra tyr ond ead
24   estum ycað ond hy arstafum
        lissum bilecgað ond hi lufan fæþmum
        fæste clyppað. Frige hwæt ic hatte,
27   niþum to nytte. Nama min is mære,
107v hæleþum gifre ond halig sylf.

TWENTY-SEVEN

        Ic eom weorð werum, wide funden,
        brungen of bearwum ond of burghleoþum,
3   of denum ond of dunum. Dæges mec wægun
        feþre on lifte, feredon mid liste
        under hrofes hleo. Hæleð mec siþþan
6   baþedon in bydene. Nu ic eom bindere
        ond swingere, sona weorpe

---

12 hyde] *MS* hyþe; *see commentary.*
16 mære] *see commentary.*
24 arstafum] *1st* a *accented.*
27 mære / hæleþum] *107v begins.*
28 *Punctuation:* :7
27.1 *The large initial (45 mm) stands in the margin; the* C *is also larger than normal (9 mm), and is placed within the writing area.* [*ASPR* - 27, W - 25]
3 wægun] n *is altered from* m.
4 feþre] e *is over an erased letter.*
7 weorpe] *MS* weorpere.

esne to eorþan, hwilum ealdne ceorl.
9 Sona þæt onfindeð, se þe mec fehð ongean
ond wið mægenþisan minre genæsteð,
þæt he hrycge sceal hrusan secan,
12 gif he unrædes ær ne geswiceð.
Strengo bistolen, strong on spræce,
mægene binumen — nah his modes geweald,
15 fota ne folma. Frige hwæt ic hatte,
ðe on eorþan swa esnas binde,
dole æfter dyntum be dæges leohte.

TWENTY-EIGHT

Biþ foldan dæl fægre gegierwed
mid þy heardestan ond mid þy scearpestan
3 ond mid þy grymmestan gumena gestreona,
corfen, sworfen, cyrred, þyrred,
bunden, wunden, blæced, wæced,
6 frætwed, geatwed, feorran læded
to durum dryhta. Dream bið in innan
cwicra wihta: clengeð, lengeð,
9 þær þær ær lifgende longe hwile
wilna bruceð ond no wiht spriceð,
ond þonne æfter deaþe deman onginneð,
12 meldan mislice. Micel is to hycganne
wisfæstum menn, hwæt seo wiht sy.

---

8 esne] *MS* efne. ealdne] dn *is over an erasure.*
9 onfindeð] ð *is altered from* t — *its original horizontal top stroke is still visible.*
15 *MS* hatte :- *There is a gap after the punctuation — apparently the scribe did not realize at first that there was more text to follow the phrase* frige hwæt ic hatte.
17 *Punctuation:* :-
28.1 *The large initial (15 mm) is half in the margin.* [*ASPR* - 28, W - 26]
9 þær þær] *MS* þara þe.
10 wiht] *MS* wið.
13 *Punctuation:* :7

TWENTY-NINE

Ic wiht geseah wundorlice
108r hornum bitweonum huþe lædan,
3   lyftfæt leohtlic, listum gegierwed,
huþe to þam ham of þam heresiþe;
walde hyre on þære byrig bur atimbram,
6   searwum asettan, gif hit swa meahte.
Ða cwom wundorlicu wiht ofer wealles hrof,
seo is eallum cuð eorðbuendum,
9   ahredde þa þa huþe ond to ham bedraf
wreccan ofer willan, gewat hyre west þonan
fæhþum feran, forð onette.
12   Dust stonc to heofonum, deaw feol on eorþan,
niht forð gewat. Nænig siþþan
wera gewiste þære wihte sið.

THIRTY (A)

Ic eom legbysig, lace mid winde,
bewunden mid wuldre, wedre gesomnad,
3   fus forðweges, fyre gebysgad,
bearu blowende, byrnende gled.
Ful oft mec gesiþas sendað æfter hondum,
6   þæt mec weras ond wif wlonce cyssað.
Þonne ic mec onhæbbe, ond hi onhnigaþ to me
monige mid miltse, þær ic monnum sceal

29.1 *The large initial (15 mm) is completely in the margin.* [*ASPR* - 29, *W* - 27]
2 hornum bitweonum] *MS* horna abitweonum. lædan / lyftfæt] *108r begins.*
5 atimbram] *see commentary.*
9 bedraf] *MS* bedræf.
11 onette] *MS* o netteð.
14 *Punctuation:* :7
30.1 *The large initial (32 mm) is entirely in the margin.* [*ASPR* - 30a, W - 28a]
7 onhnigaþ] *MS* on hin gaþ.

9   ycan upcyme eadignesse.

THIRTY-ONE

Is þes middangeard missenlicum
wisum gewlitegad, wrættum gefrætwad.
3   Ic seah sellic þing singan on ræcede;
wiht wæs nower werum on gemonge,
sio hæfde wæstum wundorlicran.
6   Niþerweard [onhwyrfed] wæs neb hyre,
fet ond folme fugele gelice;
no hwæþre fleogan mæg ne fela gongan.
9   Hwæþre feþegeorn fremman onginneð,
gecoren cræftum, cyrreð geneahhe
oft ond gelome eorlum on gemonge,
12   siteð æt symble, sæles bideþ,
108v hwonne ær heo cræft hyre cyþan mote
werum on wonge. Ne heo þær wiht þigeð
15   þæs þe him æt blisse beornas habbað.
Deor domes georn, hio dumb wunað,
hwæþre hyre is on fote fæger hleoþor,
18   wynlicu woðgiefu. Wrætlic me þinceð,
hu seo wiht mæge wordum lacan
þurh fot neoþan. Frætwed hyrstum,
21   hafað hyre on halse, þonne hio hord warað,

---

9 *Punctuation:* :7
31.1 *MS* IS. *The large initial (21 mm) stands in the margin; the* S *is also larger than a normal letter (12 mm). There are two letters in the right hand margin, apparently added by a later (modern?) hand. The same hand has added what looks like an* N *(with a macron above it) after the final punctuation of this text.* [*ASPR* - 31, W - 29]
4 nower] *MS* on.
6 niþerweard] *MS* niþer wearð. onhwyrfed] *add. ed.*
9 hwæþre] h *is over an erased letter (which had a descender).*
13 ær / heo] *108v begins.*
15 habbað] MS habbad.
18 woðgiefu] ð *is altered from* d— *it has the body of* d.

baru, beagum deall,   broþor sine,
mæg mid mægne.   Micel is to hycgenne
24   wisum woðboran,   hwæt [sio] wiht sie.

THIRTY-TWO

Is þes middangeard   missenlicum
wisum gewlitegad,   wrættum gefrætwad.
3   Siþum sellic   ic seah searo hweorfan,
grindan wið greote,   giellende faran.
Næfde sellicu wiht   syne ne folme,
6   exle ne earmas;   sceal on anum fet
searoceap swifan,   swiþe feran,
faran ofer feldas.   Hæfde fella ribba;
9   muð wæs on middan.   Moncynne nyt,
fereð foddurwelan,   folcscipe dreogeð,
wist in wigeð,   ond werum gieldeð
12   gaful geara gehwam   þæs þe guman brucað,
rice ond heane.   Rece, gif þu cunne,
wis worda gleaw,   hwæt sio wiht sie.

THIRTY-THREE

Wiht cwom æfter wege   wrætlicu liþan,
cymlic from ceolan   cleopode to londe,

---

22 baru] *MS* bær.
24 sio] *add. ed. Punctuation:* 7, *with a diaeresis above it instead of a colon before, because of crowding at the end of the line.*
32.1 *The large initial (15 mm) is entirely in the margin.*   [*ASPR* - 32, W - 30]
2 wrættum] *2nd* t *is added in a small, fine script above the* u.
8 fella] *For* fela; *see commentary.*
10 fereð] *MS* fere.
14 *Punctuation:* :7
33.1 *The large initial (17 mm) stands in the margin.*   [*ASPR* - 33, W - 31]
2 ceolan] *MS* ceole; *see commentary.*

3   hlinsade hlude — leahtor wæs gryrelic,
109r egesful on earde. Ecge wæron scearpe;
         wæs hio hetegrim, hilde to sæne,
6   biter beadoweorca; bordweallas grof,
         heardhiþende. Heterune bond,
         sægde searocræftig ymb hyre sylfre gesceaft:
9   "Is min modor mægða cynnes
         þæs deorestan, þæt is dohtor min
         eacen uploden,   swa þæt is ældum cuþ,
12   firum on folce, þæt seo on foldan sceal
         on ealra londa gehwam lissum stondan."

THIRTY-FOUR

         Ic wiht geseah in wera burgum,
         seo þæt feoh fedeð. Hafað fela toþa;
3   nebb biþ hyre æt nytte; niþerweard gongeð,
         hiþeð holdlice ond to ham tyhð,
         wæþeð geond weallas, wyrte seceð;
6   aa heo þa findeð, þa þe fæst ne biþ;
         læteð hio þa wlitigan, wyrtum fæste,
         stille stondan on staþolwonge,
9   beorhte blican, blowan ond growan.

---

3 leahtor] *For* hleahtor; *see commentary.*
4 scearpe / wæs] *109r begins.*
6 beadoweorca] *The scribe began an* o *and finished by making a* d.
9 mægða] *MS* mæg da.
11 uploden] *MS* upliden.
13 *Punctuation:* :7
34.1 *The large initial (19 mm) stands entirely in the margin.*   [*ASPR* - 34,
W - 32]
6 aa] *accented.*
9 *Punctuation:* :7

THIRTY-FIVE

Mec se wæta wong, wundrum freorig,
of his innaþe ærist cende.
3   Ne wat ic mec beworhtne wulle flysum,
hærum þurh heahcræft, hygeþoncum min.
Wundene me ne beoð wefle, ne ic wearp hafu,
6   ne þurh þreata geþræcu þræd me ne hlimmeð,
ne æt me hrutende hrisil scriþeð,
ne mec ohwonan sceal am cnyssan.
9   Wyrmas mec ne awæfan wyrda cræftum,
þa þe geolo godwebb geatwum frætwað.
Wile mec mon hwæþre seþeah wide ofer eorþan
12   hatan for hæleþum hyhtlic gewæde.
Saga soðcwidum, searoþoncum gleaw,
109v wordum wisfæst, hwæt þis gewæde sy.

THIRTY-SIX

Ic wiht geseah on wege feran,
seo wæs wrætlice wundrum gegierwed.
3   hæfde feowere fet under wombe
ond ehtuwe ufon on hrycge;
<monn .h.w.M. wiif. m.x.l.kf wf. hors. qxxs.>
6   hæfde tu fiþru ond twelf eagan
ond siex heafdu. Saga hwæt hio wære.

35.1 *The large initial (18 mm), which has uncial form, is half in the margin.*
[*ASPR* - 35, W - 33]
8 am] *MS* amas.
9 awæfan] *1st a accented.*
14 wis- / fæst] *109v begins.* gewæde] *MS* ge wædu. *Punctuation:* :7
36.1 *The large initial (29 mm) stands wholly in the margin.* [*ASPR* - 36,
W - 34]
3 feowere] were *is over an erasure.*
5 *This intrusive, encrypted and defective macaronic line is probably meant to read*
monn homo wiif mulier hors equus; *see commentary.*

For flodwegas; ne wæs þæt na fugul ana,
9   ac þær wæs æghwylces anra gelicnes
       horses ond monnes, hundes ond fugles,
       ond eac wifes wlite. Þu wast, gif þu const,
12   to gesecganne, þæt we soð witan,
       hu þære wihte wise gonge.

THIRTY-SEVEN

Ic þa wihte geseah — womb wæs on hindan
þriþum aþrunten. Þegn folgade,
3   mægenrofa man, ond micel hæfde
       gefered þæt hit felde, fleah þurh his eage.
       Ne swylteð he symle, þonne syllan sceal
6   innað þam oþrum, ac him eft cymeð
       bot in bosme, blæd biþ aræred;
       he sunu wyrceð, bið him sylfa fæder.

THIRTY-EIGHT

Ic þa wiht geseah wæpnedcynnes,
geoguðmyrþe grædig; him on gafol forlet
3   ferðfriþende feower wellan
       scire sceotan, on gesceap þeotan.
       Mon maþelade, se þe me gesægde:

8 for] *accented.*
13 *Punctuation:* :7
37.1 *The large initial (30 mm) is entirely in the margin.* [*ASPR* - 37, W - 35]
4 þæt] *MS* þær.
8 sylfa fæder] *These words are written in the same line as the first six words of*
Riddle 38, *with* a *altered from* æ. *They are at the right side of the line and*
preceded by a wrap mark. Punctuation: 7, *with a diaeresis above it instead of a*
colon before, because of crowding at the end of the line.
38.1 *The large initial (18 mm) is placed in the margin.* þa] þ *is altered from*
wynn — *an original serif is visible on its ascender.* [*ASPR* - 38, W - 36]
2 geoguðmyrþe] *MS* geoguð myrwe.

6   "Seo wiht, gif hio gedygeð, duna briceð;
       gif he tobirsteð, bindeð cwice."

THIRTY-NINE

Gewritu secgað þæt seo wiht sy
mid moncynne miclum tidum

3   sweotol ond gesyne. Sundorcræft hafað
      maram micle, þonne hit men witen.

110r Heo wile gesecan sundor æghwylcne

6   feorhberendra, gewiteð eft feran on weg.
      Ne bið hio næfre niht þær oþre,
      ac hio sceal wideferh wreccan laste

9   hamleas hweorfan; no þy heanre biþ.
      Ne hafað hio fot ne folme, ne æfre foldan hran,
      ne eagena [hafað] ægþer twega.

12   Ne muð hafaþ, ne wiþ monnum spræc.
      Ne gewit hafað, ac gewritu secgað
      þæt seo sy earmost ealra wihta,

15   þara þe æfter gecyndum cenned wære.
      Ne hafað hio sawle ne feorh, ac hio siþas sceal
      geond þas wundorworuld wide dreogan.

18   Ne hafaþ hio blod ne ban, hwæþre bearnum wearð
      geond þisne middangeard mongum to frofre.
      Næfre hio heofonum hran, ne to helle mot,

---

7 *Punctuation:* :7
39.1 *MS* GEwritu. *The large initial (18 mm) is half in the margin; the 1st and 2nd manuscript lines of text are indented to accommodate its squared shape. The e is also larger than normal (7 mm), and has Caroline majuscule form.* [*ASPR* - 39, W - 37]
2 tidum] i *is over an erased letter and* d *is altered from an* l — *note that the ascender is upright.*
4 maram] *See commentary.*
5 sundor / æghwylcne] *110r begins.*
9 hweorfan] f *is over an erased letter.*
10 folme] *MS* folm.
11 eagena [hafað] ægþer] *MS* eage neægþer.

21   ac hio sceal wideferh   wuldorcyninges
       larum lifgan.   Long is to secganne
       hu hyre ealdorgesceaft æfter gongeð,
24   woh wyrda gesceapu;   þæt [is] wrætlic þing
       to gesecganne.   Soð is æghwylc
       þara þe ymb þas wiht   wordum becneð —
27   ne hafað heo ænig lim, leofaþ efne seþeah.
       Gif þu mæge reselan   recene gesecgan
       soþum wordum,   saga hwæt hio hatte.

FORTY

       Ece is se scyppend,   se þas eorþan nu
       wreðstuþum [wealdeð]   ond þas world healdeð.
3   Rice is se reccend   ond on ryht cyning
       ealra anwalda;   eorþan ond heofones
       healdeð ond wealdeð,   swa he ymb þas utan hweorfeð.
110v   He mec wrætlice   worhte æt frymþe
       þa he þisne ymbhwyrft   ærest sette,
       heht mec wæccende   wunian longe,
9   þæt ic ne slepe   siþþan æfre,
       ond mec semninga   slæp ofergongeþ,
       beoð eagan min   ofestum betyned.
12   þisne middangeard   meahtig dryhten

---

21 wuldorcyninges] *MS* wuldor cyninge, *with* l *altered from a minim — a serif is visible on its ascender.*
24 is] *add. ed.*
27 heo ænig] *MS* hehænig, *with* he *crowded in in a small, finer script.*
29 *Punctuation:* :7
40.1 *This text is preceded by one blank line. The large initial (21 mm) intrudes into the first two manuscript lines of the text, and has Caroline majuscule shape. There is a large oval-shaped hole in the middle of this and the next manuscript line, but it is original and the text has been written around it.*   [*ASPR - 40, W - 38*]
2 wealdeð] *add. ed.*
3 rice] *MS* ric.
6 he / mec] *110v begins.*
11 min] *accented.*   betyned] d *is altered from* ð (*by scraping away the top half of its crossbar — it has the body of* ð).

mid his onwalde   æghwær styreð;
swa ic mid waldendes   worde ealne
15   þisne ymbhwyrft   utan ymbclyppe.
Ic eom to þon bleað,   þæt mec bealdlice mæg
gearu gongende   grima abregan,
18   ond eofore eom   æghwær cenra,
þonne he gebolgen   bidsteal giefeð;
ne mæg mec oferswiþan   segnberendra
21   ænig ofer eorþan,   nymþe se ana god
se þisne hean heofon   healdeþ ond wealdeþ.
Ic eom on stence   strengre [micle]
24   þonne ricels   oþþe rose sy,
[* * *]   on eorþan tyrf
wynlic weaxeð;   ic eom wræstre þonne heo.
27   Þeah þe lilie sy   leof moncynne,
beorht on blostman,   ic eom betre þonne heo.
Swylce ic nardes stenc   nyde oferswiþe
30   mid minre swetnesse   symle æghwær,
ond ic fulre eom   þonne þis fen swearte
þæt her yfle   adelan stinceð.
33   Eal ic under heofones   hwearfte recce,
swa me leof fæder   lærde æt frymþe,
þæt ic þa mid ryhte   reccan moste
36   þicce ond þynne;   þinga gehwylces
onlicnesse   æghwær healde.
Hyrre ic eom heofone,   hateþ mec heahcyning
39   his deagol þing   dyre bihealdan.
Eac ic under eorþan   eal sceawige
111r   wom wraðscrafu   wraþra gesta.

---

13 styreð] tyre *is over an erasure.*
15 ymbhwyrft] h *is over an erased letter (which had a descender).*
19 bidsteal] *MS* bid steal, *with d over an erased letter.*
23 micle] *add. ed.*
25 *It is clear from the incomplete sense of this passage that at least one verse has been lost at this point, though there is no gap in the manuscript.*
33 hwearfte] f *is over an erased letter.*
41 wom / wraðscrafu] *111r begins.* gesta] *Read* gæsta; *see commentary.*

42   Ic eom micle yldra   þonne ymbhwyrft þæs
        oþþe þes middangeard meahte geweorþan,
        ond ic giestron wæs   geong acenned
45   mære to monnum   þurh minre modor hrif.
        Ic eom fægerre frætwum goldes,
        þeah hit mon awerge wirum utan.
48   Ic eom wyrslicre   þonne þes wudu fula
        oððe þis waroð þe her aworpen ligeð.
        Ic eorþan eom   æghwær brædre,
51   ond widgielra   þonne þes wong grena;
        folm mec mæg bifon ond fingras þry
        utan eaþe ealle ymbclyppan.
54   Heardra ic eom ond caldra þonne se hearda forst
        hrim heorugrimma,   þonne he to hrusan cymeð.
        [Ic eom] Ulcanus up irnendan
57   leohtan leoman lege hatra.
        Ic eom on goman   gena swetra
        þonne þu beobread blende mid hunige;
60   swylce ic eom wraþre   þonne wermod sy,
        [þe] her on hyrstum heasewe stondeþ.
        Ic mesan mæg meahtelicor
63   ond efnetan ealdum þyrse,
        ond ic gesælig mæg symle lifgan
        þeah ic ætes ne sy æfre to feore.
66   Ic mæg fromlicor fleogan þonne pernex
        oþþe earn oþþe hafoc æfre meahte;
        nis Zefferus, se swifta wind,
69   þæt swa fromlice mæg feran æghwær;
        me is snægl swiftra, snelra regnwyrm
        ond fenyce fore hreþre;

---

42 þæs] For þes; *see commentary.*
49 waroð] ð *is altered from* d *by adding a crossbar — it has the body of* d.
56 ic eom] *add. ed.*
61 þe] *add. ed.*
63 þyrse] *MS* þyrre.
66 pernex] p *has an abbreviation sign above it; see commentary.*
70 snelra] *MS* snel ro þon<u>ne</u>.

72   is þæs gores sunu   gonge hrædra,
111v þone we wifel wordum nemnað.
       Hefigere ic eom micle þonne se hara stan
75   oþþe unlytel leades clympre,
       leohtre ic eom micle þonne þes lytla wyrm
       þe her on flode gæð fotum dryge.
78   Flinte ic eom heardre þe þis fyr drifeþ
       of þissum strongan style heardan,
       hnescre ic eom micle halsrefeþre,
81   seo her on winde wæweð on lyfte.
       Ic eorþan eom æghwær brædre
       ond widgelra þonne þes wong grena;
84   Ic uttor [eaþe] eal ymbwinde,
       wrætlice gewefen wundorcræfte.
       Nis under me ænig oþer
87   wiht waldendre on worldlife.
       Ic eom ufemest ealra gesceafta,
       þara þe worhte waldend user,
90   se mec ana mæg ecan meahtum,
       geþeon þrymme, þæt ic onþunian ne sceal.
       Mara ic eom ond strengra þonne se micla hwæl,
93   se þe garsecges grund bihealdeð
       sweart ansyne — ic eom swiþre þonne he;
       swylce ic eom on mægene minum læsse
96   þonne se hondwyrm, se þe hæleþa bearn,
       secgas searoþoncle, seaxe delfað.
       Ne hafu ic in heafde hwite loccas
99   wræste gewundne, ac ic eom wide calu;

---

72 is] *MS* ic.
73 wordum / nemnað] *111v begins.*
77 on flode] *MS* onflonde.
78 heardre] *2nd* e *is altered from* a *by adding a medial arm to it — no attempt was made to erase any parts of* a. fyr] *This is followed by an erased letter.*
83 þes] e *is altered from* o (cf. þes, *line 76 where* e *is tall before* s).
84 eaþe] *add. ed.*
88 ufemest] *MS* ufor.
91 onþunian] *MS* on rinnan.

ne ic breaga ne bruna brucan moste,
ac mec bescyrede scyppend eallum;
102 nu me wrætlice weaxað on heafde
þæt me on gescyldrum scinan motan
ful wrætlice wundne loccas.
105 Mara ic eom ond fættra þonne amæsted swin,
bearg bellende, [þe] on bocwuda,
won wrotende wynnum lifde
108 þæt he. . .

[* * *]

FORTY-ONE

112r   ... edniwu;
þæt is moddor monigra cynna,
3   þæs selestan, þæs sweartestan,
þæs deorestan, þæs þe dryhta bearn
ofer foldan sceat to gefean agen.
6   Ne magon we her in eorþan owiht lifgan,
nymðe we brucen þæs þa bearn doð.
Þæt is to geþencanne þeoda gehwylcum,
9   wisfæstum werum, hwæt seo wiht sy.

---

100 brucan] n *is altered from* m *by scraping away its 3rd minim.*
103 scinan] *1st* n *is over an erased letter (which had an ascender).*
105 swin] *accented.*
106 bearg] g *was added afterwards in the margin at the end of the line as the scribe corrected himself — it crosses over the long tail of* r.   þe] *add. ed.*
107 wynnum] *2nd* n *has an erasure at the top of its 1st minim.*
108 *see commentary.*   he /] *112r begins.*
41.1 edniwu] u *is over an erased letter.*   [*ASPR* - 41, W - 39]
8 geþencanne] an *is over an erasure.*
9 *Punctuation:* :7

FORTY-TWO

Ic seah wyhte wrætlice twa
undearnunga ute plegan
3   hæmedlaces; hwitloc anfeng
wlanc under wædum, gif þæs weorces speow,
fæmne fyllo. Ic on flette mæg
6   þurh runstafas rincum secgan,
þam þe bec witan, bega ætsomne
naman þara wihta. þær sceal Nyd wesan
9   twega oþer ond se torhta Æsc
an an linan, Acas twegen
Hægelas swa some. Swa ic þæs hordgates
12   cægan cræfte þa clamme onleac
þe þa rædellan wið rynemenn
hygefæste heold heortan bewrigene
15   orþoncbendum? Nu is undyrne
werum æt wine hu þa wihte mid us,
heanmode twa, hatne sindon.

FORTY-THREE

Ic wat indryhtne æþelum deorne
giest in geardum, þam se grimma ne mæg
3   hungor sceððan ne se hata þurst,
yldo ne adle. Gif him arlice

42.1 *The large initial (22 mm) is positioned wholly in the margin.* [*ASPR* - 42, W - 40]
4 speow] *MS* speop.
11 swa ic] *MS* hwylc. þæs] *MS* wæs.
13 rynemenn] y *accented.*
16 wine] i *and* e *are over erased letters.*
43.1 *The scribe has failed to notice that a new riddle begins here, and has run this and the preceding text together. The initial* i *is tall, but only the normal height for the very common tall* i. *[The scribe also treats* Riddles 47 *and* 48 *as one poem.]* [*ASPR* - 43, W - 41]
2 geardum] rdum *is over an erasure.* se] e *is over an erased letter.*
3 sceððan] e *is over an erased letter.*

esne þenað, se þe agan sceal
6 on þam siðfate, hy gesunde æt ham
findað witode him wiste ond blisse;
cnosles unrim, care, gif se esne
112v his hlaforde hyreð yfle,
frean on fore, ne wile forht wesan
broþor oþrum; him þæt bam sceðeð,
12 þonne hy from bearme begen hweorfað
anre magan ellorfuse,
moddor ond sweostor. Mon, se þe wille,
15 cyþe cynewordum hu se cuma hatte,
eðþa se esne, þe ic her ymb sprice.

FORTY-FOUR

Wrætlic hongað bi weres þeo,
frean under sceate. Foran is þyrel.
3 Bið stiþ ond heard, stede hafað godne;
þonne se esne his agen hrægl
ofer cneo hefeð, wile þæt cuþe hol
6 mid his hangellan heafde gretan
þæt he efenlang ær oft gefylde.

FORTY-FIVE

Ic on wincle gefrægn weaxan nathwæt,
þindan ond þunian, þecene hebban;
3 on þæt banlease bryd grapode,

---

9 hlaforde / hyreð] *112v begins.*
16 *Punctuation:* :7
44.1 *The pointed bow of the large intial (32 mm) intrudes into the first line of text.*
7 efenlang] *MS* efe lang. *Punctuation:* :7 [*ASPR* - 44, W - 42]
45.1 *The large initial (20 mm) is positioned in the margin; the* c *is slightly larger (7 mm) than normal.* weaxan] *MS* weax. [*ASPR* - 45, W - 43]

hygewlonc hondum;   hrægle þeahte
þrindende þing   þeodnes dohtor.

FORTY-SIX

Wær sæt æt wine   mid his wifum twam
ond his twegen suno   ond his twa dohtor,
3   swase gesweostor,   ond hyre suno twegen,
freolico frumbearn;   fæder wæs þær inne
þara æþelinga   æghwæðres mid,
6   eam ond nefa.   Ealra wæron fife
eorla ond idesa   insittendra.

FORTY-SEVEN

Moððe word fræt.   Me þæt þuhte
wrætlicu wyrd,   þa ic þæt wundor gefrægn,
3   þæt se wyrm forswealg   wera gied sumes,
þeof in þystro,   þrymfæstne cwide
ond þæs strangan staþol.   Stælgiest ne wæs
113r   wihte þy gleawra,   þe he þam wordum swealg.

---

5 dohtor] *This is written at the right hand side of the line containing the first seven words of* Riddle 46; *a blank space has been left after* wifum, *and there is a wrap mark before* dohtor. *Punctuation:* :7
46.1 *The large initial (17.5 mm) is mostly in the margin, though the first two manuscript lines of text are indented slightly to accommodate it.* wær] *see commentary.* [ASPR - 46, W - 44]
3 hyre] *see commentary.*
7 *Punctuation:* :7
47.1 *The large initial (17.5 mm) is half in the margin; it has uncial form.*
6 wihte / þy] *113r begins.* [ASPR - 47, W - 45]

FORTY-EIGHT

Ic gefrægn for hæleþum hring gyddian,
torhtne butan tungan, tila þeah he hlude
3   stefne ne cirmde, strongum wordum.
Sinc for secgum swigende cwæð:
"Gehæle mec, helpend gæsta."
6   Ryne ongietan readan goldes
guman galdorcwide, gleawe beþencan
hyra hælo to gode, swa se hring gecwæð.

FORTY-NINE

Ic wat eardfæstne anne standan,
deafne, dumban, se oft dæges swilgeð
3   þurh gopes hond gifrum lacum.
Hwilum on þam wicum se wonna þegn,
sweart ond saloneb, sendeð oþre
6   under goman him golde dyrran,
þa æþelingas oft wilniað,
cyningas ond cwene. Ic þæt cyn nu gen
9   nemnan ne wille, þe him to nytte swa
ond to dugþum doþ þæt se dumba her,
eorp unwita, ær forswilgeð.

48.1 *The scribe has failed to notice that a new riddle begins here, and has run this and the preceding text together; a raised point is the only punctuation between them. [The scribe also treats* Riddles 42 *and* 43 *as one poem.]*   for] *MS* fer. gyddian] *MS* endean.   [*ASPR* - 48, W - 46]
4 swigende] *2nd* e *is smaller and seems to have been added later.*
7 beþencan] *MS* beþuncan.
8 *Punctuation:* :7
49.1 *The large initial (29 mm) is wholly in the margin.*   [*ASPR* - 49, W - 47]
4 hwilum on þam] *MS* hwilu̲m monþa̲m.
11 forswilgeð] *MS* fer swilgeð.   *Punctuation:* :7

FIFTY

Wiga is on eorþan   wundrum acenned
dryhtum to nytte,   of dumbum twam
3   torht atyhted,   þone on teon wigeð
feond his feonde.   Forstrangne oft
wif hine wrið;   be him wel hereð,
6   þeowaþ him geþwære,   gif him þegniað
mægeð ond mæcgas   mid gemete ryhte,
fedað hine fægre;   he him fremum stepeð
9   life on lissum.   Leanað grimme
[þam] þe hine wloncne   weorþan læteð.

FIFTY-ONE

Ic seah wrætlice   wuhte feower
113v   samed siþian;   swearte wæran lastas
3   swaþu swiþe blacu.   Swift wæs on fore
fuglum framra;   fleag on lyfte
deaf under yþe.   Dreag unstille
6   winnende wiga,   se him wægas tæcneþ
ofer fæted gold   feower eallum.

50.1 *The pointed bow of the large initial (18 mm) intrudes into the space above the first line of text, but is otherwise in the margin.* [*ASPR* - 50, W - 48]
4 forstrangne] *MS* fer strangne.
10 þam] *add. ed. Punctuation:* :7
51.1 *MS* IC. *The large initial (20 mm) is positioned in the margin; the* c *is slightly larger (6.5 mm) than normal.* [*ASPR* - 0051 W - 49]
2 swearte / wæran] *113v begins.*
4 fleag on] *MS* fleotgan.
6 wægas] *see commentary.*

FIFTY-TWO

Ic seah ræpingas   in ræced fergan
under hrof sales   hearde twegen
3   þa wæron genumne   nearwum bendum,
gefeterade fæste togædre;
þara oþrum wæs   an getenge
6   wonfah wale,   seo weold hyra
bega siþe   bendum fæstra.

FIFTY-THREE

Ic seah on bearwe   beam hlifian,
tanum torhtne.   Þæt treow wæs on wynne,
3   wudu weaxende.   Wæter hine ond eorþe
feddan fægre,   oþþæt he frod dagum
on oþrum wearð   aglachade
6   deope gedolgod,   dumb in bendum,
wriþen ofer wunda,   wonnum hyrstum
foran gefrætwed.   Nu he fæcnum wæg
9   þurh his heafdes mægen   hildegieste
oþrum rymeð.   Oft hy an yst strudon
hord ætgædre;   hræd wæs ond unlæt
12   se æftera,   gif se ærra fær

52.1 *MS* IC. *The large initial (29 mm) stands completely in the margin; the* c *is slightly larger (6.5 mm) than normal.* -wer eallum] *Written at the right hand side of the line containing the first six words of* Riddle 52; *a blank space has been left after* fergan, *and there is a wrap mark before* -wer. *Punctuation:* :7 [*ASPR* - 52, W - 50]
3 genumne] *MS* genamne.
7 *Punctuation:* :7
53.1 *MS* IC. *The large initial (28.5 mm) stands completely in the margin; the* c *is slightly larger (7 mm) than normal.* [*ASPR* - 53, W - 51]
8 wæg] *see commentary.*
9 mægen] *MS* mæg. hildegieste] *MS* hilde gieste: s *has a scrape mark where it crosses the ruling, suggesting that the scribe began to make an* f, *and then corrected himself.*
12 fær] *accented.*

genamnan in nearowe neþan moste.

FIFTY-FOUR

Hyse cwom gangan, þær he hie wisse
stondan in wincle, stop feorran to,
3   hror hægstealdmon, hof his agen ·
hrægl hondum up, rand under gyrdels
hyre stondendre stiþes nathwæt,
6   worhte his willan; wagedan buta.
þegn onnette, wæs þragum nyt
tillic esne, teorode hwæþre
114r æt stunda gehwam strong ær þonne hio,
werig þæs weorces. Hyre weaxan ongon
under gyrdelse þæt oft gode men
12   ferðþum freogað ond mid feo bicgað.

FIFTY-FIVE

Ic seah in healle, þær hæleð druncon,
on flet beran feower cynna:
3   wrætlic wudutreow, ond wunden gold,
sinc searobunden, ond seolfres dæl,
ond rode tacn þæs us to roderum up

54.1 *MS* HYse. *The large initial (24 mm), which has minuscule form with a rounded bow, is half in the margin; the* y *is slightly larger (11 mm) than normal.*
-we neþan moste] *These, the closing words of the preceding riddle, are written at the right hand side of the line containing the first three words of* Riddle 54; *a blank space has been left after* gangan, *and there is a wrap mark before* -we.
Punctuation: :7 [*ASPR* - 54, W - 52]
2 in wincle] *MS* Inwinc sele.
4 rand] *For* hrand; *see commentary.*
9 stunda / gehwam] *114r begins.* þonne hio] *MS* þon hie o, *with* o *accented.*
12 *Punctuation:* :7
55.1 *MS* IC. *The large initial (28 mm) stands completely in the margin; the* c *is slightly larger (8 mm) than normal.* healle] *MS* heall. [*ASPR* - 55, W - 53]
5 þæs] s *is over an erased letter.* up] *accented.*

6   hlædre rærde,   ær he helwara
       burg abræce. Ic þæs beames mæg
       eaþe for eorlum æþelu secgan:
9   þær wæs hlin ond acc   ond se hearda iw,
       ond se fealwa holen; frean sindon ealle
       nyt ætgædre; naman habbað anne,
12   wulfheafedtreo. Þæt oft wæpen abæd
       his mondryhtne, maðm in healle,
       goldhilted sweord. Nu me þisses gieddes
15   ondsware ywe se hine on mede
       wordum secgan hu se wudu hatte.

FIFTY-SIX

      Ic wæs þær inne þær ic ane geseah
       winnende wiht wido bennegean,
3   holt hweorfende; heaþoglemma feng,
       deopra dolga. Daroþas wæron
       weo þære wihte, ond se wudu searwum
6   fæste gebunden. Hyre fota wæs
       biidfæst oþer; oþer bisgo dreag,
       leolc on lyfte, hwilum londe neah.
9   Treow wæs getenge þam þær torhtan stod
       leafum bihongen. Ic lafe geseah
       minum hlaforde, þær hæleð druncon,
12   þara flana on flet beran.

---

16 *Punctuation:* :7
56.1 *The large initial (22 mm) is positioned in the margin. The scribe has left the*
first manuscript line blank after ane *to help mark the beginning of the new poem.*
[*ASPR* - 56, W - 54]
7 biidfæst] *MS* biid fæft. dreag] a *is altered from* t.
9 torhtan] a *is altered from* u — *note that the 1st minim is vertical and not angled*
as it usually is for a.
12 flana] *MS* flan. *Punctuation:* :7

FIFTY-SEVEN

    Ðeos lyft byreð lytle wihte
114v ofer beorghleoþa. þa sind blace swiþe,
3   swearte salopade. Sanges rope
       heapum ferað, hlude cirmað,
       tredað bearonæsses, hwilum burgsalo
6   niþþa bearna. Nemnað hy sylfe.

FIFTY-EIGHT

    Ic wat anfete ellen dreogan
      wiht on wonge. Wide ne fereð,
3   ne fela rideð, ne fleogan mæg
       þurh scirne dæg, ne hie scip fereð,
       naca nægledbord; nyt bið hwæþre
6   hyre mondryhtne monegum tidum.
       Hafað hefigne steort, heafod lytel,
       tungan lange, toð nænigne,
9   isernes dæl; eorðgræf pæþeð.
       Wætan ne swelgeþ ne wiht iteþ,
       foþres ne gitsað, fereð oft swa þeah
12   lagoflod on lyfte; life ne gielpeð,
       hlafordes gifum, hyreð swa þeana
       þeodne sinum. Þry sind in naman
15   ryhte runstafas, þara is Rad forma.

57.1 *The large initial (15 mm) is half in the margin.* [*ASPR* - 57, W - 55]
2 sind / blace] *114v begins.*
3 swearte] *2nd* e *is over an erased letter (which had a descender).*
6 *Punctuation:* :7
58.1 *MS* IC. *The large initial (32 mm) stands completely in the margin; the* c *is slightly larger (7 mm) than normal.* [*ASPR* - 58, W - 56]
6 mondryhtne] *MS* dryht ne, *with* ne *at the beginning of a new line.*
8 nænigne] *1st minim of 3rd* n *is over an erasure.*
13 hlafordes] *The scribe initially wrote* l *and then altered it to* h.
15 rad] *accented.* forma] *MS* furum. *Punctuation:* :7

FIFTY-NINE

Ic seah in healle   hring gylddenne
men sceawian,   modum gleawe,
3   ferþþum frode.   Friþospede bæd
god nergende   gæste sinum
se þe wende wriþan;   word æfter cwæð
6   hring on hyrede,   hælend nemde
tillfremmendra.   Him torhte in gemynd
his dryhtnes naman   dumba brohte
9   ond in eagna gesihð,   gif þæs æþelan
goldes tacen   ongietan cuþe
[ond] dryhtnes dolg,   don swa þæs beages
12   benne cwædon.   Ne mæg þære bene
æniges monnes   ungefullodre
godes ealdorburg   gæst gesecan,
15   rodera ceastre.   Ræde, se þe wille,
115r   hu ðæs wrætlican   wunda cwæden
hringes to hæleþum,   þa he in healle wæs
18   wylted ond wended   wloncra folmum.

59.1 *MS* IC. *The large initial (43 mm) stands completely in the margin; the* c *is slightly larger (7 mm) than normal. The scribe has left the first manuscript line blank after* gylddenne *to help mark the beginning of the new poem.* gylddenne] *see commentary.* [ASPR - 59, W - 57]
3 friþospede] *MS* friþo spe, *with* spe *at the end of the manuscript line.* bæd] æd *is over an erasure.*
9 gif] if *is over an erasure.*
11 ond] *add. ed.* dryhtnes] *MS* dryht.
13 ungefullodre] *MS* ungaful lodre.
16 cwæden / hringes] *115r begins. The scribe could not fit the last three letters of* cwæden *into the line, so he slanted the writing upwards towards the end of the line and tucked the* -den *in below. This seems rather extraordinary since he must have been aware that there was going to be a half empty line at the end of the text which could easily have accommodated the extra letters. Elsewhere, he has not slanted the line of writing upwards — see folios 15r, 27r, 29v, 31r, 36r, 38v, 42r, 55r and 99v.*
17 þa] a *is altered from* e.
18 wloncra] *MS* wlonc ra, *with* on *over an erasure.   Punctuation:* :7

The Wife's Lament

Ic þis giedd wrece bi me ful geomorre,
minre sylfre sið. Ic þæt secgan mæg,
3   hwæt ic yrmþa gebad, siþþan ic up aweox,
niwes oþþe ealdes, no ma þonne nu —
a ic wite wonn minra wræcsiþa.
6   Ærest min hlaford gewat heonan of leodum
ofer yþa gelac; hæfde ic uhtceare
hwær min leodfruma londes wære.
9   Ða ic me feran gewat folgað secan,
wineleas wrecca, for minre weaþearfe.
Ongunnon þæt þæs monnes magas hycgan
12   þurh dyrne geþoht þæt hy todælden unc,
þæt wit gewidost in woruldrice
lifdon laðlicost, ond mec longade.
15   Het mec hlaford min her heard niman,
ahte ic leofra lyt on þissum londstede,
holdra freonda. Forþon is min hyge geomor,
18   ða ic me ful gemæcne monnan funde,
heardsæligne, hygegeomorne,
mod miþendne, morþor hycgendne.
21   Bliþe gebæro ful oft wit beotedan
þæt unc ne gedælde nemne deað ana

---

1 *MS* IC. *The line preceding this text contains only the last two words of the previous text, written at the left hand side. The large capital is completely in the margin; initials: 31 mm and 8 mm.*
2 secgan] *An original* t *is erased after* c — *its top element remains so that* g *has an abnormally long horizontal stroke.*
3 aweox] *MS* weox.
4 ealdes] de *is over an erasure.* no] *accented.* ma] *accented.* nu] *accented.*
10 wrecca] e *is hooked.*
15 heard] *For* eard; *see commentary.*
17 geomor] r *is followed by an erased letter (n?) — the scribe's eye probably jumped ahead to* hygegeomorne *in line 19.*
19 hygegeomorne] *1st* g *is over an erased letter.*
20 hycgendne] *MS* hycgende.

owiht elles; eft is þæt onhworfen,

24   is nu [fornumen] swa hit no wære,

freondscipe uncer. Sceal ic feor ge neah

mines felaleofan fæhðu dreogan.

27   Heht mec mon wunian on wuda bearwe,

under actreo in þam eorðscræfe.

115v Eald is þes eorðsele, eal ic eom oflongad.

30   Sindon dena dimme, duna uphea,

bitre burgtunas, brerum beweaxne,

wic wynna leas. Ful oft mec her wraþe begeat

33   fromsiþ frean. Frynd sind on eorþan,

leofe lifgende, leger weardiað,

þonne ic on uhtan ana gonge

36   under actreo geond þas eorðscrafu.

Þær ic sittam mot sumorlangne dæg,

þær ic wepan mæg mine wræcsiþas,

39   earfoþa fela. Forþon ic æfre ne mæg

þære modceare minre gerestan,

ne ealles þæs longaþes þe mec on þissum life begeat.

42   A scyle geong mon wesan geomormod,

heard heortan geþoht, swylce habban sceal

bliþe gebæro, eac þon breostceare,

45   sinsorgna gedreag, sy æt him sylfum gelong

eal his worulde wyn, sy ful wide fah

feorres folclondes, þæt min freond siteð

48   under stanhliþe storme behrimed,

---

23 onhworfen] hworf *is over an erasure.*
24 fornumen] *add. ed. Though there is no gap in the manuscript, it is clear that at least one word is wanting here.*
25 sceal] *MS* seal. neah] *An original initial* m *is altered to* ne *by adding a loop to its 3rd minim.*
28 under] e *is altered (from a letter which had a descender).*
30 oflongad / sindon] *115v begins.* hea] *accented.*
31 brerum] *2nd* r *is over an erased letter.* beweaxne] *MS* beweax ne, *with an erased letter after* x.
37 sittam] *see commentary.* sumorlangne] *MS* sumor langne, *with* langne *over an erasure and followed by an unusually long space (8 mm).*
47 feorres] *1st* r *is altered from* n — *its original foot is still visible on the descender of* r.

wine werigmod,   wætre beflowen
on dreorsele.   Dreogeð se min wine
51   micle modceare —   he gemon to oft
wynlicran wic.   Wa bið þam þe sceal
of langoþe leofes abidan.

---

50 min] *This is followed by an erased letter.*
53 *Punctuation:* :7

Judgement Day I

Ðæt gelimpan sceal, þætte lagu floweð,
flod ofer foldan; feores bið æt ende
3 anra gehwylcum. Oft mæg se þe wile
in his sylfes sefan soð geþencan.
Hafað him geþinged hider þeoden user
116r on þam mæstan dæge, mægencyninga hyhst,
wile þonne forbærnan brego moncynnes
lond mid lige. Nis þæt lytulu spræc
9 to geheganne. Hat bið onhæled,
siþþan fyr nimeð foldan sceatas,
byrnende lig beorhte gesceafte;
12 bið eal þes ginna grund gleda gefylled,
reþra bronda, swa nu rixiað
gromhydge guman, gylpe strynað,
15 hyra hlaforde gehlæges tilgað,
oþþæt hy beswicað synna weardas,
þæt hi mid þy heape helle secað,
18 fleogað mid þam feondum. Him biþ fyr ongean,
droflic wite, þær næfre dæg scineð
leohte of lyfte, ac a bilocen stondeð,
21 siþþan þæs gæstes gryre agiefen weorþeð.
Ufan hit is enge ond hit is innan hat;

---

1 *The scribe has treated the opening of this text in a slightly unusual manner —
he began to copy the text without leaving any blank space before it (either a full
line or a part line is the norm) and then left half the first manuscript line of the
poem blank. The large capital is half in the margin and the first word of the next
line is indented slightly to accommodate its form; initial: 27 mm. There are some
letters in a row in the bottom of the right margin, but they are now obscured (and
are modern in any event).*
6 mægencyninga / hyhst] *116r begins.*
9 onhæled] *For* onæled; *see commentary.*
14 gylpe] l *is altered — a serif is still visible on its ascender.*
19 næfre] r *is over an erased letter.* scineð] neð *is over an erasure.*
20 ac] *accented.*

nis þæt betlic bold,   ac þær is brogna hyhst,
24   ne noht hyhtlic ham,   ac þær is helle grund,
sarlic siðfæt   þam þe sibbe ful oft
tomældeð mid his muþe.   Ne con he þa mircan gesceaft,
27   hu hi butan ende   ece stondeð
þam þe þær for his synnum   onsægd weorþeð,
ond þonne a to ealdre   orleg dreogeð.
30   Hwa is þonne þæs ferðgleaw,   oþþe þæs fela cunne,
þæt æfre mæge heofona   heahþu gereccan,
swa georne þone godes dæl,   swa he gearo stondeð
33   clænum heortum,   þam þe þisne cwide willað
ondrædan þus deopne?   Sceal se dæg weorþan
þæt we forð berað   firena gehwylce,
36   þeawas ond geþohtas;   þæt bið þearlic gemot,
116v   heardlic heremægen.   Hat biþ acolod.
Ne biþ þonne on þisse worulde   nymþe wætres sweg
39   [* * *]   fisces eþel;
ne biþ her ban ne blod,   ac sceal bearna gehwylc
mid lice ond mid sawle   leanes fricgan
42   ealles þæs þe we on eorþan   ær geworhtan
godes oþþe yfles.   Ne mæg nænig gryre mare
geweorþan æfter worulde,   ond se bið wide cuð.
45   Ne tytaþ her tungul,   ac biþ tyr scæcen
eorþan blædas.   Forþon ic a wille
leode læran   þæt hi lof godes
48   hergan on heahþu,   hyhtum to wuldre
lifgen on geleafan   ond a lufan dryhtnes

---

23 bold] *MS* blod.
28 onsægd] g *is over an erased letter.*
29 dreogeð] eð *is over an erasure.*
30 ferðgleaw] *MS* forð gleaw.
31 heofona] *2nd* o *is altered from* a — *the original tail of* a *touches the* n.
heahþu] *2nd* n *is over an erased letter (which had a descender).*
37 heardlic / heremægen] *116v begins.*
39 *Though there is no gap in the manuscript, it is evident that some text has been lost at this point.*
42 geworhtan] *MS* ge weorhtan, *with 2nd* e *expuncted.*
46 a] *accented.*

wyrcan in þisse worulde,   ær þon se wlonca dæg
51   bodige þurh byman brynehatne leg,
egsan oferþrym.   Ne bið nænges eorles tir
leng on þissum life, siþþan leohtes weard
54   ofer ealne foldan fæþm   fyr onsendeð.
Lixeð lyftes mægen,   leg onetteð,
blæc byrnende, blodgyte weorþeð
57   mongum gemeldad, mægencyninges þrea;
beofað eal beorhte gesceaft,   brondas lacað
on þam deopan dæge, dyneð upheofon.
60   Þonne weras ond wif woruld alætað,
eorþan yrmþu,   seoð þonne on ece gewyrht.
Þonne bið gecyþed hwa in clænnisse
63   lif alifde — him bið lean gearo.
Hyht wæs a in heofonum, siþþan user hælend wæs,
middangeardes meotud, þurh þa mæstan gesceaft
66   on ful blacne beam bunden fæste
cearian clomme. Crist ealle wat
gode dæde; no þæs gilpan þearf
69   synfull sawel, þæt hyre sie swegl ongean,
117r   þonne he gehyrweð ful oft   halge lare,
brigdeð on bysmer. Ne con he þæs brogan dæl,
72   yfles ondgiet, ær hit hine on fealleð.
He þæt þonne onfindeð, þonne se fær cymeþ,
geond middangeard monegum gecyþeð,
75   þæt he bið on þæt wynstre weorud wyrs gescaden,
þonne he on þa swiþran hond swican mote,
leahtra alysed. Lyt þæt geþenceð,

---

51 byman] y *is altered from* i.
52 bið] ið *is over an erasure.*   nænges] *This is followed by an erased letter
(which had an ascender).*   tir] *accented.*
57 þrea] *accented.*
60 alætað] *1st* a *accented.*
62 clænnisse] ni *is over an erased letter.*
64 a] *accented.*   hælend] *MS* hæ lendes, *with* lendes *beginning a new line.*
70 gehyrweð / ful (fol)] *117r begins.*   ful] *MS* fol.
74 monegum] *MS* mongegum.
75 gescaden] *MS* gesceaden, *with 2nd* e *expuncted.*

78   se þe him wines glæd wilna bruceð,
       siteð him symbelgal, siþ ne bemurneð,
       hu him æfter þisse worulde weorðan mote.

81   Wile þonne forgieldan gæsta dryhten
       willum æfter þære wyrde, wuldres ealdor,
       þam þe his synna nu sare geþenceþ,

84   modbysgunge micle dreogeð;
       him þæt þonne geleanað lifes waldend,
       heofona hyrde, æfter heonansiþe

87   godum dædum, þæs þe he swa geomor wearð,
       sarig fore his synnum. Ne sceal se to sæne beon
       ne þissa larna to læt, se þe him wile lifgan mid gode,

90   brucan þæs boldes þe us beorht fæder
       gearwað togeanes, gæsta ealdor.
       þæt is sigedryhten þe þone sele frætweð

93   timbreð torhtlice; to sculon clæne,
       womma lease, swa se waldend cwæð,
       ealra cyninga cyning. Forþon cwicra gewylc,

96   deophydigra, dryhtne hyreð,
       þara þe wile heofona heahþu gestigan.
       Hwæþre þæt gegongeð, þeah þe hit sy greote beþeaht,

117v lic mid lame, þæt hit sceal life onfon,
       feores æfter foldan. Folc biþ gebonnen,
       Adames bearn ealle to spræce;

102   beoð þonne gegædrad gæst ond bansele,

---

80 *The scribe evidently thought that this poem ended with* mote — *it is followed by the punctuation usually found at the end of a poem in the codex; the rest of the line has been left blank; and the next line begins with a large (lightly) decorated initial. However, compare the scribe's treatment of* The Husband's Message, *where he has clearly marked off section divisions within a shorter text. Punctuation:* :7
81 *MS* WILe; *initials: 42 mm, 7 mm and 7 mm (but the lower part of the capital is lost through the fire damage).*
88 sceal] e *is over an erased letter.*
95 gewylc] *For* gehwylc; *see commentary.*
99 lic] l *is altered from* i — *a serif is still visible on the ascender and its foot has been extended.* mid / lame] 117v *begins.*
100 foldan] *This is followed by a 16 mm space (at the end of the 1st manuscript line); there seems to be no reason for leaving the blank space other than that the surface of the parchment is rough here.*

gesomnad to þam siþe.   Soþ þæt wile cyþam,
þonne we us gemittað   on þam mæstan dæge,
105   rincas æt þære rode,   secgað þonne ryhta fela,
eal swylce under heofonum gewearð   hates ond cealdes,
godes oþþe yfles;   georne gehyreð
108   heofoncyninga hyhst   hæleþa dæde.
Næfre mon þæs hlude   horn aþyteð
ne byman ablaweþ,   þæt ne sy seo beorhte stefn
111   ofer ealne middangeard   monnum hludre,
waldendes word;   wongas beofiað
for þam ærende   þæt he to us eallum wat.
114   Oncweþ nu þisne cwide.   Cuþ sceal geweorþan
þæt ic gewægan ne mæg   wyrd under heofonum,
ac hit þus gelimpan sceal   leoda gehwylcum
117   ofer eall beorht gesetu,   byrnende lig.
Siþþan æfter þam lige   lif bið gestaþelad,
welan ah in wuldre   se nu wel þenceð.

---

103 cyþam] *see commentary.*
108 hyhst] hst *is over an erasure.*   hæleþa] *MS* hæle la, *with* la *beginning a new line.*
119 *Punctuation:* :7

Contrition

Age mec se ælmihta god;
helpe min se halga dryhten.   þu gesceope heofon ond eorþan
3   ond wundor eall,   min wundorcyning,
[þe] þær on sindon,   ece dryhten,
micel ond manigfeald.   Ic þe, mære god,
6   mine sawle bebeode   ond mines sylfes lic,
ond min word ond min weorc,   witig dryhten,
118r   ond eal min leoþo,   leohtes hyrde,
9   ond þa manigfealdan   mine geþohtas.
Getacna me,   tungla hyrde,
þær selast sy   sawle minre
12   to gemearcenne,   meotudes willan,
þæt ic þe geþeo   þinga gehwylce,
ond on me sylfum,   soðfæst cyning,
15   ræd aræne.   Regnþeof ne læt
on sceade sceþþan,   þeah þe ic scyppendum
wuldorcyninge   waccor hyrde,
18   ricum dryhtne,   þonne min ræd wære.
Forgif me to lisse,   lifgende god,
bitre bealodæde.   Ic þa bote gemon,
21   cyninga wuldor —   cume to, gif ic mot.

---

1 *Though this line lacks a b-verse, the text makes sense. As with the preceding poem, the scribe has left the latter half of the first manuscript line blank in order to mark the beginning of the new text clearly; initial: 28 mm.*
4 þe] *add. ed.*
8 eal / min] *118r begins.*
9 *For reasons unknown, the scribe has left a blank space approximately 40 mm long at the end of this line (the first on folio 118r). This is particularly odd since it falls in the middle of a word, between the first and second syllables of* fealdan.
geþohtas] *This is written on a rough area of the parchment so that it may appear to be over an erased area;* a *is altered from* u.
13 gehwylce] e *is over an erased letter.*
15 aræne] a *accented.*

       Forgif þu me, min frea,   fierst ond ondgiet
       ond geþyld ond gemynd   þinga gehwylces
24   þara þu me, soþfæst cyning,   sendan wylle
       to cunnunge. Nu þu const on mec
       firendæda fela. Feorma mec hwæþre,
27   meotud, for þinre miltse,   þeah þe ic ma fremede
       grimra gylta   þonne me god lyfde;
       hæbbe ic þonne þearfe   þæt ic þine seþeah,
30   halges heofoncyninges,   hyldo getilge
       leorendum dagum,   lif æfter oþrum
       geseo ond gesece,   þæt me siþþan þær
33   unne arfæst god   ecan dreames,
       lif alyfe,   þeah þe lætlicor
       bette bealodæde   þonne bibodu wæron
36   halgan heofonmægnes. Hwæt, þu me her fela
       [* * *] forgeafe. Gesette minne hyht on þec,
       forhte foreþoncas,   þæt hio fæstlice
39   stonde gestaðelad. Onstep minne hige,
118v   gæsta god cyning,   in gearone ræd.
       Nu ic fundige to þe,   fæder moncynnes,
42   of þisse worulde,   nu ic wat þæt ic sceal,
       ful unfyr faca; feorma me þonne,
       wyrda waldend,   in þinne wuldordream,
45   ond mec geleoran læt,   leofra dryhten,
       geoca mines gæstes. Þonne is gromra to fela
       æfestum eaden,   hæbbe ic þonne
48   æt frean frofre,   þeah þe ic ær on fyrste lyt

---

25 þu] þ *is altered from* wynn *by adding an ascender — the original serif is visible on the ascender.*
26 firendæda] r *is altered from* n — *the serif at the foot of the 1st minim of the original* n *is still visible on the descender of* r.
33 dreames] *2nd* e *is over an erased letter.*
34 alyfe] e *is over an erasure.*
37 *It is clear from the incomplete sense of this passage that at least one word has been lost here, and perhaps a verse or more.*
39 onstep] e *accented.*
40 gearone / ræd] *118v begins.* ræd] *accented. This is the first folio affected by fire damage.*

earnode arna. Forlæt mec englas seþeah
geniman on þinne neawest, nergende cyning,
51   meotud, for þinre miltse. Þeah ðe ic mana fela
æfter dogrum dyde, ne læt þu mec næfre deofol seþeah
þin lim lædan on laðne sið,
54   þy læs hi on þone foreþonc gefeon motan
þy þe hy him sylfum sellan þuhten
englas oferhydige þonne ece Crist.
57   Gelugon hy him æt þam geleafan; forþon hy longe scul[on]
werge wihta, wræce þrowian.
Forstond þu mec ond gestyr him, þonne storm cyme
60   minum gæste ongegn; geoca þonne,
mihtig dryhten, minre sawle;
gefreoþa hyre ond gefeorma hy, fæder moncynnes,
63   hædre gehogode, hæl, ece god,
meotod meahtum swiþ. Min is nu þa
sefa synnum fah, ond ic ymb sawle eom
66   feam siþum forht, þeah þu me fela sealde
arna on þisse eorþan. Þe sie ealles þonc
meorda ond miltsa, þara þu me sealdest.
69   No ðæs earninga ænige wæron
mid…

[* * *]

---

57 sculon] MS scul, *followed by a small hole (now patched) caused by the fire*
damage. Although an ending is required for scul, *there would not really be*
enough room in the manuscript for the two letters suggested here without
penetrating the right margin unusually deeply. If anything has been lost here, it
seems as if it must have been a single letter with an abbreviation sign.
61 mihtig] *An ascender has been erased above the* g — *a trace of it is still visible*
above its top horizontal stroke.
63 hæl] *accented.*
68 meorda] MS meor da, *with a letter erased after* r.

FRAGMENT (B)

119r ...hwæþre ic me ealles þæs ellen wylle
72 habban ond hlyhhan   ond me hyhtan to,
3 frætwian mec on forðweg   ond fundian
   sylf to þam siþe þe ic asettan sceal,
75 gæst gearwian,   ond me þæt eal for gode þolian
6 bliþe mode, nu ic gebunden eom
   fæste in minum ferþe. Huru me frea witeð
78 sume þara synna þe ic me sylf ne conn
9 ongietan gleawlice. Gode ic hæbbe
   abolgen, brego moncynnes; forþon ic þus bittre wearð
81 gewitnad for þisse worulde, swa min gewyrhto wæron
12 micle fore monnum,   þæt ic mart[ir]dom
   deopne adreoge. Ne eom ic dema gleaw,
84 wis fore weorude; forþon ic þas word spræce
15 fus on ferþe,   swa me on frymðe gelomp
   yrmþu ofer eorþan, þæt ic a þolade
87 geara gehwylce   — gode ealles þonc —
18 modearfoþa ma þonne on oþrum,
   fyrhto in folce; forþon ic afysed eom
90 earm of minum eþle. Ne mæg þæs anhoga,
21 leodwynna leas, leng drohtian,
   wineleas wræcca   — is him wrað meotud—
93 gnornað on his geoguþe,
24 ond him ælce mæle men fullestað,

---

70 mid / hwæþre] *119r begins. The conjugate of folio 112 is missing before the
present folio 119; see commentary.*
3 forðweg] *MS* ferðweg.
5 gode] *The scribe started to make an* e *instead of the* o; *the tongue of the* e *has
been scraped away.*
7 witeð] ð *is altered from* d *(by adding a crossbar — it has the form of* d*).*
11 for] *The descender only of* r *is visible.*   min gewyrhto] *MS* mingie wyrhto,
with 2nd i *of* mingie *expuncted, and only the tops of* rht *visible.*
12 martirdom] *MS damaged; nearly all of* t *has been lost and* ir *is no longer
visible.*
16 a] *accented.*
21 leodwynna] a *is altered from* e *(the tongue of* e *has been scraped away).*
23 *Though the b-verse is wanting here, the sense of the passage is complete.*

ycað his yrmþu, ond he þæt eal þolað,
96 sarcwide secga, ond him bið a sefa geomor,
27 mod morgenseoc. Ic bi me tylgust
secge þis sarspel ond ymb siþ spræce,
99 longunge fus, ond on lagu þence,
30 nat min [* * *]
hwy ic gebycge bat on sæwe,
119v fleot on faroðe; nah ic fela goldes
33 ne huru þæs freondes, þe me gefylste
to þam siðfate, nu ic me sylf ne mæg
105 fore minum wonæhtum willan adreogan.
36 Wudu mot him weaxan, wyrde bidan,
tanum lædan; ic for tæle ne mæg
108 ænigne moncynnes mode gelufian
39 eorl on eþle. Eala, dryhten min,
meahtig mundbora, þæt ic eom mode [s]eoc,
111 bittre abolgen. Is seo bot æt þe
42 gelong æfter [li]fe. Ic on leohte ne mæg
butan earfoþum ænge þinga
114 feasceaft hæle foldan [ge]wunian;
45 þonne ic me to frempum freode hæfde,
cyðþu gecwe[me] me wæs a cearu symle
117 lufena to leane, swa ic alifde nu.
48 Giet biþ þæt [selast], þonne mon him sylf ne mæg
wyrd onwendan, þæt he þonne wel þolige.

---

25 yrmþu] *1st minim of* m *is over an erased letter which had both a descender and an ascender.*
30 *Though there is no gap in the manuscript, the sense is incomplete indicating the loss of at least one word here, and perhaps a verse or more.*
32 sæwe / fleot] *119v begins.* faroðe] ð *is altered from* d *(by adding a crossbar — it has the form of* d*).*
40 seoc] *MS damaged; only part of* e *is visible.*
42 life] *MS damaged.*
43 earfoþum] o *is altered from* e *(by scraping away the tongue of* e*).*
44 gewunian] *MS damaged; the top of* wynn *is visible.*
45 gecweme] *MS damaged.* a] *accented.*
48 þæt] *This is covered by a dark stain.* selast] *add. ed.*
49 *Punctuation:* 7, *with a diaeresis above it instead of the usual colon before it.*

The Descent into Hell

	Ongunnon him on uhtan æþelcunde mægð
	gierwan to geonge; wiston gumena gemot
3	æþelinges lic eorðærne biþeaht.
	Woldan werigu wif wope bimænan
	æþelinges deað ane hwile,
6	reonge bereotan. Ræst wæs acolad,
	heard wæs hinsið; hæleð wæron modge,
	þe hy æt þam beorge bliðe fundon.
9	Cwom seo murnende Maria on dægred,
	heht hy oþre mid eorles dohtor.
	Sohton sarigu tu sigebearn godes
12	ænne in þæt eorðærn þær hi ær wiston
	þæt hine gehyddan hæleð Iudea.
	Wendan þæt he on þam beorge bidan sceolde,
120r	ana in þære Easterniht. Huru þæs oþer þing
	wiston þa wifmenn, þa hy on weg cyrdon.
	Ac þær cwom on uhtan an engla þreat,
18	behæfde heapa wyn hælendes burg.
	Open wæs þæt eorðærn, æþelinges lic
	onfeng feores gæst, folde beofode,
21	hlogan helwaran. Hagosteald onwoc,

---

1 *MS* ONgunnon. *The scribe has left the right half of the first manuscript line blank in order to mark the beginning of the new text clearly; initials: 18 mm and 7 mm.*
5 deað] ð *is altered from* d *(by adding a crossbar).*
6 reonge] *MS* reone.
8 bliðe] *MS* bliðne. fundon] *MS* fondon *with the* o *almost completely erased and a* u *written above it.*
12 eorðærn] n *is altered from* r *by erasing its descender.*
13 gehyddan] *MS* ge hyddan, *with* y *altered from original* n *by scraping away part of the 2nd minim and adding a curved descender.*
15 Easter- / niht] *120r begins.*
18 wyn] yn *is over an erasure.*
20 onfeng] f *is altered from* s.
21 hagosteald] *MS* ha / go steald, *with part of the* a *scraped away (for no apparent reason).*

modig from moldan, mægenþrym aras
sigefæst ond snottor.   Sægde Iohannis
24   hæleð helwarum,   hlyhhende spræc
modig to þære mengo ymb his mæges [sið]:
"Hæfde me gehaten hælend user,
27   þa he me on þisne sið   sendan wolde,
þæt he me gesoht[e   ymb s]iex monað,
ealles folces fruma. Nu [is se fyrst] sceacen.
30   Wene ic ful swiþe ond witod [talige
þæt usic] to dæge   dryhten wille
[sylfa] g[e]secan, sigebearn godes."
33   Fysde hine þa to fore   frea moncynnes —
wolde heofona helm helle weallas
forbrecan ond forbygan, þære burge þrym
36   onginnan reafian, reþust ealra cyninga.
Ne rohte he to þære hilde helmberendra,
ne he byrnwigend to þam burggeatum
39   lædan ne wolde, ac þa locu feollan,
clustor of þam ceastrum; cyning in oþrad,
ealles folces fruma forð onette,
42   weoruda wuldorgiefa. Wræccan þrungon,
hwylc hyra þæt sygebearn geseon moste,
Adam ond Abraham,   Isac ond Iacob,
45   monig modig eorl, Moyses ond Dauid,
Esaias ond Sacharias,
120v   heahfædra fela, swylce eac hæleþa gemot,
48   witgena weorod, wifmonna þreat,
fela fæmnena, folces unrim.

---

25 sið] *add. ed.; MS damaged.*
27 he] h *is altered from* n — *an original serif is visible on the ascender.*
28 me] *MS* mec, *with* c *erased;*   gesohte...siex] *MS damaged.*
29-32 *MS damaged; see commentary.*
32 sylfa gesecan] *A descender is visible approximately 4 letter-widths before the loop of* g *at the beginning of the line; see commentary.*
42 weoruda] *MS* weorud.
43 hwylc] h *has been squeezed in later; see commentary.*
46 Esaias] *2nd* a *is altered from* u.
47 eac / hæleþa] *120v begins.*

　　　　Geseah þa Iohannis　sigebeorn godes
51　　mid þy cyneþrymme　cuman to helle,
　　　　ongeat þa geomormod　godes sylfes sið.
　　　　Geseah he helle duru　hædre scinan,
54　　þa þe longe ær　bilocen wæron,
　　　　beþeahte mid þystre;　se þegn wæs on wynne.
　　　　Abead þa bealdlice　burgwarena [o]rd
57　　modig fore þære mengo　ond to his mæge spræc
　　　　ond þa wilcuman　wordum grette:
　　　　"Þe þæs þonc sie,　þeoden user,
60　　þæt þu us[ic sar]ige　secan woldest,
　　　　nu we on þissum bendum　bidan [sceoldon]
　　　　þonne monigne bindeð　broþorleasne
63　　wræccan [. . . . .]　— he bið wide　fah —
　　　　ne bið he no þæs nearwe　under niðlo[can
　　　　oððe] þæs bitre gebunden　under bealuclommum,
66　　þæt he þy yð ne mæge　ellen habban,
　　　　þonne he his hlafordes　hyldo gelyfeð,
　　　　þæt hine of þam bendum　bicgan wille.
69　　Swa we ealle to þe　an gelyfað,
　　　　dryhten min se dyra.　Ic adreag fela
　　　　siþþan þu end to me　in siþadest,
72　　þa þu me gesealdest　sweord ond byrnan,
　　　　helm ond heorosceorp　— a ic þæt heold nu giet —
　　　　ond þu me gecyðdest,　cyneþrymma wyn,
75　　þæt þu mundbora　minum wære.
　　　　Eala Gabrihel,　hu þu eart gleaw ond scearp,

---

54 bilocen] *MS* bi locen, *with* l *altered from* b — *part of the original letter has been used in making the* o.
56 ord] *MS damaged.*
58 *MS damaged* — *the lower portions of some letters in this line are missing.*
60-65 *MS damaged* — *parts of many letters are missing; see the commentary for a discussion of the forms supplied.*
62 monigne] *MS* monige.
63 fah] *accented.*
70 adreag] *1st* a *accented.*
73 a] *accented.*
74 þu] þ *is altered from* h.

milde ond gemyndig ond monþwære,

121r wis on þinum gewitte ond on þinum worde snottor.

þæt þu gecyðdest þa þu þone cnyht to us

brohtest in Bethlem. Bidan we þæs longe,

81 setan on sorgum, sibbe oflyste,

wynnum ond wenum, hwonne we word godes

þurh his sylfes muð secgan hyrde.

84 Eala Maria, hu þu us modigne

cyning acendest, þa þu þæt cild to us

brohtest in Bethlem. We þæs beofiende

87 under helle dorum hearde sceoldon

bidan in bendum. Bona weorces gefeah;

wæron ure ealdfind ealle on wynnum

90 þonne hy gehyrdon hu we hreowen[de

mænd]on murnende mægburg usse,

oþþæt [þu us sohtest, s]igedryhten god,

93 bimengdes[t . . . . modi]gust ealra cyninga.

[. . . . .] nu us mon modge þe

ageaf from usse geoguðe. We þurh gifre mod

96 beswican us sylfe; we þa synne forþon

berað in urum breostum to bonan honda,

sculon eac to ussum feondum freoþo wilnian.

99 Eala Hierusalem in Iudeum,

hu þu in þære stowe stille gewunadest.

Ne mostan þe geondferan foldbuende

---

78 gewitte / ond] *121r begins.*
79 þu gecyðdest] *MS* þuge cyðdest, *with* ð *altered to* d; *curiously, the scribe had the correct form and then altered it. Note that the altered letter has the form of* ð. cnyht] h *is altered from* n *(by adding an ascender — an original serif is still visible).*
81 setan] *MS* set / tan, *with 1st* t *erased.* oflyste] s *is altered from* f *(by scraping away its tongue).*
87 under helle dorum] *over an erased area. MS* doru; *the scribe has left off the abbreviation sign.*
90-93 *MS damaged — parts of many letters are missing; see the commentary for a discussion of the forms supplied.*
94 *MS damaged.* us] *MS* us ic, *with* ic *erased.*
96 us] *MS* us / ic, *with* ic *erased.*
101 þe] *MS* þec, *with* c *erased.*

102   ealle lifgende,   þa þe lof singað.
      Eala Iordane   in Iudeum,
      hu þu in þære stowe   stille gewunadest.
105   Nales þu geondflowan   foldbuende;
      mostan hy þynes wætres   wynnum brucan.
      Nu ic þe halsie,   hælend user,
108   deope in   gedyrftum   — þu eart dryhten Crist —
121v þæt þu us gemiltsie,   monna scyppend.
      Þu fore monna lufan   þinre modor bosm
111   sylfa gesohtes,   sigedryhten god,
      nales fore þinre þearfe,   þeoda waldend,
      ac for þam miltsum   þe þu moncynne
114   oft ætywdest,   þonne him wæs are þearf.
      Þu meaht ymbfon   eal folca gesetu,
      swylce þu meaht geriman,   rice dryhten,
117   sæs sondgrotu,   selast ealra cyninga.
      Swylce ic þe halsige,   hælend user,
      fore [þ]inum cildhade,   cyninga selast,
120   ond fore þære wunde,   weoruda dr[yhten,
      ond for] þinum æriste,   æþelinga wyn;
      ond fore þinre med[er . . .   Ma]rian nama,
123   þa ealle hellwara   hergað ond lof[iað;
      ond fore þam] e[ng]lum   þe þe ymb stondað,
      þa þu þe lete sittan   [on þa swiþran] hond,
126   þa þu us on þisne wræcsið,   weoroda dryhten,
      þurh þines sylfes geweald   secan woldest;
      ond [for] Hierusalem   in Iudeum —

---

107 þe] *MS* þec, *with* c *erased.*
108 gedyrftum] *MS* gedyrstum.
109 Crist / þæt] *121v begins.*
118 þe] *MS* þec, *with* c *erased.*
119-125 *MS damaged — parts of many letters are missing; see the commentary for a discussion of the forms supplied.*
120 wunde] n *is over an erased letter (which had an ascender).*
122 nama] *see commentary.*
124 þe (2nd)] *MS* þec, *with* c *erased.*
126 us] *MS* usic, *with* ic *erased.*
128 for] *add. ed.*

129 sceal seo burg nu þa bidan efne swa þeah,
  þeoden leofa, þines eftcymes;
  ond for Iordane in Iudeum —
132 wit unc in þære burnan baþodan ætgædre.
  Oferwurpe þu mid þy wætre, weoruda dryhten,
  bliþe mode ealle burgwaran,
135 swylce git Iohannis in Iordane
  mid þy fullwihte fægre onbryrdon
  ealne þisne middangeard. Sie þæs symle meotude þonc."

---

129 þeah] *MS* þean.
132 unc] *This is preceded by an erased letter.* baþodan] dan *is over an erasure.*
137 *Punctuation:* :7 — *there is an unusually long space between the last word of the text and the punctuation (10 mm).*

Almsgiving

Wel bið þam eorle   þe him on innan hafað,
reþehygdig wer,   rume heortan;
3   þæt him biþ for worulde   weorðmynda mæst,
ond for ussum dryhtne   doma selast.
Efne swa he mid wætre   þone weallendan
6   leg adwæsce,   þæt he leng ne mæg
blac byrnende   burgum sceððan,
swa he mid ælmessan   ealle toscufeð
9   synna wunde,   sawla lacnað.

---

1 *The right hand half of the preceding line is blank, helping to distinguish the beginning of this poem. The large initial is placed wholly in the margin; initial: 24 mm.*   hafað] *ð is over an erased letter.*
2 reþehyg- / dig] *122r begins; this word is over a poorly prepared area of the vellum, so that it may appear to have been corrected.*
9 *Punctuation:* :7

Pharaoh

"Saga me hwæt þær weorudes   wære ealles
on Farones fyrde,   þa hy folc godes
3   þurh feondscipe   fylgan ongunn[on]."
"Nat ic hit be wihte,   butan ic wene þus,
þæt þær screoda wære   gescyred rime
6   siex hun[dred godr]a   searohæbbendra;
þæt eal fornam   yþ[a færgripe]
wraþe wyrde   in woruldrice."

The Lord's Prayer I

[. . . . hali]g fæder, þu þe on heofonum eardast,
geweorðad wuldres dreame. Sy þinum weorcum halgad
3   noma niþþa bearnum; þu eart nergend wera.
Cyme þin rice wide,   ond þin rædfæst willa
aræred under rodores hrofe, eac þon on rumre foldan.
6   Syle us to dæge domfæstne blæd,
hlaf userne, helpend wera,
þone singalan, soðfæst meotod.
9   Ne læt usic costunga cnyssan to swiðe,
ac þu us freodon gief, folca waldend,
from yfla gehwam, a to widan feore.

---

1 *The line preceding this text is blank except for the last two words of the*
preceding poem (-ruld rice), which are written to the far right of the space. This
text began with a large marginal capital letter which is now mostly lost (due to fire
damage), except for the top of its long ascender (6 mm of it remain visible).
halig] *The bow only of the* g *is visible.*
2 geweorðad] *MS* ge weordad.
4 rice] i *is over an erased letter.*
7 helpend] l *is altered from* b *(part of its bow has been scraped away).*
9 costunga] u *is over an erased letter.*
10 freodon] *For* freodom; *the MS has* freo don, *with* don *over an erasure —*
see commentary.
11 *Punctuation:* :7

Homiletic Fragment II

Gefeoh nu on ferðe ond to frofre geþeoh
dryhtne þinum, ond þinne dom arær,
3   heald hordlocan, hyge fæste bind
122v mid modsefan. Monig biþ uncuþ
treowgeþofta, teorað hwilum,
6   waciaþ wordbeot; swa þeos woruld fareð,
scurum scyndeð ond gesceap dreogeð.
An is geleafa, an lifgende,
9   an is fulwiht, an fæder ece,
an is folces fruma, se þas foldan gesceop,
duguðe ond dreamas. Dom siþþan weox,
12   þeah þeos læne gesceaft longe stode
heolstre gehyded, helme [g]edygled,
biþeaht wel treowum, þystre oferfæðmed,
15   siþ[þ]an geong aweox
mægeð modhwatu mid moncynne;
ðær gelicade þa[m þe lif gesc]op
18   in þam hordfate, halgan gæste,
beorht on bre[oste bearn hadr]e scan,

---

1 *The preceding manuscript line contains only the last two words of the previous poem, written to the left hand side. The large initial is placed wholly in the margin; initial: 16 mm.*
2 dom] *accented.* arær] a *accented.*
3 hyge] y *is altered from* i.
4 bind / mid] *122v begins.*
5 treowgeþofta] f *is over an erased letter (which had an ascender).*
6 waciaþ] *accented.*
7 scyndeð] y *is over an erased letter.*
9 fulwiht] MS *fulwihte.* fæder] f *is over an erased letter (which had a descender).*
11 dom] *accented.*
12 þeah] h *is over an erased letter.*
13 *MS damaged.*
14 oferfæðmed] *2nd* f *is over an erased letter.*
15 *MS damaged. Though this line lacks a b-verse, the text makes sense.*
16 moncynne] monc *is over an erasure.*

se wæs ordfruma ealles leohtes.

---

20 leohtes] *accented.   Punctuation:* :7

Riddle 30b

Ic eom ligbysig lace mid winde,
w[uldre bewunden we]dre gesomnad,
3   fus forðweges, fyre gemylted,
bear[u] blowende, byrnende gled.
Ful oft mec gesiþas sendað æfter hondum,
6   þær mec weras ond wif wlonce gecyssað.
þonne ic mec onhæbbe, hi onhnigað to me,
modge miltsum, swa ic mongum sceal
9·   ycan upcyme eadignesse.

---

1 *Approximately two thirds of the previous line (on the right hand side) is blank.*
The large initial is entirely in the margin; initial: 26 mm. [ASPR - 30, W - 28b]
2-4 *MS damaged; parts of some letters have been lost around the damaged area.*
The readings of Riddle 30a *have been used to reconstruct the damaged portions*
of this text.
9 eadignesse] ss *is over an erasure.* *Punctuation:* :7

Riddle 60

Ic wæs be sonde,　sæwealle neah,
æt merefaroþe;　minum gewunade
3　frumstaþole fæst.　Fea ænig wæs
monna cynnes　þæt minne þær
on anæde　eard beheolde,
6　ac mec uhtna gehwam　yð sio brune
lagufæðme beleolc.　Lyt ic wende
123r　þæt ic ær oþþe sið　æfre sceolde
9　ofer meodubence　muðleas sprecan,
wordum wrixlan.　þæt is wundres dæl,
on sefan searolic　þam þe swylc ne conn,
12　hu mec seaxes ord　ond seo swiþre hond,
eorles ingeþonc　ond ord somod,
þingum geþydan,　þæt ic wiþ þe sceolde
15　for unc anum twan　ærendspræce
abeodan bealdlice,　swa hit beorna ma,
uncre wordcwidas　widdor ne mænden.

---

1 *The scribe has left approximately 45-50 mm of the first manuscript line of this poem blank (at the right hand side of the page) to help distinguish it from the preceding text. The large initial is entirely in the margin; initial: 27 mm.* sonde] o *is altered from* u. sæwealle] æ *accented.* [*ASPR* - 60, W - 58]
3 frumstaþole] s *is over an erased letter (which had both an ascender and a descender).*
8 sið / æfre] *123r begins.*
9 meodubence] *MS* meodu.
11 swylc] y *is over an erased letter.*
12 seaxes] *MS* seaxeð.
15 twan] *For* twam; *see commentary.*
17 *Punctuation:* :7

The Husband's Message

Nu ic onsundran þe secgan wille

[. . . . .] treocyn.   Ic tudre aweox;

3   in mec æld[a . . . . . .] sceal

ellor londes setta[n . . . .]c

sealte streamas[. . . . .]sse.

6   Ful oft ic on bates [bosme . . . . .] gesohte,

þær mec mondryhten min [onsende

o]fer heah hafu;   eom nu her cumen

9   on ceolþele,   ond nu cunnan scealt

hu þu ymb modlufun mines frean

on hyge hycge.   Ic gehatan dear

12   þæt þu þær tirfæste treowe findest.

---

1 *The preceding line is blank except for the last word of the previous text, which is written at the left hand side of the space. With the exception of its 2nd vertical element, the large initial is placed in the margin; initial: 13 mm.*
2-7 *MS damaged; parts of many of the letters around the damaged areas have been lost.*
3 *The space between* æld *and* sceal *is 48 mm.*
5 streamas] *mas is no longer visible (it is covered by the patch over the damaged area), but is recorded by Chambers and Flower. There is a gap of 85 mm at the beginning of this line once space has been allowed for the last three letters of* streamas.
6 bosme] *add. ed.; there is a gap of 65 mm before* gesohte.   gesohte] *only the loop of* g *is visible, and the* e *can no longer be seen.*
7 onsende] *add. ed.; the gap at the beginning of this line is 32 mm.*
8 hafu] *MS* hofu.
10 modlufun] *MS* mod lufun; *see commentary.*
12 -we findest] *These words are written at the right hand extremity of an otherwise blank line. They are preceded by a wrap mark indicating that they go at the end of the previous line and followed by the punctuation marks usually reserved for the end of a shorter poem or for a substantial section of a longer poem (:7). Moreover, the next line begins with a large capital letter. It is not apparent why the poet has chosen to mark the sections of this short poem in this manner, but he does the same thing again at the end of line 25. Ettmüller first suggested that the scribe may have believed that he was dealing with three riddles here, given the immediate manuscript context. The bow of the large initial intrudes into the text and the following manuscript line is indented slightly to accommodate its form; initial: 30 mm.*

Hwæt, þec þonne biddan het   se þisne beam agrof
þæt þu sinchroden   sylf gemunde
15   on gewitlocan   wordbeotunga,
þe git on ærdagum   oft gespræcon,
þenden git moston   on meoduburgum
18   eard weardigan,   an lond bugan,
freondscype fremman.   Hine fæhþo adraf
of sigeþeode;   heht nu sylfa þe
21   lustum læram,   þæt þu lagu drefde,
123v   siþþan þu gehyrde   on hliþes oran
galan geomorne   geac on bearwe.
24   Ne læt þu þec siþþan   siþes getwæfan,
lade gelettan   lifgendne monn.

Ongin mere secan,   mæwes eþel,
27   onsite sænacan,   þæt þu suð heonan
ofer merelade   monnan findest,
þær se þeoden is   þin on wenum.
30   Ne mæg him [on] worulde   willa [gelimpan]
mara on gemyndum,   þæs þe he me sægde,
þonne inc geunne   alwaldend god
33   [þæt git] ætsomne   siþþan motan
secgum ond gesiþum   s[inc brytnian]
næglede beagas;   he genoh hafað

---

18 weardigan] wear *is over an erasure.*
21 læram] *see commentary.*   drefde] de *is added over an erased letter —* e *goes beyond the 2nd ruling.*
22 drefde / siþþan] *123v begins.*
25 *There are five crudely formed u-shaped letters running down the right margin for four lines starting opposite this line. Punctuation:* :7
26 MS ONgin. *This section of the poem is preceded by a line which is blank except for the last two words of the previous poem, which are written at the right side of the space. The large initial is half in the margin; initials: 18 mm and 6 mm.*
30 on] *add. ed.*   worulde] *This is preceded by an erased word (4-5 letters, where* [on] *is supplied here — see the commentary.*   gelimpan] *add. ed.; there is no space in the MS, but the sense and metre are deficient here.*
32-41 MS *damaged; parts of many letters around the damaged area have been lost.*
33 þæt git] *add. ed.*
34 sinc brytnian] *add. ed.; the gap in the MS is 25 mm.*

36   fedan gold[es . . . . ·
     geon]d elþeode eþel healde,
     fægre folda[n . . . .
39   [hold]ra hæleþa, þeah þe her min wine
     [. . . . .]
     nyde gebæded, nacan ut aþrong,
42   ond on yþa gelagu [ana] sceolde
     faran on flotweg, forðsiþes georn,
     mengan merestreamas. Nu se mon hafað
45   wean oferwunnen; nis him wilna gad,
     ne meara ne maðma ne meododreama,
     ænges ofer eorþan eorlgestreona,
48   þeodnes dohtor, gif he þin beneah
     Ofer eald gebeot incer twega,
     gehyre ic ætsomne .**S.R.** geador
51   .**EA.W.** ond .**M.** aþe benemnan,
     þæt he þa wære ond þa winetreowe
     be him lifgendum læstan wolde,
54   þe git on ærdagum oft gespræconn.

---

36 fedan] e *is hooked*
37 geond] *add. ed.*
39 wine] *This is followed by a 62 mm gap. Poetic line 40 takes up 100 mm in
the MS, so it is not likely that a full line (comprising 2 verses) has been lost here.
Either line 39 was hypermetric or the missing line contained only one verse —
both of these alternatives would be exceptional in this poem.* holdra] *add. ed.*
42 gelagu] *MS damaged; see commentary.* ana] *add. ed.*
44 nu] u *is altered from* e.
45 gad] *accented.*
46 ne meododreama] *MS* nemeodo dreama, *with the 2nd* o *altered from* u.
50 gehyre] *see commentary. The uppercase letters* S, R, EA, W, M *are runes.*
54 *Punctuation:* :7

The Ruin

Wrætlic is þes wealstan — wyrde gebræcon,
124r burgstede burston; brosnað enta geweorc.
3   Hrofas sind gehrorene, hreorge torras,
hrungeat berofen hrim on lime,
scearde scurbeorge scorene, gedrorene,
6   ældo undereotone. Eorðgrap hafað
waldendwyrhtan forweorone, geleorene,
heardgripe hrusan, oþ hund cnea
9   werþeoda gewitan. Oft þæs wag gebad
ræghar ond readfah rice æfter oþrum,
ofstonden under stormum; steap geap gedreas.
12   Worað giet se[. . . . .]num geheawen
felon [. . . . .]
grimme gegrunden [. . . . .
15   . . . . . .] scan heo [. . . . .
. . . .]g orþonc ærsceaft [. . . .
. . . .]g[.] lamrindum beag
18   mod mo[nade m]yne swiftne gebrægd
hwætred in hringas, hygerof gebond
weallwalan wirum wundrum togædre.
21   Beorht wæron burgræced, burnsele monige,
heah horngestreon, heresweg micel,
meodoheall monig mondreama full,

---

1 The line preceding this poem has text in it, but there is a 50 mm space left
empty at the right hand side. The large initial is almost completely in the margin;
initial: 25 mm. þes] MS þæs, with the bow of the æ erased, leaving a slight
gap in the text.
2 burgstede / burston] 124r begins.
4 hrungeat] MS hrim geat torras.
9 wag] MS wæg, with the bow of tall e erased.
12 -18 MS damaged; parts of many letters around the damaged areas are
missing — see commentary.
12 geheawen] MS geheapen.
17 beag] The abbreviation sign for ond has been erased before this.
23 mondreama] MS .M. dreama, with M a rune.

24 oþþæt þæt onwende wyrd seo swiþe.
    Crungon walo wide cwoman woldagas,
    swylt eall fornom secgrofra wera;
27 wurdon hyra wigsteal westen staþolas,
    brosnade burgsteall. Betend crungon
    hergas to hrusan. Forþon þas hofu dreorgiað,
30 ond þæs teaforgeapa tigelum sceadeð
124v hrostbeages rof. Hryre wong gecrong
    gebrocen to beorgum, þær iu beorn monig
33 glædmod ond goldbeorht gleoma gefrætwed,
    wlonc ond wingal wighyrstum scan;
    seah on sinc, on sylfor, on searogimmas,
36 on ead, on æht, on eorcanstan,
    on þas beorhtan burg bradan rices.
    Stanhofu stodan, stream hate wearp
39 widan wylme; weal eall befeng
    beorhtan bosme, þær þa baþu wæron,
    hat on hreþre. Þæt wæs hyðelic [þing].
42 Leton þonne geotan [. . . . .]
    ofer harne stan hate streamas
    un[. . . . .]
45 [o]þ þæt hringmere hate [. . . . . . .
    . . . .] þær þa baþu wæron.
    Þonne is [. . . . .
48 . . . . . .]re. Þæt is cynelic þing —
    hu s[e . . . .] burg [. .].

---

26 secgrofra] *MS* secg rof.
31 rof] *For* hrof; *see commentary.*   hryre / wong] *124v begins.*
33 gefrætwed] *MS* gefræt weð.
36 eorcanstan] *2nd* a *accented.*
41 þing] *add. ed.*
42-49 *MS damaged; parts of many letters around the damaged areas are missing — see commentary.*
49 huse] *The* e, *recorded by Chambers and Flower, is no longer visible.*   burg] *this is written towards the end of the next manuscript line, which is otherwise blank, and is followed by a gap of 24 mm.*

Riddles

Oft mec fæste bileac freolicu meowle,
ides on earce; hwilum up ateah
3   folmum sinum ond frean sealde,
holdum þeodne, swa hio haten wæs.
Siðþan me on hreþre heafod sticade,
6   nioþan upweardne, on nearo fegde.
Gif þæs ondfengan ellen dohte,
mec frætwedne fyllan sceolde
9   ruwes nathwæt. Ræd hwæt ic mæne.

SIXTY-TWO

Ic eom heard ond scearp, ingonges strong,
forðsiþes from, frean unforcuð,
3   wade under wambe ond me weg sylfa
125r ryhtne geryme. Rinc bið on ofeste,
se mec on þyð æftanweardne,
6   hæleð mid hrægle; hwilum ut tyhð

61.1 *The line preceding this poem is blank except for the last word of the previous
text, which is written at the right side of the space. The large initial (16 mm) stands
half in the margin. As with the first set of riddles, the scribe has not made any
special effort to mark the beginning of individual riddles by leaving a blank line
before them. However, nearly all the texts begin with a large initial (the height of
each large initial is given in brackets in millimetres at the beginning of each poem).
It is not uncommon for the letter(s) following the initial to be slightly larger than
the normal script.* [ASPR - 61, W - 59]
8 mec] *MS* þemec.
9 *Punctuation:* :7
62.1 *The large initial (19 mm) is positioned in the margin; the* c *(7 mm) is slightly
larger than normal.* ingonges] *see commentary.* [ASPR - 62, W - 60]
4 on / ofeste] *125r begins.* ofeste...hrægle] *The whole first manuscript line of
text is written over an erased area.*

of hole hatne, hwilum eftfereð
on nearo nathwær; nydeþ swiþe
9   suþerne secg. Saga hwæt ic hatte.

SIXTY-THREE

Oft ic secgan seledreame sceal
fægre onþeon, þonne ic eom forð boren
3   glæd mid golde, þær guman drincað.
Hwilum mec on cofan cysseð muþe
tillic esne, þær wit tu beoþ,
6   fæðme on folm[e fin]grum þyð,
wyrceð his willa[n . . .] ð lu [. . . .
. . . .] fulre þonne ic forð cyme
9   [. . . . .]
ne mæg ic þy miþan, [. . . . . . .
. . . . si]þþan on leohte
12   [. . . . .]
swylce eac bið sona [. . . . .
to]rhte getacnad hwæt me to [. . .
15   re]celeas rinc, þa unc geryde wæs.

---

7 fereð] *MS* fareð.
9 hatte] *This is written in the same line as the first five words of* Riddle 63,
positioned at the right side of the line and preceded by a wrap mark. Punctuation:
7,*with a diaeresis above it instead of a colon before, because of crowding at the*
end of the line.
63.1 *The large initial (15 mm) is approximately two-thirds in the margin.*
secgan] *see commentary.* [ASPR - 63, W - 61]
6-15 *MS damaged; often only parts of letters are still visible around the damaged*
areas. A number of letters that were visible when the manuscript was examined in
1933 *are now obscured by the patches that have been placed over the large holes in*
the membranes.
11 siþþan] *A descender is visible two letters before MS* -þþan. •
14 -rhte] *The* h *is partly illegible.*
15 receleas] *A descender is visible a few spaces before MS* -celeas.
Punctuation: :7

SIXTY-FOUR

Ic seah .**W**. ond .**I**. ofer wong faran,
beran .**B**. **E**.; bæm wæs on siþþe
3 hæbbendes hyht .**H**. ond .**A**.
swylce þryþa dæl, .**Þ**. ond .**M**.
Gefeah .**F**. ond .**Æ**. fleah ofer .**EA**
6 **S**. ond .**P**. sylfes þæs folces.

SIXTY-FIVE

Cwico wæs ic, ne cwæð ic wiht, cwele ic efne seþeah
Ær ic wæs, eft ic cwom. Æghwa mec reafað,
3 hafað mec on headre, ond min heafod scireþ,
biteð mec on bær lic, briceð mine wisan.
Monnan ic ne bite, nymþþe he me bite;
6 sindan þara monige þe mec bitað.

SIXTY-SIX

Ic eom mare þonne þes middangeard,
125v læsse þonne hondwyrm, leohtre þonne mona,
3 swiftre þonne sunne. Sæs me sind ealle

64.1 *The upper part of the large initial (18 mm), which is wholly in the margin, has been lost. The letters printed as capitals here are runes (W, I, B, etc.; EA is represented by a single rune) in the MS. There are 5 runes incised in the right margin opposite the first manuscript line of text — see commentary.* faran] r *is altered from* n — *an original serif is visible on the ruling line.* [ASPR - 64, W - 62]
6 *Punctuation:* :7
65.1 *The large initial (12 mm) intrudes slightly into the first manuscript line of text.*
6 *Punctuation:* :7 [ASPR - 65, W - 63]
66.1 MS IC. *The large initial (18.5 mm) is positioned in the margin; the* c *(8 mm) is also larger than normal.* middangeard] *MS* mindan geard. [ASPR - 66, W - 64]
2 hond / wyrm] *125v begins.*
3 swiftre] ftre *is over an erasure.* ealle] *2nd* e *is over an erased letter.*

flodas on fæðmum ond þes foldanbearm,
grene wongas. Grundum ic hrine,
6   helle underhnige, heofonas oferstige,
wuldres eþel, wide ræce
ofer engla eard; eorþan gefylle,
9   ealne middangeard ond merestreamas
side mid me sylfum. Saga hwæt ic hatte.

SIXTY-SEVEN

Ic on þing[e] gefrægn þeodcyninges
wrætlice wiht, wordgaldra [. . .
3   . . . .] snytt[. . .] hio symle deð
fira gehw[. . . . .
. . . .] wisdome. Wundor me þæt [. . .
6   . . . .] nænne muð hafað,
fet ne [folme . . . .
. . . .] welan oft sacað,
9   cwiþeð cy[. . . . .] wearð
leoda lareow. Forþon nu longe m[æ]g
[awa to] ealdre ece lifgan
12   missenlice, þenden menn bugað
eorþan sceatas. Ic þæt oft geseah
golde gegierwed, þær guman druncon,
15   since ond seolfre. Secge se þe cunne,
wisfæstra hwylc, hwæt seo wiht sy.

---

4 ond þes] *MS* ondþas.
9 ealne] *MS* ealdne.
10 me] *MS* mec, *with* c *partly erased. Punctuation:* :7
67.1 *MS* IC. *Only the very tip of the ascender of the large initial remains; the* c
(8 mm) is larger than normal. [*ASPR* - 67, *W* - 65]
5 þæt] *The letter following this is either* þ *or wynn.*
9 cy-] *The letter following this appears to be* m.
11 awa to] *add. ed; a descender is visible 9 mm after* g *of* mæg.
16 *Punctuation:* :7

SIXTY-EIGHT

Ic þa wiht geseah   on weg feran;
heo wæs wrætlice   wundrum gegierwed.
3   Wundor wearð on wege: wæter wearð to bane.

SIXTY-NINE

Wiht is wrætlic   þam þe hyre wisan ne conn.
Singeð þurh sidan.   Is se sweora woh,
3   orþoncum geworht;   hafaþ eaxle tua
scearp on gescyldrum.   His gesceopo...

SEVENTY

126r   ... þe swa wrætlice   be wege stonde
heah ond hleortorht   hæleþum to nytte.

68.1 *The large initial (13 mm) is entirely in the margin.*   geseah] *There is a small
mark on the descender of* s *at the ruling line which may cause readers to think that
it has been altered from* f. *Some editors treat l. 3 as a separate riddle — see
commentary.* [ASPR - 68 & 69, W - 66]
2 -gierwed] *This is written in the same line as the last six words of* Riddle 67,
*positioned at the right side of the line and preceded by a wrap mark. It is followed
by the punctuation* :7
3 *The large initial (16 mm) is positioned in the margin. Punctuation:* :7
69.1 *The bow of the large initial (23 mm) intrudes into the first manuscript line of
the poem.*   hyre] MS hyra. [ASPR - 70.1-4, W - 67]
2 woh] *accented.*
4 gesceopo] *At least one folio has been lost at this point — see commentary.*
70.1 *The beginning of this poem has been lost — see the headnote to* Riddle 69 *in
the commentary.* [ASPR - 70.5-6, W - 68]
2 *Punctuation:* :7

SEVENTY-ONE

Ic eom rices æht, reade bewæfed,
stið ond steapwong. Staþol wæs iu þa
3   wyrta wlitetorhtra; nu eom wraþra laf,
fyres ond feole, fæste genearwad,
wire geweorþad. Wepeð hwilum
6   for minum gripe se þe gold wigeð,
þonne ic yþan sceal [. . . . . .]fe,
hringum gehyrsted. me [.]i[. . . .
9   . .]go[.]dryhtne min[. . . . . . .
. . . .] wlite bete.

SEVENTY-TWO

Ic wæs lytel [. . . . .]
fo[. . . . .
3   . . . .]te geaf [. . . . .
. . . . . .]pe þe unc gemæne [. . .
. . . .] sweostor min,
6   fedde me [. . . . .] oft ic feower teah
swæse broþor, þara onsundran gehwylc
dægtidum me drincan sealde

71.1 *The large initial (16 mm) is positioned in the margin. The scribe has left a 50 mm blank space after* reade *to mark the beginning of the new text clearly; the last three words of the preceding text (*-þum *to* nytte*) are written at the right side of the line and are preceded by a wrap mark.* [ASPR - 71, W - 69]
7 -fe] *An ascender is visible two letters before* f.
8 -i-] *The letter before this was either* b *or* h; *the letter following it had an ascender.*
10 wlite] *The last letter of the word preceding this had a descender.* Punctuation: :7
72.1 MS IC. *The large initial (19 mm) is wholly in the margin; the* c *(6 mm) is slightly larger than normal. The last word of the previous riddle is written at the right margin and is preceded by a wrap mark.* [ASPR - 72, W - 70]
3 -te] *Three minims are partly visible before* te.
5 sweoster] *The word(s) preceding this had three descenders.* min] *accented.*
6 me] *MS* mec, *with* c *partly erased.*
7 gehwylc] gehwy *is over an erasure.*

9 þurh þyrel þearle. Ic þæh on lust,
 oþþæt ic wæs yldra   ond þæt anforlet
 sweartum hyrde, siþade widdor,
12 mearcpaþas træd, moras pæðde,
 bunden under beame, beag hæfde on healse,
 wean on laste weorc þrowade,
15 earfoða dæl. Oft mec isern scod
 sare on sidan; ic swigade,
 næfre meldade monna ængum
18 gif me ordstæpe egle wæron.

SEVENTY-THREE

 Ic on wonge aweox, wunode þær mec feddon
126v hruse ond heofonwolcn, oþþæt me onhwyrfdon
3 gearum frodne, þa me grome wurdon,
 of þære gecynde þe ic ær cwic beheold,
 onwendan mine wisan, wegedon mec of earde,
6 gedydon þæt ic sceolde wiþ gesceape minum
 on bonan willan bugan hwilum.
 Nu eom mines frean folme bysigo[d
9 . . . .]dlan dæl, gif his ellen deag,
 oþþe æfter dome [.]ri[. . . . .
 . . . .]ian mæ[r]þa fremman,
12 wyrcan w[. . . . .
 . . . .]ec on þeode utan we[. . . . .
 . . . .]ipe

---

12 træd] *The MS has* walas *before* træd, *which is clearly extraneous — see commentary.*
15 earfoða] ð *is altered from* d *— it has the body of* d. scod] *accented.*
18 *Punctuation:* :7
73.1 *The large initial (16 mm) is positioned in the margin.* wunode] *MS* wonode.
2 hruse / ond] *126v begins.* ond heofonwolcn] *MS* 7heofon wlonc, *with* n *over an erased letter.* [ASPR - 73, W - 71]
12 w-] *The letter following this appears to be an* o.
13 we-] e *is in ligature with the following letter (now illegible).*

15　ond to wrohtstæp[e. . . . .

　　. . . . .]eorp,　eaxle gegyrde,

　　wo[. . . . .]

18　ond swiora smæl,　sidan fealwe

　　[. . . . . . .]　þonne mec heaþosigel

　　scir bescineð　ond mec [. . . . .]

21　fægre feormað　ond on fyrd wigeð

　　cræfte on hæfte.　Cuð is wide

　　þæt ic þristra sum　þeofes cræfte

24　under brægnlocan　[* * *]

　　hwilum eawunga　eþelfæsten

　　forðweard brece,　þæt ær frið hæfde.

27　Feringe from,　he fus þonan

　　wendeð of þam wicum.　Wiga se þe mine

　　siþas cunne,　saga hwæt ic hatte.

SEVENTY-FOUR

　　Ic wæs fæmne geong,　feaxhar cwene,

　　ond ænlic rinc　on ane tid;

3　fleah mid fuglum　ond on flode swom,

　　deaf under yþe　dead mid fiscum,

　　ond on foldan stop —　hæfde ferð cwicu.

---

15 wrohtstæp-] *The letter following this seems to be* e, *as the syntax demands;
there is a descender a few millimetres after* e.

16 -eorp] *The letter preceding this resembles one of* n/m/r.

20 mec] *There is a descender a few millimetres after this.*

23 þristra] *MS* þrista.

24 brægnlocan] *MS* hrægnlocan. *Though there is no gap in the manuscript, it is
clear from the incomplete sense of this passage that at least one verse has been lost
after this word.*

29 siþas] *MS* wisan. *Punctuation:* :7

74.1 *The large initial (23 mm) is positioned in the margin.*　feaxhar] *2nd* a
accented.　[ASPR - 74, W - 72]

3 swom] wom *is over an erasure.*

5 foldan] ol *is over an erasure — see commentary.*　ferð] *MS* forð.　cwicu /]
127r *begins. Punctuation:* :7

SEVENTY-FIVE

127r Ic swiftne geseah on swaþe feran
     <.D N L H.>
3   Ic ane geseah idese sittan.

SEVENTY-SIX

    Sæ mec fedde, sundhelm þeahte,
    ond mec yþa wrugon eorþan getenge
3   feþelease. Oft ic flode ongean
    muð ontynde. Nu wile monna sum
    min flæsc fretan, felles ne recceð,
6   siþþan he me of sidan seaxes orde
    hyd arypeð, [ond m]ec hr[a]þe siþþan
    iteð unsodene eac[. . . . .].

SEVENTY-SEVEN

    Oft ic flodas [. . . . .
    . . . .]s cynn[e] minum
3   ond [. . . . .
    d]yde me to mos[e . . . .
    . . . .] swa ic him [. . . .

75.1 *MS* IC. *The large initial (12 mm) is in the margin; the* c *(6 mm) is slightly larger than normal. Some editors treat l. 3 as a separate riddle — see commentary.* [*ASPR* - 75 & 76, W - 73]
2 *The uppercase letters are runes — see commentary. Punctuation:* :7
3 *The large initial (10 mm) is in the margin. Punctuation:* :7
76.1 Sae] *MS* Se; *the large initial (11 mm) is in the margin.* [*ASPR* - 77, W - 74]
8 eac-] *The letter following this had an ascender. There is another ascender 14 mm to the right. Chambers and Flower record a* d *at the end of the line.*
77.1 *The large initial (13 mm) intrudes slightly into the first manuscript line of text.* [*ASPR* - 78, W - 75]
5 swa] *The first of the two partly visible letters before this had a descender.*

6   . . . .] ne æt ham gesæt
       [. . . . .] flote cwealde
       þurh orþonc [. . . . .] yþum bewrigene.

SEVENTY-EIGHT

Ic eom æþelinges æht ond willa.

SEVENTY-NINE

       Ic eom æþelinges eaxlgestealla,
       fyrdrinces gefara,   frean minum leof,
3   cyninges geselda. Cwen mec hwilum
       hwitloccedu hond on legeð,
       eorles dohtor,   þeah hio æþelu sy.
6   Hæbbe me on bosme   þæt on bearwe geweox.
       Hwilum ic on wloncum   wicge ride
       herges on ende;   heard is min tunge.
9   Oft ic woðboran   wordleana sum
       agyfe æfter giedde. Good is min wise
       ond ic sylfa salo. Saga hwæt ic hatte.

---

6 ne] *There are parts of three letters visible before this, the first of which had a descender.*
8 yþum] *There is a tip of a descender 11 mm before that of* y. *Punctuation:* :7
78.1 *The top half of this initial, which is positioned in the margin, is missing (4 mm remain). Punctuation:* :7 [ASPR - 79, W - 76.1]
79.1 *The large initial (31 mm) stands entirely in the margin; the* c *(7 mm) is slightly larger than normal.* [ASPR - 80, W - 76.2-12]
3 geselda] *MS* gesel da, *with a letter erased after* l.
10 good] *accented.*
11 hatte /] *127v begins. Punctuation:* :7

EIGHTY

127v Ic eom bylgedbreost, belcedsweora,
heafod hæbbe ond heane steort,
3   eagan ond earan ond ænne foot,
hrycg ond heardnebb, hneccan steapne
ond sidan twa, sagol on middum,
6   eard ofer ældum. Aglac dreoge,
þær mec wegeð se þe wudu hrereð,
ond mec stondende streamas beatað,
9   hægl se hearda, ond hrim þeceð,
[f]orst [mec n]eoseð ond fealleð snaw
[on] þyrelwombne, ond ic þæt [.]ol[. . .
12   . . . .]mæg wonsceaft mine.

EIGHTY-ONE

Wiht is [. . . . .
. . . .] gongende, greate swilgeð,
3   [. . . . .
. . . . . f]ell ne flæsc, fotum gonge[.
. . . .] eð,
6   scealmæla gehwam [. . . . .]

80.1 *The large initial (15 mm) is positioned in the margin; the* c *(6 mm) is slightly larger than normal.* bylgedbreost] *MS* by led breost. [*ASPR* - 81, W - 77]
3 foot] *accented.*
4 hneccan] *MS* hnec / can, *with* h *altered from* n — *an original serif is visible on its ascender.*
5 sagol] *MS* sag.
11 on] *add. ed.*
12 *Punctuation:* :7
81.1 *The top of the ascender of the large initial (28 mm) is now covered by the patch over the damaged area; more of the initial is visible in the facsimile, since the photographs were made before the patches were glued on (this is true of the verso of all the damaged folios because that is the side to which the patches were affixed). The pointed bow of the capital intrudes into the first manuscript line of text.* [*ASPR* - 82, W - 78]
6 gehwam] *A descender is visible 11 mm after this.*

EIGHTY-TWO

Frod wæs min fromcynn [. . . . . .]
biden in burgum, siþþan bæles weard
3   [. . . . . . .] wera   lige bewunden,
fyre gefælsad. Nu me fah wara∂
eorþan broþor, se me ærest wear∂
6   gumena to gyrne. Ic ful gearwe gemon
hwa min fromcynn fruman agette
eall of earde; ic him yfle ne mot,
9   ac ic hæftnyd hwilum aræse
wide geond wongas. Hæbbe ic wunda fela
middangeardes mægen unlytel,
12   ac ic miþan sceal   monna gehwylcum
degolfulne dom dyran cræftes,
si∂fæt minne. Saga hwæt ic hatte.

EIGHTY-THREE

An wiht is [on eorþan] wundrum acenned,
128r hreoh ond reþe, hafa∂ ryne strongne,
3   grimme grymeta∂ ond be grunde fare∂.
Modor is monigra mærra wihta.

82.1 *MS* FRod. *The vertical member of the large initial (37 mm) is in the margin, and its two arms intrude into the first two manuscript lines of text; the* r *(7 mm) has majuscule form and is slightly larger than normal.* fromcynn] *MS* from cym; *the feet of two minims are visible after this.* [*ASPR* - 83, W - 79]
2 weard] *The letter following this is one of* o/∂/d; *the feet of 4 minims are visible after this.*
3 lige] *MS* life.
4 gefælsad] d *is altered from* ∂ — *the lower part of its hairline crossbar is visible and it has the body of* d. fah] *accented.*
9 hæftnyd] *MS* onhæft nyd. aræse] a *accented.*
13 dom] *accented.* cræftes] e *is over an erased letter.*
14 *Punctuation:* :7
83.1 *The large initial (16 mm) is positioned in the margin; the* n *(5 mm) is slightly larger than normal.* on eorþan] *add. ed.* acenned] *MS* acenne∂. [*ASPR* - 84, W - 80]
2 ryne / strongne] *128r begins.*
3 fare∂] e *is altered from* a — *the scribe did not try to erase any part of the* a.

Fæger ferende   fundað æfre;
6   neol is nearograp.   Nænig oþrum mæg
wlite ond wisan   wordum gecyþan,
hu mislic biþ   mægen þara cynna,
9   fyrn forðgesceaft;   fæder ealle bewat
or ond ende,   swylce an sunu,
mære meotudes bearn,   þurh [. . . . .]ed
12   ond þæt hyhste mæ[ge . .]es gæ[. . .
· · · · · · · · · · ·]   dyre cræft[.
· · · · · · · · · · · · · · · · · · ·
15   þ]onne hy aweorp   [. . . . .
. .]þe ænig þara [. . . . .
. . . æ]fter ne mæg   [. . . . .
18   . . . .]a oþer cynn   eorþan [. . . . . .
· · · · · · · · · · · ·]   þonne ær wæs
wlitig ond wynsum   [. . . . . .]
21   Biþ sio moddor   mægene eacen,
wundrum bewreþed,   wistum gehladen,
hordum gehroden,   hæleþum dyre.
24   Mægen bið gemiclad,   meaht gesweotlad,
wlite biþ geweorþad   wuldornyttingum,
wynsum wuldorgimm   wloncum getenge,
27   clængeorn bið ond cystig,   cræfte eacen;
hio biþ eadgum leof,   earmum getæse,
freolic, sellic;   fromast ond swiþost,
30   gifrost ond grædgost   grundbedd trideþ,
þæs þe under lyfte   aloden wurde

---

8 mægen] *The scribe began to write m for n, but corrected himself before finishing (the beginning of the 3rd minim remains).*
10 or] *accented.*
12 -es] *The 2nd letter before this had an ascender.*
15 aweorp] a *accented.*
16 þe] *This is preceded by* o/d/ð.
19 þonne] *The MS has* þon; *there may have been a macron above the* n, *which the damage above the letter has obliterated.*
21 biþ] *The fragmentary letters preceding this appear to have been* wra.
31 aloden] a *accented.*

ond ælda bearn eagum sawe.

33 Swa þæt wuldor wifeð   worldbearna mæge,
    þeah þe ferþum gleaw   [* * *]
128v mon mode snottor mengo wundra.

36 Hrusan bið heardra,   hæleþum frodra,
    geofum bið gearora, gimmum deorra;
    worulde wlitigað,   wæstmum tydreð,

39 firene dwæsceð,   [* * *]
    oft utan beweorpeð anre þecene,
    wundrum gewlitegad,   geond werþeode,

42 þæt wafiað weras ofer eorþan,
    þæt magon micle   [. . . .]s[c]eafte.
    Biþ stanum bestreþed,   stormum [. . . .

45 . . . .]len [. . . .] timbred weall,
    þrym[. . . . .]ed
    hrusan hrineð,   h[. . . . .

48 . . . .]etenge
    oft searwum biþ [. . . . .
    . . . .] deaðe ne feleð,

51 þeah þe [. . . . .
    . . . .]du hreren,   hrif wundigen,
    [. . . . .]risse.

54 Hordword onhlid hæleþum ge[. .
    . . . . .] wreoh,   wordum geopena,
    hu mislic sy mægen þara cy[. .]

---

32 sawe] *For* sawen; *see commentary.*
33 mæge] *For* mægen; *see commentary.*
34 *Though there is no gap in the manuscript, it is clear from the deficient sense of the text that at least one verse has been omitted here.*
35 mode / snottor] *128v begins.*
39 *Though there is no gap in the manuscript, it is clear from the deficient sense of the text that at least one verse has been omitted here.*
52 wundigen] *The letter following this had a descender.*
54 onhlid] i *accented.* ge-] *The letters following this appear to be* cy; *there is a descender 17 mm after* e.

EIGHTY-FOUR

Nis min sele swige   ne ic sylfa hlud
ymb [* * *];   unc dryhten scop
3   siþ ætsomne.   Ic eom swiftre þonne he,
þragum strengra,   he þreohtigra.
Hwilum ic me reste;   he sceal rinnan forð.
6   Ic him in wunige   a þenden ic lifge;
gif wit unc gedælað,   me bið deað witod.

EIGHTY-FIVE

Wiht cwom gongan   þær weras sæton
monige on mæðle,   mode snottre;
3   hæfde an eage   ond earan twa,
ond twegen fet,   twelf hund heafda,
129r   hryc ond wombe   ond honda twa,
6   earmas ond eaxle,   anne sweoran
ond sidan twa.   Saga hwæt hio hatte.

84.1 *The final stroke of the large initial (18 mm) lies along the vertical ruling
mark. The scribe has left a blank space after* unc *(approx. 27 mm) to help
distinguish this text from the preceding one.* [*ASPR* - 85, W - 81]
2 *Though there is no gap in the manuscript, it is clear that at least part of a verse is
missing here.* dryhten] *MS* dryht.
3 swiftre] *MS* swistre.
5 rinnan] *MS* yrnan.
7 *Punctuation:* :7
85.1 *The pointed bow of the large initial (24 mm) intrudes slightly into the first
manuscript line of text.* þær] *This is followed by a 6 mm long erasure.* [*ASPR*
- 86, W - 82]
4 twegen] *MS* II; *and so also* XII.
5 hryc] *For* hrycg — *see commentary.*
6 twa / earmas] *129r begins.*
7 hio] *MS* ic.   hatte] *This is written in the same line as the first five words of
Riddle 86, positioned at the right side of the line and preceded by a wrap mark.*
Punctuation: :7

EIGHTY-SIX

Ic seah wundorlice wiht; wombe hæfde micle,
þryþum geþrungne. þegn folgade
3   megenstrong ond mundrof; micel me þuhte
godlic gumrinc; grap on sona
heofones toþe [* * *]
6   bleowe on eage; hio borcade,
wacnode willum. Hio wolde seþeah
niol[. . . . .]

EIGHTY-SEVEN

Ic weox þær ic s[. . . . .
. . . .] ond sumor mi[. . . . . . .
3   . . . .] me wæs min ti[. .
. . . .
sto]d ic on staðol[e . . . .
6   . . . . . .]um geong, swa [. . . . .
. . . .] seþeana
oft geond [. . . . . o]fgeaf,
9   ac ic uplong stod, þær ic [. . . . . .]
ond min broþor; begen wæron hearde.
Eard wæs þy weorðra þe wit on stodan.
12   hyrstum þy hyrra. Ful oft unc holt wrugon,

86.1 *MS* IC. *The large initial (15 mm) is positioned in the margin; the* c *(6 mm) is slightly larger than normal.* [*ASPR* - 87, W - 83]
3 megenstrong] *MS* megen / strong, *with 1st* e *hooked.*
4 gumrinc] i *accented.*
5b *Though there is no gap in the manuscript, it is clear that at least one verse is wanting here.*
6 borcade] *MS* boncade.
7 wacnode]*MS* wancode.
87.1 *MS* IC. *The large initial (30 mm) is wholly in the margin; the* c *(6 mm) is slightly larger than normal.* [*ASPR* - 88, W - 84]
3 ti-] *Followed by* n/r.
5 stod] *The* o *is partly visible.*
10 ond] *The lower extremity of an* x *is visible 10 mm before this, and a descender 5 mm before that.* min] *MS* mine.

wudubeama helm   wonnum nihtum
scildon wið scurum;   unc gescop meotud.
15   Nu unc mæran twam   magas uncre
sculon æfter cuman,   eard oðþringan
gingran broþor.   Eom ic gumcynnes
18   anga ofer eorþan;   Is min [innaþ]blæc
wonn ond wundorlic.   Ic on wuda stonde
bordes on ende.   Nis min broþor her,
21   ac ic sceal broþorleas   bordes on ende
staþol weardian,   stondan fæste;
ne wat hwær min broþor   on wera æhtum
129v   eorþan sceata   eardian sceal,
se me ær be healfe   heah eardade.
Wit wæron gesome   sæcce to fremmanne;
27   næfre uncer awþer   his ellen cyðde,
swa wit þære beadwe   begen ne onþungan.
Nu mec unsceafta   innan slitað,
30   wyrdaþ mec be wombe;   ic gewendan ne mæg.
Æt þam spore findeð   sped se þe se[. .
· · · · · · · · ·] sawle rædes.

EIGHTY-EIGHT

[. · · · · · · · · · · · · · · · .]
· · · · ·]e wiht   wombe hæfde
3   [. · · · · · · · · · · · ·
· · · ·]tne leþre   wæs beg[. · · · ·
· · · · · · · · · · · · .]on hindan
6   grette wea[. · · · · · · · · · · · · ·

18 innaþ blæc] *MS* bæc.
22 stondan] *MS* stodan.
24 sceata / eardian] *129v begins.*
29 nu] *MS* hu.
32 *Punctuation:* :7
88.1 *There is a 118 mm gap at the beginning of this text — see commentary.*
[*ASPR* - 89, W - 85

. . . .] listum worhte,

hwilum eft [. . . . .

9   . . . .] þygan, him þoncade,

siþþan u[. . . . .

. . .] swæsendum swylce þrage.

EIGHTY-NINE

Mirum mihi uidetur — lupus ab agno tenetur;

obcub[u]it agnus [morti] et capit viscera lupi.

3   Dum starem et mirarem, uidi gloriam magnam,

duo lupi stantes et tertium tribulantes —

quattuor pedes habebant; cum septem oculis uidebant.

NINETY

Min heafod is homere geþruen,

searopila wund, sworfen feole.

3   Oft ic begine þæt me ongean sticað,

þonne ic hnitan sceal, hringum gyrded,

hearde wið heardum, hindan þyrel,

6   forð ascufan þæt mines frean

---

10 u-] *This is followed by* h/n.

11 *Punctuation:* :7

89.1 *MS* MIrum. *The large initial (16 mm), which has uncial form, is half in the margin; the tall-i (5 mm) is larger than normal.* mihi uidetur] *MS* uidetur mihi. [*ASPR* - 90, W - 86]

2 morti] *add. ed.* et] *The scribe has switched here to Caroline script (as we should expect), and has been careful to use an ampersand instead of* 7 *as the abbreviation for* et.

3 mirarem] *MS* misarem. magnam] *MS* magnan; *see commentary.*

4 duo] *MS* dui. tribulantes] *MS* tribul.

5 quattuor] *MS* IIII. *Punctuation:* 7, *squeezed in at the end of the line, with a diaeresis above it.*

90.1 *The large initial (10 mm) stands in the margin, with its last element lying on the vertical ruling mark.* geþruen] *MS* geþuren. [*ASPR* - 91, W - 87]

6 mines] *accented.*

modwyn freoþað middelnihtum.

130r Hwilum ic under bæc bregde nebbe,

9   hyrde þæs hordes, þonne min hlaford wile

lafe þicgan þara þe he of life het

wælcræfte awrecan willum sinum.

NINETY-ONE

Ic wæs brunra beot, beam on holte,

freolic feorhbora ond foldan wæstm,

3   [weres] wynnstaþol ond wifes sond,

gold on geardum. Nu eom guðwigan

hyhtlic hildewæpen, hringe be[. . . .

6   . . .]e[. . . . .] byreð,

oþrum [. . . . .

NINETY-TWO

Frea min [. . . . .

. . . .]de willum sinum

3   [. . . . .]

heah ond hyht[. . . . .

. . . .]earpne; hwilum [. . . .

6   . . . . h]wilum sohte

frea[. . . . .]s wod;

---

7 modwyn] *MS* mod.**W**., *with* W *a rune.*

8 bregde / nebbe] *130r begins.*

11 *Punctuation:* :7

91.1 *The large initial (26 mm) is positioned in the margin; the* c *(7 mm) is also larger than normal.* [*ASPR* - 92, W - 88]

3 weres] *add. ed.* wynnstaþol] *MS* wym staþol.

5 be-] *The letter following this is* g/t.

6 -e-] *This is followed directly by* h/þ, *with the top of a ligatured* s *visible 21 mm to the right.*

92.1 *The two horizontal arms of the large initial (33 mm) intrude into the first manuscript line of text.* frea] *accented.* [*ASPR* - 93, W - 89]

5 -earpne] *A descender is visible two spaces before* ea.

dægrime frod,   deo[. . . . .]s;
9   hwilumstealc hliþo stigan sceolde
up in eþel; hwilum eft gewat
in deop dalu duguþe secan
12   strong on stæpe, stanwongas grof
hrimighearde; hwilum hara scoc
forst of feaxe. Ic on fusum rad
15   oþþæt him þone gleawstol gingra broþor
min agnade ond mec of earde adraf.
Siþþan mec isern innanweardne
18   brun bennade; blod ut ne com,
heolfor of hreþre, þeah mec heard bite
stiðecg style. No ic þa stunde bemearn,
21   ne for wunde weop, ne wrecan meahte
on wigan feore wonnsceaft mine,
130v ac ic aglæca ealle þolige,
24   þæt me bord biton. Nu ic blace swelge
wuda ond wætre, wombe befæðme
þæt mec on fealleð ufan þær ic stonde,
27   eorþes nathwæt; hæbbe anne fot.
Nu min hord warað hiþende feond,
se þe ær wide bær wulfes gehleþan.
30   Oft me of wombe bewaden fereð,
steppeð on stið bord [. . . . .
. .] deaþes d[. .] þonne dægcondel,
33·   sunne [. . . . .
. . . .]eorc eagum wliteð
ond spe[. . . . .

---

8 frod] *accented.*
9 hwilum] *The abbreviation stroke is no longer visible.*
13 scoc] *accented.*
14 feaxe] *MS* feax. on] *MS* of.
15 gingra] *MS* gingran.
23 ic / aglæca] *130v begins.*
24 me] *see commentary.*
25 wombe] *MS* w..b.; *see commentary.*
32 d-] *There is an ascender 5 mm to the right of this.*

NINETY-THREE

Smeþr[. . . . .]ad
hyrre þonne heofon[. . . . .
3   . . . .] glædre þonne sunne,
[. . . . .]style,
smeare þonne sealt ry[. . . . .]
6   leofre þonne þis leoht eall, leohtre þonne w[. . . .]

NINETY-FOUR

Ic eom indryhten ond eorlum cuð,
ond reste oft ricum ond heanum,
3   folcum gefræge. Fereð wide,
ond me fremde ær freondum stondeð
hiþendra hyht, gif ic habban sceal
6   blæd in burgum oþþe beorhte god.
Nu snottre men swiþast lufiaþ
midwist mine — ic monigum sceal
9   wisdom cyþan; no þær word sprecan
ænig ofer eorðan. Þeah nu ælda bearn,
londbuendra, lastas mine
12   swiþe secað, ic swaþe hwilum
mine bemiþe monna gehwylcum.

93.1 *The large initial (13 mm) intrudes slightly into the first manuscript line of
text.* [*ASPR* - 94, W - 90]
2 heofon] *A descender is visible 7 mm to the right of this.*
3 sunne] *The letter following this was n/h/m.*
6b þonne] *The abbreviation stroke is no longer visible.* w-] *Several fragmentary
letters are visible following this, but it is not possible to establish what they were.*
94.1 *MS* IC. *The large initial (20 mm) is positioned in the margin; the* c *(7 mm)
is slightly larger than normal.* [*ASPR* - 95, W - 91]
4 fremde] *MS* fremdes.
6 beorhte] *MS* beorhtne.
9 sprecan] *MS* sprecað.
13 *Punctuation:* :7